Hellmuth Karasek

BRIEFE BEWEGEN DIE WELT

Feldpost

Wir danken der Stiftung Lesen und der Deutschen Post DHL,
ohne deren Unterstützung dieses Buch nicht zustande gekommen wäre.

Hendrik teNeues

Hellmuth Karasek

BRIEFE BEWEGEN DIE WELT

Feldpost

teNeues

VORWORT

Dieses Buch ist anders als seine Vorgänger, die bisher in unserer Reihe „Briefe bewegen die Welt“ erschienen sind. Es ist deutlich ernster. Und, wenn es Ihnen bei der Lektüre so gehen sollte wie mir: Es ist bewegender. Dabei sind es in diesem Band weniger die großen Persönlichkeiten vergangener Zeiten, die im Mittelpunkt stehen. Stattdessen rücken wir Menschen ins Zentrum der Aufmerksamkeit, die heute in unserer Mitte leben, die unsere Nachbarn, Freunde oder Verwandten sein könnten. Was ihre Briefe so bedeutsam macht, ihre Erlebnisse, in die sie uns Einblick gewähren: Es ist keine gewöhnliche Post, sondern es sind Briefe aus der Feldpost. Soldaten der Bundeswehr und Sicherheitskräfte der Polizei, die in Afghanistan oder im Kosovo stationiert waren oder es heute noch sind, Eltern, Ehepartner und Kinder, die zu Hause um Gesundheit und Leben ihrer Liebsten bangen. Die mit ihren Briefen versuchen, ein Zeichen der Normalität an ihre Angehörigen im Kampfeinsatz zu senden. Und dabei herrscht doch hier wie dort alles andere als Normalität. Kein einfaches Thema. Aber dürfen wir es deshalb ausblenden?

Nein. Das meine nicht nur ich, sondern auch die Stiftung Lesen, die unsere Buchreihe von Anfang an unterstützt hat und die dieses Projekt maßgeblich mitträgt. Die Stiftung Lesen hat ein eigenes Unterrichtskonzept entworfen, das Lehrer und Schüler in die Lage versetzt, die inzwischen sechs Bände „Briefe bewegen die Welt“ mit großem Gewinn im Unterricht einzusetzen. Die Botschaft ist stets die gleiche, doch bei der Feldpost gewinnt sie noch einmal an Bedeutung. Denn das Medium Brief war, ist und bleibt etwas ganz Besonderes. Natürlich können in Zeiten des Internets die Soldatinnen und Soldaten leicht den Kontakt mit zu Hause aufrechterhalten. Doch wenn die Feldpostbriefe in den Lagern nahe der Kampflinien eintreffen, sind die Momente des Lesens von solch intensiver Intimität, dass auch die beste Skype-Qualität in Bild und Ton nicht entfernt daran heranreicht. Und weil das so ist, haben bislang nur in den seltensten Fällen Adressaten von Feldpostbriefen die Erlaubnis erteilt, der Öffentlichkeit Einblick zu geben in ihre privatesten Gedanken und Gefühle. Umso mehr gilt mein Dank all jenen, die uns gegenüber das Vertrauen aufgebracht und uns gestattet haben, an diesen höchst bewegenden Momenten ihres Lebens teilzuhaben. Vielleicht ergeht es Ihnen auch hier ebenso wie mir – mit jedem weiteren Brief, den ich gelesen habe, habe ich die Besonderheit dieser ganz speziellen Form des Gedankenaustauschs immer besser verstanden: In den Feldpostbriefen geht es eigentlich gar nicht so sehr um kriegerische Auseinandersetzungen, egal was sie im Einzelnen beschreiben. Bei genauerem Hinsehen offenbart sich fast jeder dieser Brieftexte als Plädoyer für den Frieden. Vielleicht ist es das, was Feldpostbriefe so anrührend macht: Der Wert des Friedens, hierzulande völlig unbestritten, aber doch in erster Linie rational und politisch diskutiert, wird plötzlich als Gefühl spürbar. Frieden als Abwesenheit von ständiger Gefahr und Angst – nicht für alle von uns eine allgegenwärtige Selbstverständlichkeit. Urteilen Sie selbst, wie wichtig die Erkenntnisse sind, die gerade zeitgenössische Feldpostbriefe jedem Einzelnen von uns heute vermitteln können.

Jürgen Gerdes
Konzernvorstand Brief Deutsche Post DHL

EINLEITUNG

's ist Krieg! 's ist Krieg! O Gottes Engel wehre,
Und rede du darein!
's ist leider Krieg – und ich begehre
Nicht schuld daran zu sein!

Was sollt ich machen, wenn im Schlaf mit Grämen
Und blutig, bleich und blaß,
Die Geister der Erschlagnen zu mir kämen,
Und vor mir weinten, was?

Wenn wackre Männer, die sich Ehre suchten,
Verstümmelt und halb tot
Im Staub sich vor mir wälzten und mir fluchten
In ihrer Todesnot?

Wenn tausend tausend Väter, Mütter, Bräute,
So glücklich vor dem Krieg,
Nun alle elend, alle arme Leute,
Wehklagten über mich?

Wenn Hunger, böse Seuch und ihre Nöten
Freund, Freund und Feind ins Grab
Versammelten, und mir zu Ehren krähten
Von einer Leich herab?

Was hülf mir Kron und Land und Gold und Ehre?
Die könnten mich nicht freun!
's ist leider Krieg – und ich begehre
Nicht schuld daran zu sein!

Matthias Claudius schrieb dieses „Kriegslied" 1778, das war im Bayerischen Erbfolgekrieg mit Österreich, und das Lied beschreibt alle Leiden, die der Krieg mit sich führt und über die Menschen verhängt, handle es sich um Soldaten, Väter, Mütter, Bräute, um Freund und Feind, um Alte und Kinder. Vergil hat die Dichtung als die „lacrimae rerum" beschrieben, als die Tränen, die die Dinge weinen würden, wenn sie sprechen und fühlen könnten. Die privaten Tränen der Geschichte versammeln sich in den Briefen, die während der Kriege geschrieben worden sind.

Jetzt, wo ich dieses Vorwort schreibe, herrscht in Mitteleuropa, ja sogar in ganz Europa Frieden, eine der längsten Friedensepochen, die Europa je beschert waren, sie dauert schon seit 1945 und hält also seit 68 Jahren, sieht man vom Kosovo-Krieg ab, der durchaus die Gefahr in sich barg, wie Sarajevo, einen Weltenbrand in Gang zu setzen. Der Kalte Krieg lebte von der Bedrohung des atomaren Schreckens. So sahen die westlichen Länder regungslos zu, wenn im Ostblock Aufstände wie in Ungarn, Prag, Polen niedergeschlagen wurden – aus Furcht, den Funken an die Kriegslunte zu legen. Zwei Generationen lang, die vom Krieg verschont wurden, obwohl eine von ihnen mitten im Kalten Krieg leben musste.

Andererseits: Während ich dieses Vorwort zu Feldpost und Kriegsbriefen, Briefen von Gefangenen, von Feldherren, von Invaliden, von Krankenschwestern, von Ärzten, Offizieren, Soldaten und Kriegskindern schreibe, legt der Generalsekretär der Vereinten Nationen der Vollversammlung den Bericht über die Giftgasangriffe im syrischen Bürgerkrieg vor, grässliche Dokumente eines Gaskrieges, der im Ersten Weltkrieg begann und nur deshalb bald eingestellt wurde, weil der Wind das Gas über die Fronten verteilte und der Gaskrieg so weder vor Freund noch vor Feind haltmachte und auch Zivilistenkinder, völlig Unbeteiligte, nicht verschonte.

Wie trügerisch der Frieden ist, wie er sozusagen ständig auf dünnem Eis sich bewegt, geht aus den Briefen hervor, die in Afghanistan geschrieben worden sind, wo Deutsche als Helfer, Beobachter, Ärzte oder an Kampfhandlungen Beteiligte dabei waren. Es war der inzwischen aus dem Amt entlassene Minister Guttenberg, der diesen Auslandseinsatz beim richtigen Namen nannte, nämlich Krieg, und es war der ehemalige Verteidigungsminister Struck, der meinte, dass Deutschland auch am Hindukusch verteidigt werden müsse.

Wir erleben also im Nicht-Krieg Kriege, an denen wir beteiligt sind. Auch von denen geben die Briefe Kunde.

Wir leben in einem Frieden, der wie gesagt 68 Jahre währt. Und wir bereiten uns auf die hundertjährige Wiederkehr von 1914 vor, als der Erste Weltkrieg begann, der einen lokalen Konflikt in Serbien, genauer: im von Österreich annektierten Sarajevo, schnell beenden sollte. Der Grund war ein terroristisches Attentat, der österreichische Thronfolger war auf offener Straße ermordet worden. Und bald darauf war die gesamte Welt in einen der mörderischsten Kriege verwickelt. Der Frieden, der ihn durch den Versailler Vertrag beenden wollte und sollte, war der Keim für einen neuen Weltkrieg, der auch aus den Schuldzuweisungen und neuen nationalen Grenzziehungen des Versailler Vertrags und aller Nebenverträge erwuchs. Die Geschichtsschreibung hat zu Recht dazu gefunden, den Ersten und den Zweiten Weltkrieg zusammen als den zweiten Dreißigjährigen Krieg zu definieren, der über Europa gekommen ist, mit all seinen Verheerungen, Massenschlachten und Vernichtungsfeldzügen.

Zwei Dreißigjährige Kriege sind demnach in brieflichen Zeugnissen in diesem Band festgehalten. Der erste Brief ist das kurze, hektische Schreiben des Feldherrn Wallenstein, der vor der Schlacht von Lützen seine Pappenheimer zurück auf das Schlachtfeld befiehlt, von dem er sie in einer militärischen Fehleinschätzung fortgeschickt hatte. Die Schlacht von Lützen im November 1632 kannte in ihrer fürchterlichen Konsequenz nur noch Besiegte. Eigentlich war der Krieg mit dieser Schlacht für beide Seiten verloren. König Gustav Adolf fiel in offener Feldschlacht, Wallenstein, der Feldherr des katholischen Kaisers, verließ das Feld sieglos und war von da an bis zu seiner Ermordung in Eger ein geschlagener Mann. Trotzdem wälzte der Dreißigjährige Krieg seine Plünderungen, Brandschatzungen und Feldschlachten noch bis zum Westfälischen Frieden von 1648 fort. Lange brauchten der Kontinent und die betroffenen Länder, um sich zu erholen.

Vergessen sind inzwischen die Kriege, die in Deutschland geführt wurden, bevor es unter Preußen nach dem Krieg von 1870/71 gegen Frankreich in ebenjenem

Versailles vereint wurde. Wenn heute Preußen gegen Bayern antreten, passiert das glücklicherweise nur bei Wahlschlachten. 1866, davon kündet ein Brief, gab es eine Schlacht bei Königgrätz. Eine militärische Neuerung war an der Niederlage der Österreicher, Bayern und Sachsen schuld. Preußen hatte ein schnelleres Gewehr, das Zündnadelgewehr. Dass aus Kriegen und Niederlagen neue Kriege, neue Siege, neue fürchterliche Niederlagen erwachsen, lässt sich auch an dieser Geschichte belegen. Eine Folge des Deutschen Krieges war der Deutsch-Französische Krieg von 1870/71. Und der Friedensvertrag von 1918 in Versailles spiegelte wiederum die Gründungsfeier nach dem Krieg von 1870/71 und war ein Grund für den fürchterlichen Zweiten Weltkrieg. An den rassischen Ausrottungskrieg der Nazis erinnern Gedenkstätten. Der Widerschein dieses Wahnsinns findet sich beispielsweise in den Feldpostbriefen der Soldatenheimschwester Annette Schücking.

Deutschland hat dynastische Kriege, Kriege von Landsknechten ausgefochten, nationale Kriege, Revolutionskriege, Erbfolgekriege geführt und durchlitten. Es gab darin furchtbare Stellungs- und Grabenkriege wie die Schlacht um Verdun, Eroberungs- und Ausrottungsfeldzüge wie den geplanten Feldzug gegen die Sowjetunion, Kesselschlachten mit Panzern, Luftschlachten wie die um England, U-Bootkriege im Ersten wie im Zweiten Weltkrieg, Niederlagen von unvorstellbarem Ausmaß wie die von Stalingrad. Die Waffen änderten sich, die Leiden vermehrten sich, aber im Prinzip blieb der Krieg gleich, er kannte und kennt nur Opfer. Für sie ist die Frage nach der Schuld gleichgültig und sinnlos.

Die Zeugen, die sich in den Briefen äußern, berichten von der Verschiedenheit der Kriege, den Tötungsmaschinerien und den Leiden der Verletzten, Verwundeten und Geschlagenen. Ein Mann wie Heinrich von Kleist, der fast noch ein Kind war, als er als Infanterist am Kampf gegen die französischen Revolutionstruppen teilnahm, bezeichnete, aus der adligen preußischen Militärtradition kommend, die erste nationale Volksarmee der Franzosen als „Räubergesindel", das „jetzt allerwärts geklopft" wurde. Ein Johann Schiller, der 1812 an seinen Bruder schrieb, erlebte den napoleonischen Feldzug nach Moskau und versuchte, die vielfache Not mit Branntwein zu lindern. Ein Dichter wie Georg Trakl konnte als Sanitätssoldat den Anblick von Zerstörung und Leid und aufgerissenen Wunden und die Schreie der Verwundeten nicht ertragen. Trakl, der gewaltige Bilder des Schreckens in seine Gedichte goss, überlebte den Krieg nicht.

Wenn wir uns jetzt auf die Hundertjahrfeier von Sarajevo und des Ersten Weltkriegs vorbereiten, können wir auch erschrocken innehalten. Das Amselfeld im Kosovo war eine der Stätten, in denen die Serben ihr historisches Großreich nach Zerfall des türkischen Reiches auf dem Balkan zu einer historischen Legende verklärten. Der Kosovo-Krieg der NATO gegen Serbien hatte, nicht einmal hundert Jahre nach Sarajevo, die gleichen Ursachen. Wieder wollte Serbien unter Milošević nach dem Zerfall Jugoslawiens mit Berufung auf das Amselfeld die Kosovaren für ein größeres Serbien unterdrücken oder vertreiben.

Kriege gebären Kriege – nur insofern stimmt, auf fatale Weise, dass der Krieg der Vater aller Dinge ist. In Briefen gewinnen die Teilnehmer der Kriege eine Stimme der Erinnerung.

Hellmuth Karasek

1

1632 125

11

Der feindt marchirt hereinwarths. Der herr lasse
alles stehen undt liegen undt incaminire sich
herzu mitt allem volck undt stücken, auf daß
er morgen frü bey unß sich befinde,
er aber verbleibe hiemitt

Des herrn dienst
williger

AHzM

Lützen den 15 Novemb:
Ao 1632.

Er ist schon an dem pass wo gestern der schlim
weg gewest ist.

WALLENSTEIN an Gottfried Heinrich zu Pappenheim

Der feindt marchirt hereinwarths der herr [lasse] alles stehen undt liegen undt incaminire [sich] herzu mitt allem volck undt stücken auf [das] er morgen frue beÿ uns sich befünden [kan]. ich aber verbleibe hiemitt

des herrn dienstwilliger
AhzM.

Lützen den 15 Novemb. Ao 1632.

Er ist schon an dem pas wo gestern der böse weg gewest ist

Über den abgedruckten Brief notierte Golo Mann 1971 in seiner Wallenstein-Monografie: „... und ist ein dringenderer Brief niemals geschrieben worden." Diese Bewertung ist in ihrer Absolutheit sicherlich überspitzt, doch sie hebt hervor, dass es in dem knappen Schreiben um viel ging: um Sieg oder Niederlage, Leben und Tod. Und um eine fatale Fehleinschätzung des großen Feldherrn Wallenstein, der im Dreißigjährigen Krieg auf der Seite der Katholischen Liga kämpfte. Wallenstein hatte seine Truppen in der Nähe des sächsischen Ortes Lützen in Stellung gebracht und wähnte seinen Kriegsgegner, den protestantischen Schwedenkönig Gustav Adolf, irgendwo anders, jedenfalls in sicherer Distanz. Wallenstein war sich seiner Sache so sicher, dass er nur Stunden zuvor, am Morgen des 15. November 1632, dem verbündeten General Gottfried Heinrich zu Pappenheim erlaubt hatte, mit seinen Einheiten abzuziehen, um die Stadt Halle an der Saale anzugreifen. Das Unterfangen gelang, im Laufe des Tages nahmen Pappenheims Truppen Halle ein.

In Wirklichkeit war der schwedische König ganz nah: Erst nach Pappenheims Abzug erfuhr Wallenstein, dass sich Gustav Adolf in der Nähe von Lützen auf einen Angriff vorbereitete. Die Voraussetzungen für eine Offensive schienen dem Schweden ideal: Von Kriegsgefangenen hatte er erfahren, dass Wallensteins Truppen durch

Albrecht Wenzel Eusebius von Waldstein, genannt **WALLENSTEIN**, wurde am 24. September 1583 im böhmischen Hermanitz an der Elbe (heute tschechisch Heřmanice nad Labem) geboren. Er entstammte dem Adelsgeschlecht derer von Waldstein (tschechisch Valdštejn/Valdštýn) und wurde protestantisch erzogen. Ab 1599 studierte er für kurze Zeit in Altdorf bei Nürnberg; dort fiel er vor allem durch Jähzorn und diverse Entgleisungen negativ auf. Anschließend bereiste er bis 1602 Italien, wo er wahrscheinlich auch studiert hat. 1604 trat er für die Habsburger in den militärischen Dienst ein. Zwei Jahre später konvertierte Wallenstein zum katholischen Glauben. 1609 heiratete er Lucretia von Vičkov, eine wohlhabende Witwe – eher eine Zweck- als eine Liebesheirat. Dadurch erwarb Wallenstein großen Grundbesitz in Mähren und ein stattliches Vermögen. Seinen Untertanen gegenüber verhielt sich der Grundbesitzer für die damalige Zeit außerordentlich gerecht. Er führte über Jahre ein friedliches Leben in großem Reichtum. 1614 starb Wallensteins Frau.

Ab 1617 profilierte sich Wallenstein militärisch: Auf Ersuchen des Erzherzogs Ferdinand, der im Friauler Krieg Unterstützung gegen Venedig brauchte, stellte Wallenstein eine eigene kleine Armee zusammen und zog mit ihr in das von den Venezianern belagerte Gradisca. Mit Wallensteins Hilfe kam es zum Frieden mit Venedig. In Böhmen gab es unterdessen Konflikte zwischen dem Katholiken Ferdinand, der von Kaiser Matthias zum böhmischen König ernannt worden war, und den evangelischen Ständen. Während des Böhmischen Aufstands in den Jahren 1618 und 1619 hielt Wallenstein Ferdinand die Treue, im Mai 1619 wurde er deshalb des Landes verwiesen und verlor all seinen Besitz in Mähren.

Im Jahr 1620, nach der Schlacht am Weißen Berg bei Prag, wurde Wallenstein Militärbefehlshaber in den Abzug Pappenheims nun in der Minderzahl waren. Die Chancen der Schweden auf einen Sieg standen gut.

Die falsche Entscheidung, General Pappenheim abrücken zu lassen, hatte den Feldherrn Wallenstein also in eine gefährliche Situation gebracht. Ihm blieb nichts übrig, als Pappenheims Regimenter zurückzubeordern, um dem Schwedenkönig die Stirn zu bieten. Im 17. Jahrhundert konnte er Pappenheim nur per Brief informieren. Darin fordert er den General auf, sich mit seinem Gefolge und seinen Kanonen unverzüglich auf den Weg zurück nach Lützen zu machen. Ein Adjutant musste diese Botschaft nach Halle überbringen, das rund 30 Kilometer Luftlinie entfernt lag. Golo Mann hatte also nicht unrecht: Es war dringend. Darauf weist nicht zuletzt das Postskriptum des Briefes hin. Der Schwede war „schon an dem pas wo gestern der böse weg gewest ist“, ein sumpfiger Pfad über die Rippach bei Poserna, den Wallenstein am Vortag schlecht passierbar gefunden hatte. Das hatte Wallenstein von Generalwachtmeister Rudolf von Colloredo erfahren, der unterdessen mit einer kleinen Truppe verzweifelt versuchte, Gustav Adolf so lange wie möglich von den wallensteinschen Stellungen fernzuhalten.

Als Pappenheim die Nachricht erhielt, zog er mit seinem Bataillon umgehend zurück nach Lützen. Dort hatte die kleine Truppe Colloredos die Schweden wenigstens bis zum Einbruch der Dämmerung abwehren können. Wallenstein hatte eine Nacht zur Vorbereitung gewonnen. Erst am nächsten Tag, dem 16. November, kam es zu der erwarteten Schlacht, bei der sich nun zwei etwa gleich große Heere gegenüberstanden. Die Schlacht bei Lützen sollte zur bis dahin schlimmsten des Dreißigjährigen Krieges werden. Ungefähr 20 000 Mann kämpften auf jeder Seite. Man schätzt heute, dass um die 6500 Soldaten bei Lützen ihr Leben ließen – es war ein Sterben von ungekanntem Ausmaß.

Aus der Schlacht, die über sechs Stunden dauerte, gingen nur Verlierer hervor. Zunächst sah es so aus, als hätte Gustav Adolf die Oberhand. Doch dann fiel der

Nordböhmen. Ab 1621 gehörte er auch dem Wiener Hofkriegsrat an. Ein Jahr später bekam er die Verantwortung über die böhmische Militärverwaltung und damit das Recht, den Besitz der Rebellen zu konfiszieren, gleichzeitig konnte er nun wieder in großem Umfang Grundbesitz erwerben. 1623 ging Wallenstein eine zweite Ehe mit Elisabeth Isabella Katharina von Harrach ein, deren Vater ein enger Vertrauter des Kaisers war.

Militärisch ging es für Wallenstein weiter steil bergauf. Er wurde 1624 in den Rang des Generalwachtmeisters erhoben und kämpfte an verschiedenen Orten für die Katholische Liga. 1625 stellte er ein 24 000 Mann starkes Heer zusammen, um Graf von Tilly gegen Christian IV. von Dänemark und Ernst II. von Mansfeld zu unterstützen. Gemeinsam mit Tilly konnte Wallenstein große militärische Erfolge gegen die Dänen erzielen. Im Jahr 1629 erkrankte er schwer; von der Krankheit sollte er sich bis zu seinem Tode nicht mehr erholen. Heute geht man davon aus, dass er an Syphilis litt. Seine militärischen Aktivitäten gingen dennoch weiter: Nach der Eroberung Jütlands und Schleswig-Holsteins handelte Wallenstein den Verständigungsfrieden von Lübeck aus und sicherte damit die Position von Kaiser Ferdinand II.

Für seine militärischen Verdienste wurde Wallenstein in den Reichsfürstenstand erhoben und zum General des ozeanischen und baltischen Meeres ernannt. Doch bald gab es Widerstand gegen den immer mächtigeren Wallenstein und gegen den Kaiser. Auf Drängen der Kurfürsten um Maximilian I. von Bayern und der Jesuiten verlor Wallenstein 1630 seine Position als Reichsfürst wieder. Der Kaiser benötigte Wallensteins militärischen Verstand jedoch dringender denn je: Vom Norden aus hatte sich der schwedische König Gustav Adolf aufgemacht, Deutschland zu erobern. Es dauerte lange, bis Wallenstein einwilligte, ein Heer aufzustellen und Gustav Adolf als Oberbefehlshaber mit einer umfassenden militärischen und diplomatischen Vollmacht zu bekämpfen. Zunächst gelang es ihm, den König 1632 aus Bayern zu verdrängen, bevor es zu der historisch bedeutenden Schlacht an der Alten Veste in Zirndorf bei Nürnberg kam, der ein verheerender zweimonatiger Stellungskrieg vorausging. Wallenstein entschied diese Schlacht im September 1632 für sich, wohl durch den Rückzug Gustav Adolfs, der erkannte, dass er nicht gewinnen konnte.

Wallenstein ging davon aus, dass Gustav Adolf nach Württemberg weitergezogen sei, um von dort einen neuen Angriff auf Bayern vorzubereiten. Er selbst hielt sich unterdessen in der Nähe des sächsischen Lützen auf. Als er erkannte, dass Gustav Adolf seine Truppen ebenfalls dort stationiert hatte, rief er die Truppen von Graf Pappenheim zurück, die gerade Halle eingenommen hatten. Am

ALBERTUS DEI GRATIA DUX FRIDLANDIÆ SACR CES MA CAPITANEUS GENERALIS
Invita invidia.
Math: Merian fecit

König, der wegen einer Schulterverletzung ohne Rüstung in den Kampf gezogen war, im Schlachtgetümmel. Das nun führungslose schwedische Heer wurde dadurch massiv geschwächt. Aber auch General Pappenheim wurde tödlich verwundet, und Wallenstein, der überlebte, konnte aus dem Tod des Schwedenkönigs keinen Nutzen ziehen: Die Verluste in seinem Heer waren so hoch, dass ihm nur der Rückzug und das Eingeständnis einer Niederlage blieben. Als Schuldige identifizierte Wallenstein vermeintliche Verräter und Feiglinge in den eigenen Reihen, 17 Mitglieder seines Heeres ließ er nach der Schlacht hinrichten, auf 40 Deserteure setzte er ein Kopfgeld aus.

Die Schlacht von Lützen war nicht nur ein fürchterliches Gemetzel, sie war auch folgenschwer für den weiteren Verlauf des Krieges und für die Entwicklung Europas. Die Schweden und ihre protestantischen Verbündeten verloren einen charismatischen Heerführer, und Wallenstein floh nach Böhmen, wo er zwei Jahre später ermordet wurde. Der Dreißigjährige Krieg tobte noch bis 1648 weiter und kostete unzählige Menschenleben.

Bis heute wird die Schlacht bei Lützen intensiv erforscht. Man weiß inzwischen sehr viel über den Verlauf, die Beteiligten und ihre Ausrüstung. Dabei hat die Archäologie eine wichtige Rolle gespielt: 2011 legten Forscher ein etwa 6 mal 7 Meter großes Massengrab frei, in dem 47 Gefallene beerdigt waren. Die jüngsten Opfer waren seinerzeit wohl um die 14 Jahre alt, die ältesten Mitte 40. Außer Knochen fanden die Archäologen nichts; vermutlich hatten Plünderer den Toten alles abgenommen, was einen materiellen Wert hatte, selbst die Kleidung, die sie trugen. An anderen Stellen rund um Lützen fand man Jahre zuvor bei Grabungen Zeugnisse der Schlacht, darunter Rüstungsbeschläge und Gewehrkugeln.

Neben Fundstücken aus dem Krieg sind Dokumente wie der Brief Wallensteins heute wichtige Zeugnisse einer konfliktreichen Ära. Das Schreiben verleitet zu Spekulationen: Was wäre geschehen, wenn Pappenheim diesen Brief nicht rechtzeitig erhalten hätte? Wallensteins Truppen hätten dem schwedischen König wohl nicht lange

16. November 1632 kam es zu der berüchtigten Schlacht von Lützen, in der Gustav Adolf fiel.

In der Zeit danach bemühte sich Wallenstein – offen und im Verborgenen – vermehrt um eine diplomatische Lösung des Dreißigjährigen Krieges. Seine Anstrengungen für einen Reichsfrieden blieben ohne Erfolg, führten aber zu wachsendem Widerstand in den eigenen Reihen. Der protestantisch erzogene Katholik zeigte sich in religiösen Fragen sehr tolerant, was von seinen Gegnern am Kaiserhof kritisch gesehen wurde; zudem stieß sein Wunsch nach einem schnellen Frieden nicht auf ungeteilte Begeisterung. Anfang 1634 wurde Wallenstein schließlich erneut von Kaiser Ferdinand abgesetzt, ein Geheimgericht hatte ihn des Hochverrats schuldig gesprochen. Als „Beweise“ dafür sollten unter anderem seine defensive Kriegstaktik im Vorjahr und seine diplomatische Vollmacht gelten. Wallenstein verlor die Unterstützung der meisten Offiziere und floh nach Eger. Dort wurde er am 25. Februar 1634 von einer Gruppe irischer und schottischer Offiziere ermordet. Die Legende, der große Feldherr sei ein Verräter gewesen, hielt sich noch lange.

GOTTFRIED HEINRICH GRAF ZU PAPPENHEIM kam am 29. Mai 1594 in Treuchtlingen als Sohn eines alten Adelsgeschlechts zur Welt, das seinen Sitz in Pappenheim in Mittelfranken hatte. Von 1607 bis 1609 studierte er in Tübingen, ab 1610 in Altdorf bei Nürnberg. 1616 konvertierte der junge Graf Pappenheim zum katholischen Glauben; ein Jahr darauf ernannte ihn Kaiser Matthias zum Reichshofrat.

Nach dem Tod des Kaisers 1619 gab Pappenheim seine Anstellung als Reichshofrat auf und wechselte in den Dienst der Katholischen Liga, zunächst als Rittmeister. Schnell kam er zu militärischen Ehren und stieg 1620 zum Oberstleutnant auf. In dieser Funktion nahm er im Regiment seines Stiefvaters Adam Graf von Herberstorff an der Schlacht am Weißen Berg bei Prag teil, bei der er schwer verletzt unter seinem getöteten Pferd eingeklemmt wurde. Nur mit Glück und durch die Hilfe eines katholischen Plünderers, der ihn fand, überlebte Pappenheim. Wegen der Nachwirkungen seiner Verletzungen konnte er jahrelang nicht mehr an Kampfhandlungen teilnehmen und versuchte sogar, seinen Austritt aus dem Heer zu erwirken. Seine Gesuche wurden jedoch abgelehnt. Die folgenden Jahre verbrachte Pappenheim hauptsächlich auf dem Schlachtfeld. Er war an der verlustreichen Eroberung und Zerstörung der Stadt Magdeburg beteiligt und wurde zum Feldmarschall befördert. Im Jahr 1632 berief ihn Wallenstein nach Lützen. Am 16. November 1632 wurde Gottfried Heinrich zu Pappenheim in der Schlacht bei Lützen tödlich verletzt und starb einen Tag später in Leipzig.

Tod Pappenheims in der Schlacht bei Lützen.

standgehalten. Möglicherweise hätten Gustav Adolf und Graf Pappenheim den Kampf überlebt. Möglicherweise hätte sich der Krieg danach ganz anders entwickelt – spekulieren lässt sich darüber trefflich, wissen kann es keiner. Dennoch: Sicherlich wäre die Schlacht ohne Wallensteins erfolgreichen Hilferuf anders verlaufen. Oft sind es Heeresstärke, strategisches Geschick, die Anpassungsfähigkeit an geografische und klimatische Bedingungen oder Waffen, die über den Verlauf eines Gefechtes oder eines ganzen Krieges entscheiden. Manchmal ist es aber auch nur ein hastig hingeschriebenes Blatt Papier.

Graf Pappenheim galt als äußerst wagemutig und rücksichtslos, war aber auch ein gebildeter, politisch interessierter und strategisch denkender General. Auf ihn bezieht sich die auch durch Friedrich Schiller bekannt gewordene Redewendung „seine Pappenheimer kennen", ihre genaue Entstehung ist allerdings unklar. Graf Pappenheim war zweimal verheiratet und hatte einen Sohn aus erster Ehe.

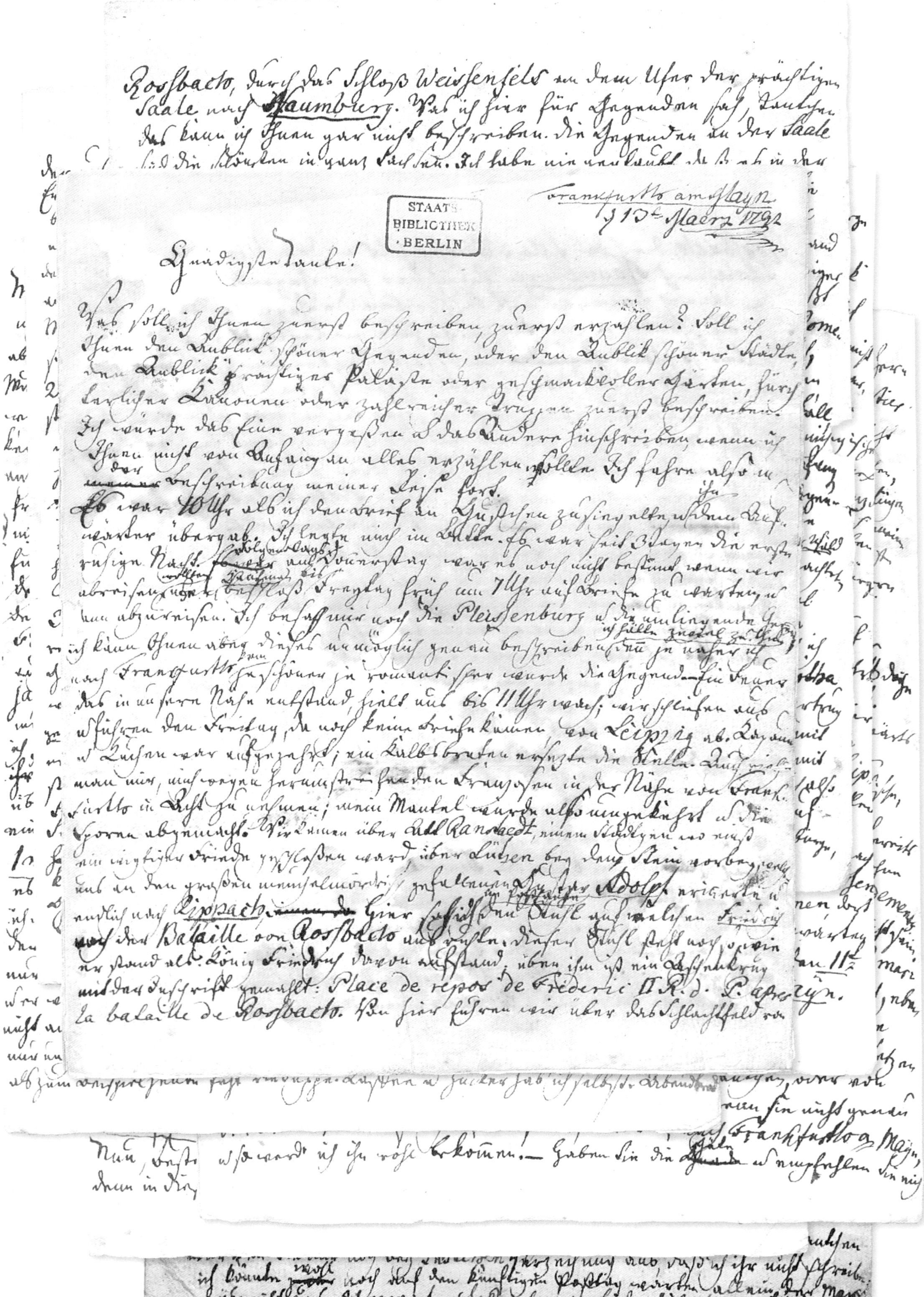
STAATS
BIBLIOTHEK
BERLIN
Franckfurth am Mayn
d. 13te Maerz 1792
Gnädigste Tante!
Was soll ich Ihnen zuerst beschreiben, zuerst erzählen? Soll ich
Place de repos de Frederic II R. d. P. après
la bataille de Rossbach.

HEINRICH VON KLEIST an Auguste Helene von Massow

Francfurth am Mayn
d 13ten [bis 18.] Maerz 1793

Gnädigste Tante!

Was soll ich Ihnen zuerst beschreiben, zuerst erzählen? [...] Was ich hier für Gegenden sah, Tantchen das kann ich Ihnen gar nicht beschreiben. Die Gegenden an der Saale sind die schönsten in ganz Sachsen. Ich habe nie geglaubt daß es in der Natur so schöne Landschaften geben könne, als ich sie gemalt gesehen habe; jetzt aber habe ich grade das Gegentheil erfahren. Vor Naumburg liegt ein hoher Felsen; eine alte Burg stand darauf. Man erzählte mir ein hundertjähriger Greis sey der einzige Bewohner dieses Ritterschloßes; dies hören, und den Entschluß gefaßt zu haben ihn zu sehen, war eins. Alles Protestirens des Herrn Romerio, der sich nicht gern aufhalten wollte, ungeachtet, fing ich an den schroffen Felsen hinanzuklettern. Ein Tritt auf einen losen Stein welcher abbrach, und ein darauffolgender 5 Fuß hoher Fall, schreckte mich von meinem Vorhaben ab, und hätte schlimmere Folgen für mich haben können wenn unser 2ter Begleiter Herr Meier mich nicht aufgefangen hätte. [...] Wir begegneten auf der Fahrt von Gotha nach Eisenach einem Menschen im tiefsten Gebürge, der uns mit einem Straßenräuber nicht viel unähnliches zu haben schien. Er klammerte sich heimlich hinten an den Wagen; und da dies der Postillion bemerkte so schlug er nach ihm mit der Peitsche. Ganz still blieb er sitzen und ließ schlagen. Der Postillion trat im Fahren auf den Bock, und hieb mit der Peitsche so lange bis er herunter war. Nun fing der Mensch gräßlich an zu schreien. Denken Sie sich nur ein Gebürge; wir ganz allein in deßen Mitte, hier wo man jeden Laut so doppelt hört, hier schrie dieser Mensch so fürchterlich. Uns schien es nicht eine Stimme, uns schienen es ihrer 20 zu sein; denn an jedem Berge tönte das Geschrei doppelt stark zurück. Die Pferde, dadurch scheu gemacht gingen durch, der Postillion der auf dem Bock noch immer stand, fiel herunter, der Mensch brüllte immer hinter uns her – bis endlich einer von uns der Pferde Zügel haschte. Dem Räuber (denn dies war er ganz gewiß) zeigten wir nun den blanken Säbel, und frugen ihm was er eigentlich wollte; er antwortete mit Schreien und Toben und Lärmen. Der Postillion fuhr scharf zu, und wir hörten den Menschen immer noch von weitem pfeifen. Unter diesem charmantem Concert kamen wir des Nachts um 12 in Eisenach an, fuhren aber um 3 Uhr schon wieder ab. [...] Hier sieht man über alle beschneite Gebürge weg; hundertjährige Tannen und Eichen verschönern es. In der Ferne sehen Sie eine meilenlange Wiese, in dessen Mitte das Postamt Berka liegt, und in noch weiterer Ferne bemerken Sie Berge die Sie aber gleichsam nur wie durch einen blauen Flor sehen. Ueber sie ging eben die Sonne auf! – (Sonderbar ist es was solch ein Anblick bei mir für Wirkungen zeigt. Tausend andere heitert er auf; ich dachte an meine Mutter und an Ihre Wohlthaten. Mehr darf ich Ihnen nicht sagen. –) [...] Auf unserer Reise begegneten wir viele Couriere, und grade einer der hier von Frfth [Frankfurt] a Mayn abstieg brachte die Nachricht, daß die Franzosen von den Kaiserl. aufs Haupt geschlagen, und viele Kanonen, Fahnen, und Soldaten erbeutet worden sind. [...] Von Fulda kamen wir nach Westminster [Salmünster], von hier nach Kellnhausen [Gelnhausen], und nach Hanau. Hier fanden wir schon Preussen und Hessen und sahen schon lauter Kriegsbewegungen, das heißt hier Canonen, dort Munitionswagens auf dem Felde herumfahren. Ich konnte nicht erwarten nach Francfurth zu kommen, und wir eilten also etwas und waren den 11ten Maerz anno 1793 um halb zwölf Uhr in Francfurth am Mayn. (und also grade 8 Tage auf der Reise)

Mein erster Gang war natürlich zum Cap v Franckenberg. Er glaubte mich nicht so früh zu sehen, doch freut' es ihm. Seine Verwundrung nahm aber ab, als ich ihm sagte daß Frfth [Frankfurt] a Oder für mich, seitdem ich keine Mutter besitze, kein Aufenthalt der Freude mehr sey. Er nahm wa[h]ren Anteil an meinen Verlusth und wünschte mir Glück, wenigstens keine verlaßne Waise zu seyn, und versprach sich meiner nur um desto mehr anzunehmen. [...] Nun fand ich auch ein Quartier. Ein Vorzimmer und eine Stube mit einer wirklich schönen japanischen Tapete und mit schönen Mahlereyen ausgeziert gehört mir und meinen Burschen ganz allein. Zwar ist sie so finster, daß ich dies was ich hier schreibe kaum erkennen kann; zwar dringt keine Sonnenstrahl in die Mitte der Stube, allein ich wäre zufrieden und wenns ein Keller wäre. Was mich aber über alle Maßen sonderbar vorkommt, ist dies, daß ich für ein eigenes Bette, worum ich meine Wirthin gebeten habe, wöchentlich – 1 rth. sage einen Reichsthaler geben muß. Es ist unerhört; allein ich müßte es ihr geben und wenn sie auch nicht einen Pfennig abließe. Eigentlich muß ich mit dem Burschen zusammenschlafen, und dies geschähe auch recht gern denn wenn der Mensch reinlich ist, so ist dies gar nicht sonderbar. Allein auch er hat nur einen Strohsack und eine Decke. Ich könnte dies meinem Capitaine

sagen, und er wäre gewiß so gütig für mich besser zu sorgen; ich mag mich aber das nicht aussetzen, daß es heißt, ich bin mit nichts zufrieden und es käme mir nur ungewohnt vor. Das Mittageßen besteht in einer Suppe und Gemüse, öfters als zum Beispiel heute feh[l]t die Suppe. Kaffee und Zucker hab' ich selbst. Abendbrod eß ich bei den Wirt einer meiner Kameraden, bei einen herzensguten Mann, sehr gut und wohlfeil. Was ich aber in meinem Quartier verzehre muß ich aufs theuerste bezahlen. Glauben Sie etwa nicht daß dies ein Appendix zu dem Gespräch sey was wir einmal hatten, nemlich daß die Söhne ihren Eltern öfters von Unglücksfällen vorlügen, dies ist der Fall nicht und wird es nie sein. [...] Vier Esquadrons von Golz haben eine französische Batterie von 18 Canonen bei Rüremonde [Roermond] erobert; 12 Stück 12pfündige stehen schon als Siegstrophaeen auf dem hiesigen Römerplatz. Die Franzosen oder vielmehr das Räubergesindel wird jetzt allerwärts geklopft. Mastricht [Maastricht] ist entse[t]zt, die Feinde sind von den Oesterreichern an drei Orten zurückgeschlagen worden. Täglich ziehen Kaiserl[iche], Sächsische, Hessische und allerlei Truppen hier durch die Stadt. Täglich kommen schwere Batterien auf Frachtwagen aufgepackt hier nach Francfurth. Bereits sind 180 schwere Oestreichsche Batterien hier, ohne die Preußischen und ohne die, die noch kommen. Man erwartet täglich den Anfang des Bombardements von Mainz, und so ganz ohne Nutzen wird die Garde hier wohl nicht sein. Uebermorgen ohngefähr (denn heute schreiben wir schon den 18ten) marschieren wir, wohin? das weiß kein Mensch noch nicht, und wenn bestimmt, ebensowenig. Wahrscheinlich sollen wir eine Meile von hier die Stelle des Corps von Hohenlohe mit ersetzen was über den Rhein setzen soll. [...] Ich gefalle mich also hier in Francfurth sehr gut, und meiner völligen Zufriedenheit fehlt nichts als das gewiße Bewußtsein Ihrer aller Gesundheit. In den vergnügtesten Augenblicken stört mich freilich öfters der Gedanke, beinahe 100 Meilen von Ihnen entfernt zu seyn; von Ihnen allen, die einzigen, die ich noch lebhaft liebe und schä[t]ze, und an deren Liebe ich noch natürlichen Anspruch machen darf. Der Gedanke an Ihnen, Beste Tante, erpreßt mir Thränen, indem ich zugleich an eine verlorne zärtliche Mutter denke, und der Gedanke an Ihre Wohlthaten tröstet mich indem ich nun keine verlaßne Waise zu sein glaube. Dies alles, Tantchen, Schmerz und Freude, ist bei der Neuheit dieses unglücklichen Vorfalls natürlich; die beste Trösterin aller Leiden, die Zeit, wird nach und nach auch mich trösten, aber vergessen werd ich die Ursach nie. [...]

Allen meinen Angehörigen, Theilnehmern und Freunden bitte ich meine Empfehlung zu machen, und mit der Bitte, ja meinen Mischmasch von Brief nicht zu kritisieren und genau zu betrachten, habe ich die Ehre mit der schuldigsten Ehrfurcht und aufrichtigsten Liebe mich zu nennen

Gnädigstes Tantchen
Ihr gehorsamer Knecht

Heinrich v Kl

P. S.
Beinahe hätte ich vergeßen das Wichtigste Ihnen zu melden. Ich bin nemlich durch einen gewißen Lieut[nant] v Haak der bei der Suite mit Avantage versetzt ist um eine Stufe avanciert, und habe Hoffnung zu mehr. – Wenn Sie die Gnade haben mich bald mit der Nachricht Ihres Wohlbefindens zu beglücken, so erbitte ich mich von Ihnen mir doch den Eindruck zu beschreiben, den die Nachricht des Verlusts unsrer Mutter bey die 4 Cousins gemacht hat. [...]

Etymologie ist oft entwaffnend. Der Begriff „Infanterie" beispielsweise stammt aus dem romanischen Sprachraum, die Wurzel ist das lateinische Wort „infans". Es bedeutet Kind, gemeint ist damit häufig ein Kind von edler Herkunft. Kinder niedriger Schichten wurden als „puer", Bub, oder „puella", Mädchen, bezeichnet. Dass die Fußsoldaten als Infanterie bezeichnet werden, liegt daran, dass die ersten Infanteristen wohl die Schildknappen der Ritter waren, und anders als ihre zu Pferd sitzenden Herren waren die Kindersoldaten meist zu Fuß unterwegs.

Der Verfasser des hier abgedruckten Briefes aus dem Jahr 1793 war ebenfalls ein Kindersoldat. Als er die Zeilen an seine Tante verfasste, war er noch keine 16 Jahre alt und hatte schon eine fast einjährige Dienstzeit als Offiziersanwärter in der preußischen Armee hinter sich.

„Die Marquise von O...", „Der zerbrochne Krug", „Michael Kohlhaas": Wenn in der Schule **HEINRICH VON KLEIST** gelesen wird, dann wird der Unterricht plötzlich diskursiv und schwierig. Warum wird ein Gerechtigkeitsfanatiker zum Meister im Sengen und Brennen – und kommt dann doch zur Einsicht, selbst wenn das den eigenen Tod bedeutet? Wie kann eine Frau ihrem Vergewaltiger bloß verzeihen? Warum soll ein Stück, in dem ein Mensch bis auf die Knochen blamiert wird und ein Leben in Scherben fällt (gerade so wie der zerbrochne Krug), ein Lustspiel sein? Und woher rühren diese paradoxen Gewaltausbrüche?

Heinrich von Kleist, geboren am 18. Oktober 1777 und Spross einer etablierten Offiziersfamilie, ist ein literarischer Außenseiter, der in keine Schublade der Epochen passt. Für die Klassiker in Weimar zu jung, zu ungestüm und irrational. Den frühen Romantikern in Jena und Berlin zu unromantisch, weil drastisch, verstörend und brutal. Bei Kleist wächst keine blaue Blume weit und breit.

Das Paradoxe und Verstörende gehört zu Kleists Werk und zu seiner Ästhetik. Da werden preußische

Allein deshalb ist die Schilderung seiner Reise ein wichtiges Zeitdokument. Noch bedeutsamer wird der Brief durch den Umstand, dass sein Verfasser der spätere Literat Heinrich von Kleist ist. Zudem ist der am 13. März 1793 angefangene Brief der erste, der von Kleist überliefert ist.

Die Literaturwissenschaft fragt sich natürlich, ob sich in diesem frühen Brief schon etwas ankündigt, das auf das spätere Werk des Dramatikers, Erzählers und Journalisten Heinrich von Kleist verweist. Das ist Interpretationssache. Die Worte sind klug und wohlgewählt, aber das ist nichts Außergewöhnliches. Der 15-jährige Kleist schrieb kaum anders als viele andere Angehörige der gebildeten Stände des ausgehenden 18. Jahrhunderts. Auch sein früher Eintritt ins Militär war für damalige Verhältnisse nichts Besonderes – eine Kindheit und Jugend im heutigen Sinn gab es seinerzeit noch gar nicht. Jungen aus den preußischen Adelsgeschlechtern verließen bereits mit 14 oder 15 Jahren das Elternhaus. In Friedenszeiten wartete der Drill beim Militär, in Kriegszeiten zogen sie mit ins Feld, wo sie nicht geschont wurden, sondern durchaus an Kampfhandlungen teilnahmen. Der Begriff Fahnenjunker als niedrigster Dienstgrad der Offiziersanwärter ist ein weiterer Beleg für die Existenz von Kindersoldaten.

Dass Kleist diesen Brief buchstäblich als Kind seiner Zeit schrieb, zeigt der Inhalt. Einen Monat nach dem Tod der Mutter – der Vater war bereits 1788 gestorben – berichtete der nun verwaiste Heinrich von Kleist seiner Tante von einer mehrtägigen Postkutschenfahrt in den Krieg. Von Sachsen kommend, zog er Richtung Frankfurt am Main, um dort zu seinem Garderegiment zu stoßen und gegen die französischen Revolutionstruppen zu kämpfen, die weit auf deutsches Gebiet vorgestoßen waren. Heinrich von Kleist schilderte seine Reiseerlebnisse chronologisch. Er berichtete davon, wie er Schlachtfelder und historische Stätten vergangener Kriege passierte, er beschrieb Aufstiege zu pittoresken Burgen und erzählte von Flüssen, tiefen Wäldern und schneebedeckten Bergen.

Stabsoffiziere wie Prinz Friedrich von Homburg urplötzlich somnambul, da muss man, wie Kleist in seinem Essay „Über das Marionettentheater" schreibt, wahlweise eine Puppe ohne jegliches Bewusstsein oder ein Gott sein, um natürlich-menschliches Verhalten zu zeigen.

Kleist starb am 21. November 1811. Seine Begleiterin in den Tod war seine Freundin Henriette Vogel, die den Tod wegen einer unheilbaren Krebserkrankung suchte. Heinrich von Kleist erschoss erst sie, dann sich. Das letzte, traurige Paradoxon: Obwohl Goethe ihn förderte, war Kleist im Leben als Schriftsteller erfolglos. Später wurde sein Werk von den verschiedensten politischen Strömungen okkupiert, von links außen bis ganz weit rechts. Heute gilt Kleist, viel gelesen und viel gespielt, als Vorkämpfer und Vordenker der Moderne.

Über die Empfängerin des Briefes, **AUGUSTE HELENE VON MASSOW**, geborene von Pannwitz (1736–1809), weiß man wenig. Sie war die Schwester von Kleists Mutter und führte als kinderlose Witwe nach deren Tod den Haushalt in Frankfurt an der Oder.

Die Beschreibung mittelalterlicher Burgen und die Schilderung von Naturerlebnissen sind selbstverständlich Belege für eine romantische Weltauffassung, die der junge Heinrich von Kleist schon frühzeitig entwickelte. Begeisterung für die Natur und das Mittelalter sind aber auch bei anderen Zeit- und Altersgenossen zu finden. Den späteren Schriftsteller Heinrich von Kleist, den Grenzgänger zwischen Weimarer Klassik und anhebender Romantik, in dem Brief aufspüren zu wollen ist wahrscheinlich ebenfalls ein bisschen romantisch gedacht.

Völlig unromantisch zeigte sich Heinrich von Kleist hingegen in der Episode des vermeintlichen Straßenräubers. Kleist beschrieb, wie ein armer, zerlumpter Kerl sich an die Postkutsche anzuhängen versuchte. Die Mitfahrgelegenheit wurde dem Mann verwehrt, der Kutscher schlug mit der Peitsche auf ihn ein, Kleist und die anderen Passagiere vertrieben ihn mit gezücktem Säbel. Die Schreie des Geprügelten tat Kleist in seinem Brief gar als „charmantes Konzert" ab. Auch das ist wohl weniger ein Vorzeichen auf eine Figur des späteren Schriftstellers Kleist, etwa den mitleidlosen Michael Kohlhaas. Viel wahrscheinlicher ist, dass aus dieser Erzählung der Standesdünkel eines Adelssprosses spricht – und die Unreife eines 15-jährigen Knaben, der sich allein in einer Erwachsenenwelt zurechtfinden musste.

Zu dieser Erwachsenenwelt gehörte auch der Krieg. Der Kindersoldat Heinrich von Kleist sollte bald darauf seine erste Schlacht schlagen. Die Franzosen waren aus Frankfurt zurückgedrängt, hielten aber die zur Festung ausgebaute Stadt Mainz und setzten an der Mainspitze mit Kähnen über den Rhein, um zum Gegenangriff überzugehen. Heinrich von Kleists Garderegiment wurde am 21. und 22. Mai 1793 in schwere Gefechte verwickelt.

1795 wurde Heinrich von Kleist zum Fähnrich und 1797 zum Leutnant befördert. Im Zivilleben noch minderjährig (er wurde erst 1801 für „großjährig" erklärt), war er kommandierender Offizier größerer Einheiten. Viele von Kleists vor und nach ihm verstanden das Militär als Lebensaufgabe und machten als hochrangige Offiziere Karriere. Heinrich von Kleist verfolgte andere Pläne. Nach fast sieben Jahren des Soldatenlebens nahm er im April 1799 als 21-Jähriger seinen Abschied, um zu studieren. Damit verließ Kleist den ihm vorgezeichneten Lebensplan. Zwar verlobte er sich im Jahr 1800 inoffiziell mit der Generalstochter Wilhelmine von Zenge, doch Halt sollte er in der Welt des Militäradels nicht mehr finden. In seinem Verlobungsjahr brach er das Studium ab und versuchte, eine Beamtenlaufbahn einzuschlagen. 1801 erlebte Kleist eine tiefe Lebenskrise – die sogenannte Kantkrise. Kants Erkenntnis, dass der menschlichen Vernunft Grenzen gesetzt sind, soll Heinrich von Kleist erschüttert haben. Zumindest beschreibt er es so in Briefen an seine Verlobte. Allerdings muss die Lektüre der Werke Immanuel Kants nicht zwingend der Auslöser der Krise gewesen sein. Vielleicht war die angebliche Wirkung Kants auch nur ein Vorwand, mit dem Heinrich von Kleist sich und seiner Verlobten seine persönliche Lebenskrise erklären wollte.

Im Juli 1801 ging Heinrich von Kleist auf Reisen, zuerst nach Paris (Preußen und Frankreich hatten inzwischen Frieden geschlossen). Ende Dezember reiste er weiter in die Schweiz, wo seine schriftstellerische Arbeit ihren Anfang nahm und von wo aus er im Mai 1802 die Verlobung mit Wilhelmine löste. Die Begründung: Seine Braut hatte sich geweigert, mit ihm ein bäurisches Leben zu führen – auf diese Idee hatte ihn das Studium der Werke Jean-Jacques Rousseaus gebracht. Im Oktober 1802 kehrte Heinrich von Kleist nach Deutschland zurück, um im Jahr darauf mit seinem Freund Ernst von Pfuel zu einer neuerlichen Reise aufzubrechen. Nach seiner Rückkehr von der zweiten Auslandsreise unternahm Kleist einen weiteren Anlauf, Beamter zu werden und scheiterte, versuchte sich als Journalist und scheiterte, dichtete weiter und hatte auch dabei keinen Erfolg.

Von der Orientierungs-, Rat- und Rastlosigkeit dieser Lebensjahre ist aus dem ersten überlieferten Feldpostbrief aus dem März 1793 noch nichts herauszulesen. Zwei Dinge in diesem Brief sind aber bereits typisch für den späteren Kleist. Das eine ist die Geldnot: Kleist berichtete seiner Tante lang und breit, wie teuer das Leben in Frankfurt sei. Geldsorgen sollten Heinrich von Kleist sein Leben lang begleiten. Das zweite ist das Gefühl der Verlassenheit. Im Brief trauerte der junge Kleist um seine Mutter, und wähnte sich von der ganzen Welt verlassen. Getrieben von Geldnot und Vereinsamung schrieb Heinrich von Kleist am 21. November 1811 schließlich seinen letzten Brief, der im ersten Band der Buchreihe „Briefe bewegen die Welt" bereits gewürdigt wurde. In dem Abschiedsbrief an die Schwester Ulrike von Kleist heißt es: „... die Wahrheit ist, daß mir auf Erden nicht zu helfen war." Als diese Zeilen notiert waren, erschoss sich der Dichter.

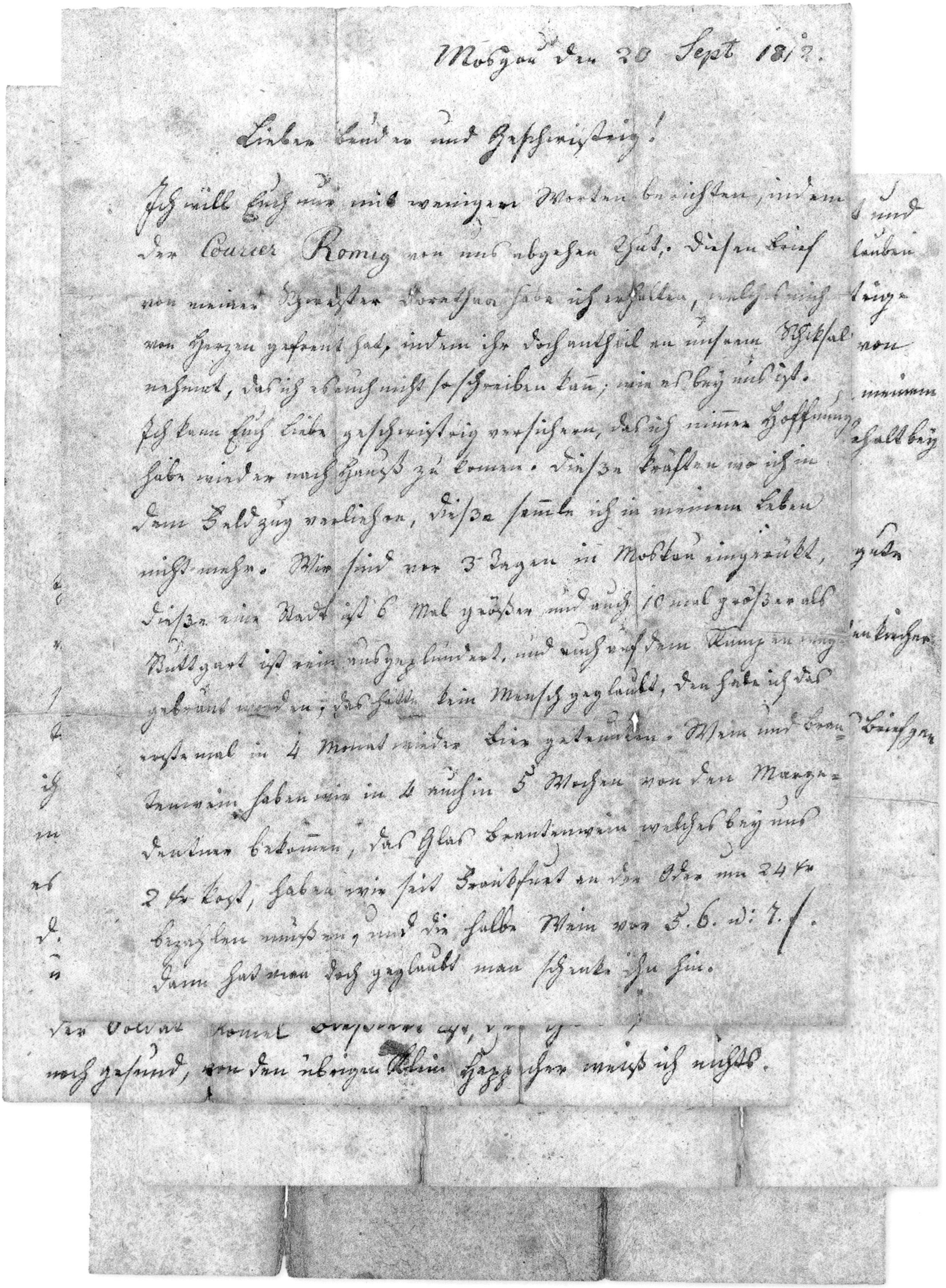
Moskau den 20 Sept 1812.

Lieber Bruder und Geschwistrig!

Ich will Euch nur mit wenigen Worten berichten, indem
der Courier König von uns abgehen thut. Diesen Brief
von meiner theuersten Dorothea habe ich erhalten, welcher mich
von Herzen gefreut hat, indem ihr so Antheil an unserem Schicksal
nehmet, daß ich Euch nicht so schreiben kan, wie es bey uns ist.
Ich kann Euch liebe Geschwistrig versichern, daß ich meine Hoffnung
habe wieder nach Hauß zu komen. Diese Kräften wo ich in
dem Feldzug verlohren, diese spüre ich in meinem Leben
nicht mehr. Wir sind vor 3 Tagen in Moskau eingerückt,
diese eine Stadt ist 6 Mal größer und auch 10 mal größer als
Stuttgart ist ein und abgebrannt, und auch auf dem Thurm ...
gebrannt worden; das hätte kein Mensch geglaubt, da habe ich das
erstemal in 4 Monat wieder Bier getrunken. Wein und Bran=
tewein haben wir in 4 auch in 5 Wochen von den Marge=
tendern bekommen, das Glas Brantewein welches bey uns
2 kr kost, haben wir seit Frankfurt an der Oder um 24 kr
bezahlen müssen, und die halbe Wein vor 5. 6. u: 7. f.
Dann hat man doch geglaubt man schenke ihn hin.

JOHANN SCHILLER an seinen Bruder Jakob

An
H. Jakob Schiller
Schloss-Portier
in
Stuttgart
frey

Mosgau den 20 Sept 1812

Lieber Bruder und Geschwistrig,

Ich will Euch nur mit wenigen Worten berichten, indem der Courier Romig von uns abgehen thut. Diesen Brief von meiner Schwester Dorothea habe ich erhalten, welches mich von Herzen gefreut hat, indem ihr doch antheil an unsrem Schiksal nehmet, das ich es auch nicht so schreiben kann; wie es bey uns ist. Ich kann Euch Liebe geschwistrig versichern, das ich nimmer Hoffnung habe wieder nach Hauß zu komen. Dieße Kräften wo ich in dem Feldzug verliehre, dieße sammle ich in meinem Leben nicht mehr.
Wir sind vor 3 Tagen in Moskau eingerückt, dieße eine Stadt ist 6 Mal größer und auch 10 mal größer als Stuttgart ist rein ausgeplündert, und auch auf dem Rampen arg gebrant worden, das hätte kein Mensch geglaubt, den habe ich das erste mal in 4 Monat wieder Bier getrunken. Wein und Brantenwein haben wir in 4 auch in 5 Wochen von den Margedentner bekommen, das Glas Brantenwein welches bey uns 2 [Kürzel für Kreuzer] kost, haben wir seit Frankfurt an der Oder um 24 [Kürzel für Kreuzer] bezahlen müßen, und die halbe Wein 5. 6. ud: 7. [Kürzel für Gulden]. Dann hat man doch geglaubt man schenke ihn hin.
So ist es draufgegangen vor der Hungersnoth, das kann ich Euch nicht genug schreiben, indem die Leute benahe alle Hunger gestorben seyn. Liebe Geschwistrig, es wird Euch wohl bekant seyn das ich in meinem Leben keine Zwiebel roh habe Eßen können, und mich die Noth schon so weit gebracht hat, sie aus der Hand zu Eßen, auch schon oft 8 und 14 Tage kein Bröckel Brod hab über meinen Mund gebracht, also könt Ihr Euch vorstellen das ich nichts versparen kann, in dem Feldzug, wann ich nur keine Schulden

machen muß. Und was ich Euch bitten thue, das ihr der Mutter nur nichts abgehen laßet, man solle ihr von meinem Geld geben, wenigstens nur den Zinß von mir soll soll sie einnehmen. Und wenn ihr euch erkundigt, das der Freiter vom Fränzen, nach Hause gekommen ist, so könnt Ihr Euch bey ihm erkundigen, wir sind alle Tage beysamen gewessen, er ist mit des Kronprinzen Pferd gerstern abgegangen nach Stuttgart es kann aber Weihnachten werden. Auch will ich schreiben das 2 [Kürzel für Pfund] Brod kost haben seither 1 [Kürzel für Gulden] und 48 [Kürzel für Kreuzer], das habe ich und mein Bedient auf einmal geßen. Ich bericht auch das der Soldat Rommel bleßiert ist, der Gall ist bis dato noch gesund, von den übrigen Klein Heppacher weiß ich nichts.
Und von meinen Leuten sind auch 2 Mann bleßiert und ein Pferd Tod geschoßen worden. Ihr dürft nicht glauben das wir nichts vom Feind gesehen haben. Liebe geschwistrige ihr könnt sehen, das ich ganz von Sinnen bin, wie auch von Kräften, der Mensch ist ganz wie Tod, ich hätte es in meinem Leben nicht geglaubt, was ich Euch schreiben thue das behalt bey euch, Ihr sollt es niemand schreiben
Ich grüße alle meine Geschwister, Mutter und alle gute Freunde auch einen gruß an Jakob Schattenkircher ich weiß das der Bub Soldat ist
Lieber Bruder, besorge mir das Briefgen an H Leutenant Bep
getreuer Bruder
Joh. Schiller, Leutenant

Was ich Euch schreiben thue das behalt bey euch, Ihr sollt es niemand schreiben": Aus diesen Zeilen spricht das Bedürfnis, die Wahrheit zu berichten, ebenso wie die Angst, dafür bestraft zu werden. Diese Angst war berechtigt: Wenige Wochen, bevor diese Zeilen geschrieben wurden, hatte König Friedrich I. von Württemberg verfügt, dass Soldaten keine negativen Nachrichten mehr aus dem Russlandfeldzug nach Hause übermitteln dürften und, wenn sie es doch täten, „mit den empfindlichsten Strafen belegt werden sollen".

Wenn Herrscher zensieren und Sprechverbote erlassen, wollen sie verhindern, dass sich eine unangenehme Wahrheit in der Bevölkerung verbreitet und Zweifel an ihrem Handeln aufkommen – das ist bis heute so. Die unangenehme Wahrheit, die König Friedrich seinem Volk verheimlichen wollte, hieß: Napoleons gigantischer Russlandfeldzug von 1812 war ein militärisches Debakel und hatte zu einer menschlichen Katastrophe geführt. Friedrich I., auch „Dicker Friedrich" genannt, war zu jener Zeit Bündnispartner Napoleons. Als dieser sich nach dem Bruch des Tilsiter Friedensvertrags durch Zar Alexander I. zu einem Feldzug gegen Russland entschloss, stellte Württemberg ein Aufgebot von 15 800 Mann zur Verfügung. Einer von ihnen war der Leutnant Johann Schiller aus dem württembergischen Ort Kleinheppach.

Als er seinen verzweifelten Brief aus dem niedergebrannten Moskau abschickte, war die württembergische Truppe auf etwa 2400 Soldaten geschrumpft und Napoleons Heer, die Grande Armée, nur noch ein Schatten ihrer selbst. Dazwischen war Furchtbares passiert – und heute weiß man, dass noch Furchtbareres bevorstand.

Als die Grande Armée Ende Juni 1812 die Memel, weißrussisch Njemen, überquerte und damit den Krieg gegen Russland eröffnete, zählten Napoleons Invasionstruppen einschließlich des Rheinbundes rund 475 000 Mann. Denn Napoleons Heer bestand nicht nur aus Einheiten der französischen Départements, auch die Bündnispartner des französischen Kaisers hatten Truppen zu stellen. Neben Franzosen marschierten Deutsche, Österreicher, Spanier, Dänen, Litauer, Polen und Kontingente anderer Nationen. Außer den Soldaten zogen noch Tausende Zivilisten – Ärzte, Handwerker, Feldpostbeamte und viele andere – gen Russland; sie folgten den ersten Invasionstruppen als Versorgungszug. Zusammen mit den nachrückenden Truppen gehörten der Grande Armée im Russlandfeldzug über 600 000 Menschen an.

Napoleon hatte seine Truppen mit einem noch nie da gewesenen logistischen Aufwand für den Feldzug aufgestellt und darauf gesetzt, das Zarenreich durch zahlenmäßige Überlegenheit schnell zu besiegen – die drei russischen Westarmeen verfügten über gerade einmal 242 000 Soldaten. Doch Zar Alexander wusste um seine schlechten Chancen bei einem direkten Aufeinandertreffen und ordnete zunächst den Rückzug seiner Truppen an. Zugleich sorgte er dafür, dass seine Soldaten überall dort, wo sie sich zurückzogen, möglichst viel zerstörten, um Napoleon keine Möglichkeit zu bieten, die russische Infrastruktur für seine Truppen zu nutzen. Alexander wusste, dass er mit der Strategie der „verbrannten Erde" den napoleonischen Truppen großen Schaden zufügen konnte.

Napoleons Truppen konnten nun zwar einen Ort nach dem anderen ohne großen Widerstand einnehmen, standen aber schnell vor massiven Problemen:

JOHANN SCHILLER kam aus Kleinheppach, heute ein Ortsteil von Korb in Baden-Württemberg, und war Leutnant in der württembergischen 25. Division im 3. Armeekorps der napoleonischen Grande Armée. Er entstammte einer württembergischen Staatsbeamtenfamilie. Am 20. September 1812 schrieb er seinem Bruder aus Moskau, das von Napoleons Armee besetzt war. Der Brief wurde portofrei über die Feldpost befördert und von dem württembergischen Hofbediensteten Romig, der zu dieser Zeit als Kabinettskurier tätig war, zugestellt. Johann Schiller fiel im November 1812 in der Schlacht an der Beresina. Der Moskauer Brief an den Bruder Jakob Schiller blieb im Besitz der Familie und ist trotz zweier Weltkriege und der Bombardierung Stuttgarts 1945 als wichtiges Zeugnis des Russlandfeldzugs erhalten.

JAKOB FRIEDRICH SCHILLER wurde am 11. Oktober 1777 in Kleinheppach geboren und arbeitete ab 1808 als Portier im Schlossgarten des gerade fertiggestellten Neuen Schlosses in Stuttgart. Er starb unverheiratet am 19. Juli 1843.

Die Versorgungstruppen, die über Litauen Nachschub organisieren sollten, konnten dem Tempo der Armee nicht folgen; zugleich gab es in den oft niedergebrannten russischen Orten kaum Ressourcen, auf die Napoleon hätte zurückgreifen können. Die Vorräte der riesigen Grande Armée schwanden. Schnell gab es kein Futter mehr für die Pferde, von denen bereits in den ersten Wochen Tausende qualvoll verhungerten. Und bald wurden auch die Lebensmittel für die Soldaten knapp. Hinzu kam die harsche russische Witterung: Manche Tage waren brütend heiß, an anderen regnete es pausenlos. Die Bilanz der ersten sechs Wochen war ein Verlust von fast 140 000 Mann. Viele waren aus Erschöpfung zurückgeblieben, andere waren durch unsauberes Wasser an der Ruhr erkrankt. Der Branntwein, der dazu verwendet wurde, das Wasser zu reinigen, war längst ausgegangen. Mindestens 50 000 Soldaten, insbesondere aus den nichtfranzösischen Divisionen, desertierten. Einige der Zurückgebliebenen und Deserteure bildeten plündernde Banden und verbreiteten fernab von Napoleons Truppen Angst und Schrecken unter der russischen Bevölkerung.

Am 17. August 1812, nach Kämpfen mit den Vorposten des Zaren, nahm Napoleon die Stadt Smolensk ein. Die Grande Armée zählte nur noch 160 000 Mann. Der Kaiser stand nun vor der Frage, ob er mit seiner stark dezimierten Armee weiter Richtung Moskau marschieren oder seine Truppen zunächst in Smolensk stationieren sollte, um die Versorgung neu aufzubauen und die bereits eroberten Gebiete gegen die russischen Truppen zu sichern. Obwohl ihm die Mehrzahl seiner Generäle davon abriet, entschied sich der Feldherr, den Eroberungsfeldzug fortzuführen.

Zugleich mehrte sich im russischen Hauptquartier der Widerstand gegen Alexanders Rückzugstaktik. Zumindest Moskau, das zwar nicht Hauptstadt, aber kulturelles und wirtschaftliches Zentrum des Zarenreichs war, sollte um jeden Preis gegen die Franzosen verteidigt werden. So trafen am 7. September zum ersten Mal Grande Armée und russische Truppen in einer großen Schlacht aufeinander: In der Nähe des Dorfes Borodino, rund 125 Kilometer westlich von Moskau, standen 130 000 Angehörige der napoleonischen Armee etwa 125 000 russischen Soldaten gegenüber. Die quantitative Überlegenheit, auf die Napoleon seine Strategie von Anfang an ausgerichtet hatte, war in dem aufreibenden Feldzug längst dahingeschmolzen.

Die Schlacht kannte keinen Sieger. 80 000 Soldaten wurden verwundet oder starben, etwas mehr von ihnen auf russischer Seite. Die russische Armee musste sich zwar zunächst zurückziehen, doch auch Napoleons Armee war einmal mehr empfindlich geschwächt. Als Johann Schiller seinen Brief an den Bruder schrieb, lag die Schlacht von Borodino keine zwei Wochen zurück. Er erwähnte sie zwar nicht, doch der Satz „Ihr dürft nicht glauben das wir nichts vom Feind gesehen haben" und die Informationen über verwundete Kameraden lieferten seinen Verwandten eindeutige Belege dafür, dass in Russland gekämpft wurde. Wenn der Feldzug zuvor durch die Rückzugstaktik der Russen auch nur von wenigen Kämpfen geprägt gewesen war, musste Leutnant Schiller nun davon ausgehen, dass diese Schlacht nicht die letzte bleiben würde.

Am 14. September, wenige Tage nach der Schlacht von Borodino, erreichten Napoleons verbliebene Einheiten Moskau, das ihnen wie eine Geisterstadt vorkam: Die Mehrheit der rund 300 000 Einwohner war geflohen. Napoleon quartierte sich im Kreml ein und hoffte darauf, ein Friedensangebot des Zaren zu erhalten – vergeblich. Am 15. September brachen weiträumige Brände in der Stadt aus, die drei Tage anhielten. Moskau, das damals überwiegend aus Holzhäusern bestand, brannte fast vollständig nieder. Die demoralisierten französischen Truppen besetzten die Ruinen, sie plünderten und raubten, was sie fanden. Und der russische Winter stand vor der Tür. Johann Schillers Brief bietet einen Einblick in die verzweifelte Situation der Soldaten, die in der niedergebrannten, geplünderten Stadt ausharren mussten und ständig Hunger litten.

Trauriges Bild der Französischen Retirade von Moscau.
Von grimmiger Kälte, Hunger und Angst verfolgt, fand das grosse, Französische Heer auf Russlands Schneegefilden den fürchterlichsten Tod. Um ein kleines Feuer lagern sich Generale
in Lumpen gehüllt, und verzehren Mäuse, Katzen und Fleisch von gefallenen Pferden mit Heisshunger. Bis zur Besinnungslosigkeit ermattet, komt der Feind oder der Tod unbemerkt zu ihnen.
Um sein Leben noch etwas zu fristen, gräbt ein Halberstärter sich in ein gefallenes Pferd. Für die Menschen nicht, aber für die Raaben, hat Napoleon hier reichlich gesorgt!
Nürnberg bei Friedrich Campe

Als nach vier Wochen immer noch kein Friedensangebot vorlag und Napoleon einsah, dass er angesichts von Hunger und Kälte keinen militärischen Erfolg mehr erringen konnte, wurde der Feldzug abgebrochen. Am 19. Oktober zogen die verbliebenen 95 000 Soldaten aus Moskau ab. Doch dem Winter konnten die Truppen nicht mehr entkommen: Es begann zu schneien, die Temperaturen fielen schnell weit unter den Gefrierpunkt. Und auch die Moral der Soldaten sank unter dem Eindruck von Hunger, Erschöpfung und der militärischen Sinnlosigkeit des Feldzugs. Unzählige Soldaten desertierten, erfroren oder wurden von umherziehenden Kosaken gefangen genommen. Als die Grande Armée am 9. November in Smolensk ankam, hatte sie kaum noch 60 000 Angehörige, davon etwa 40 000 unter Waffen – und es wurde stetig kälter.

Doch das Schlimmste stand noch bevor. Ab dem 26. November versuchte Napoleon mit seinen Truppen den Fluss Beresina, heute weißrussisch Bjaresina, zu überqueren. Alexanders Truppen hatten die einzige Holzbrücke zerstört, sodass die französischen Einheiten Behelfsbrücken über den eiskalten Fluss errichten mussten. Napoleons Garde überquerte den Fluss am 27. November, doch die nachfolgende Armee geriet unter russischen Beschuss. Unter den Soldaten brach Panik aus. Zehntausende wurden erschossen, ertranken im Fluss oder wurden auf der Brücke von den eigenen Kameraden erdrückt. Nur etwas mehr als die Hälfte der Soldaten erreichte das andere Ufer. Johann Schiller war nicht unter ihnen. Er fiel in der Schlacht an der Beresina. Ein Überlebender überbrachte der Familie später die Nachricht von seinem Tod.

Für die wenigen, die überlebt hatten, war der Schrecken nicht vorbei. Als sie weiter gen Westen zurückmarschierten, fielen die Temperaturen mitunter auf fast –40 Grad, viele erfroren und verhungerten, Zeitzeugen schilderten sogar Fälle von Kannibalismus. Als die Truppen Napoleons am 16. Dezember 1812 schließlich die Memel erreichten, waren sie gerade noch 16 000, wenige Tausend folgten Tage später. Von den ursprünglich 15 800 Württembergern kehrten nur 387 zurück. Insgesamt forderte Napoleons Offensive rund eine Million Todesopfer auf beiden Seiten – und war zugleich der Anfang vom Ende seiner Herrschaft. Der Russlandfeldzug ging als eine der größten militärischen Niederlagen und eine der größten europäischen Tragödien in die Geschichte ein.

Heute weiß man viel über diesen Krieg; er ist in zahlreichen Berichten Überlebender dokumentiert, und Leo Tolstoi verarbeitete den „Vaterländischen Krieg“, wie er in Russland genannt wurde, in seinem Roman „Krieg und Frieden“. Trotzdem ist der Brief von Johann Schiller ein ganz besonderes Zeugnis. Er ist eine authentische, persönliche Momentaufnahme der verzweifelten Situation, in der sich die Soldaten befanden. Er macht das Grauen dieses Krieges unmittelbar spürbar – und das auf furchtbare Weise Unbegreifbare spricht aus den Worten Schillers, der sein Ende wenige Wochen zuvor zu ahnen schien: „Liebe geschwistrige ihr könnt sehen, das ich ganz von Sinnen bin, wie auch von Kräften, der Mensch ist ganz wie Tod, ich hätte es in meinem Leben nicht geglaubt“.

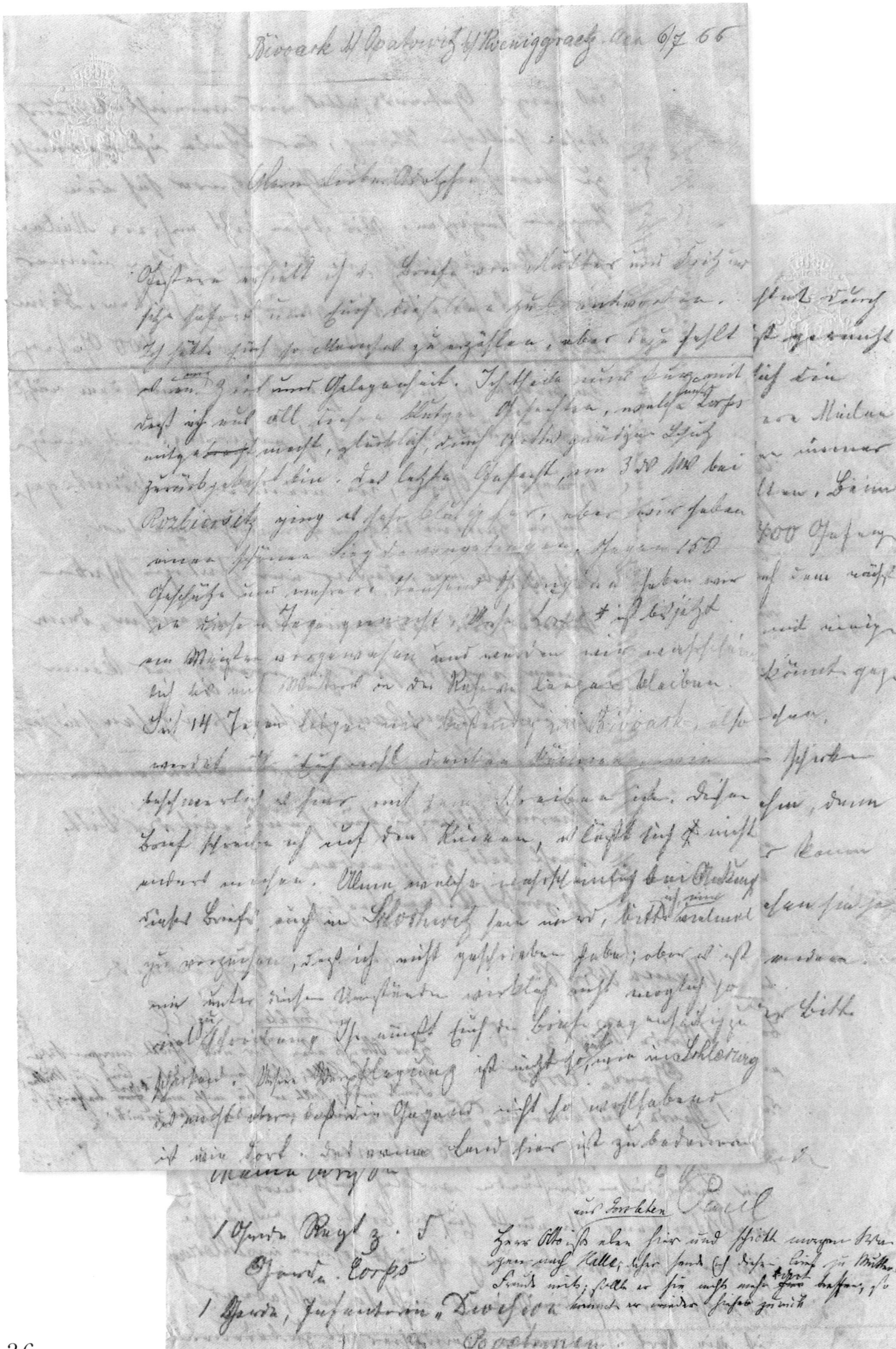

PAUL KOEGEL an seinen Halbbruder Adolph

Biwack b/ Opatowtz b/ Koeniggraetz, am 6/7 [18]66

Mein lieber Adolph!

Gestern erhielt ich die Briefe von Mutter und Fritz und sitze sofort um Euch dieselben zu beantworten. Ich hätte Euch so Manches zu erzählen, aber dazu fehlt es mir an der Zeit und Gelegenheit. Ich theile nur kurz mit, daß ich aus all diesen blutgen Gefechten, welche unser Corps mitgemacht, glücklich, durch Gottes gütigen Schutz zurückgekehrt bin. Das letzte Gefecht, am 3 d[e]s M[onat]s bei Rozbieršitz ging es sehr blutig her, aber wir haben einen schönen Sieg davongetragen. Gegen 150 Geschütze und mehrere Tausend Gefangene haben wir in diesen Tagen gemacht. Unser Corps ist bis jetzt am Meisten vorgewesen und werden wir wahrscheinlich bis auf Weiteres in der Reserve länger bleiben.

Seit 14 Tagen liegen wir beständig in Bivoack [Feldlager], also werdet Ihr Euch wohl denken können, wie beschwerlich es hier mit dem Schreiben ist. Diesen Brief schreibe ich auf den Knieen, es läßt sich nicht anders machen. Alma welche wahrscheinlich bei Ankunft dieses Briefes, auch in Schochwitz sein wird, bitte ich, mir vielmal zu verzeihen, daß ich nicht geschrieben habe; aber es ist mir unter diesen Umständen wirklich nicht möglich so zu viel zu schreiben. Ihr müßt Euch die Briefe gegenseitig zu schicken. Unsere Verpflegung ist nicht so gut, wie in Schleswig das macht aber, daß die Gegend nicht so wohlhabend ist wie dort. Das arme Land hier ist zu bedauern. Das ganze Getreide, alles wird vernichtet durch diesen heillosen Krieg, der Schade ist garnicht zu berechnen für die Gegend, wo sich die Truppen hinziehen. Wir stehen jetzt mehrere Meilen hinter Koeniggrätz, die Oestreicher laufen immer vor uns her, sie sind garnicht zu halten. Beim letzten Gefecht machte unsere Comp[agnie] 400 Gefangene, die brachte ich mit einigen Leuten nach dem nächsten Dorf zurück, da sprach ich unterwegs mit einigen Ostreichisch[en] Offizie[ren], die meinten sie könnten gege[n] unsere Zündnadelgewehre nichts machen, Fritz schrieb mir, daß er mir Zeitungen schicken könnte, das wäre mir sehr angenehm, denn man erfährt hier zu wenig, er kann sie unt[er] Kreuzband schicken, frei gehen sie ja vielleicht Kreuzzeitung, oder eine andere. Hiermit schließe für heute mit der Bitte recht bald zu schreiben

Es grüßt Allen herzlich
Euer Euch liebender

Paul

Meine Adresse
1 Garde Regt. z. F.
Garde Corps
1 Garde, Infanterie-Division in Boehmen

[Andere Handschrift, mit Tinte hinzugefügt:]
Herr Otto aus Gorsleben ist eben hier und schickt morgen Wagen nach Halle, daher sende ich diesen Brief zu Mutters Freude mit; sollte er sie nicht mehr hier dort treffen, so kommt er wieder hierher zurück

[Seitennotiz:]
Beim letzten Gefecht verlor unsere Comp. 1 Offz 3 Untfz u. 45 Mann Todte und Verwundete.

„Saupreiß!", schimpft der Bayer gerne, wenn er sich über jemanden ärgert, der nicht aus dem weiß-blauen Bundesland kommt. Ob es sich bei dem Betreffenden wirklich um einen Preußen im historischen Sinne handelt, spielt kaum mehr eine Rolle. „Preißn", das sind eben die anderen, die Nichtbayern. „Preiß" entspricht in etwa dem Österreichischen „Piefke"; auch dieser Begriff dient vor allem der Abgrenzung des Südens gegen alles Nördliche. Auch wenn beide Schimpfwörter heute oft augenzwinkernd verwendet werden: Sie haben einen historischen Hintergrund, und der ist bitterernst.

Es ist schließlich noch keine 150 Jahre her, da standen sich Preußen auf der einen, Österreich auf der anderen Seite

PAUL FRIEDRICH WILHELM KOEGEL wurde am 26. April 1841 in Berlinchen, Brandenburg, als Sohn des Predigers Johann Friedrich Koegel und seiner Frau Johanne Mathilde Amalie, geborene Lipsky, geboren. Paul Koegel zog als Unteroffizier im Garde-Infanterie-Regiment zu Fuß in den Deutschen Krieg von 1866. Nach dem Krieg arbeitete er als Kaufmann in der Magdeburger Zigarrenindustrie und im Zigarrenhandel. Er hatte wahrscheinlich drei Geschwister, darunter Fritz (Friedrich), und zwei Halbgeschwister. Ein Sohn einer anderen Ehefrau des Vaters, Amalia Gerlach, war Adolph Koegel, an den Paul den abgedruckten Brief schrieb. Darüber hinaus ist über den Briefschreiber heute nichts mehr bekannt.

Bilderzeitung der Gegenwart. Kriegsschauplatz Oesterreich.

Cavallerie-Attake bei Sadowa am 3. Juli 1866.

Heiß wüthete der Kampf, auf keiner Seite waren erhebliche Vortheile errungen, immer neue Schaaren der Oesterreicher wurden ins Gefecht geführt, um die Schlacht, von deren Ausgang so viel abhing, unter allen Umständen zu halten. Die Kraft der Verzweiflung ließ die Oesterreicher Stand halten, Preußens Krieger gingen mit Begeisterung vor, sie wußten, daß ihnen die hohe Bestimmung zu Theil geworden, heute das künftige Schicksal Deutschlands zu entscheiden. Namentlich schien unsere Cavallerie sich an diesem Tage selbst übertreffen zu wollen, und bewies durch ihre unwiderstehlichen Angriffe, daß die preußischen Reiterschaaren von demselben Geiste beseelt sind, wie in den Tagen Ziethen's und Seydlitz — Bei Sadowa attakirten preuß. Husaren und Ulanen österreichische Kürassiere, furchtbar war der Zusammenstoß, Säbel und Lanze thaten ihre Schuldigkeit, die Gewandtheit, überlegene Führung und der Geist unserer tapfern Reiter fesselten jedoch den Sieg an unsere Fahnen. Se. Majestät, unser erhabene König, der, keine Gefahr kennend, in unmittelbarer Nähe einer feindlichen versprengten Schaar seine Beobachtungen über den Gang der Schlacht anstellte, wäre beinahe einem Handgemenge ausgesetzt worden. Die Feinde, durch die glänzende Suite des Königs aufmerksam gemacht, schienen nicht übel Lust zu haben, einen Angriff zu unternehmen, und so mußte die herbeigerufene Cavallerie der Stabswache die frechen Angreifer gebührend abfertigen. Se. Majestät der König hatte diesen Zwischenfall kaum beachtet und gab, im stärksten Granatfeuer haltend, mit gewohnter Kaltblütigkeit seine Befehle. Gottes Hand hat über das theure Leben unseres Königs sichtbar gewaltet

Es ist unmöglich, die Heldenthaten Einzelner herauszugreifen ohne dadurch der Armee, die sich als eine heldenmüthige in allen ihren Elementen bewährt hat, nahe zu treten. Nachstehende Episode giebt am besten Zeugniß, von welchem Geiste unsere Braven beseelt sind. Ein Oesterreichisches Quarrée ist durch Preuß. Ulanen zu sprengen, mit eingelegten Lanzen geht es todesverachtend drauf, da streckt ein Kartätschen- und Kugelhagel die Hälfte unsererer Tapfern nieder — schon sind sie in Gefahr geworfen zu werden, als plötzlich der Adjutant des Regiments und ein Wachtmeister, ihre Pferde zu einem wahnsinnigen Riesensprunge anspornend, mitten in das Quarrée des Feindes durch ihre Bravour Breiche machen. Fünfzig, hundert Bajonette empfangen die preußischen Winkelrieds, lautlos sinken sie vom Pferde, -- der Zweck, den sie durch ihre freiwillige Selbstopferung erreichen wollten, ist erfüllt, über ihre Leichen finden die Kameraden den Weg zum Sieg.

Original u. Eigenthum No 4332. Neu-Ruppin, gedruckt u. zu haben bei Gustav Kühn

als unversöhnliche Kriegsgegner gegenüber. Der Deutsche Krieg von 1866 war das gewaltsame Ergebnis eines jahrzehntelangen Streits um die Vorherrschaft im Deutschen Bund. Zwei Jahre zuvor hatten die Preußen und Österreicher noch gemeinsam im Deutsch-Dänischen Krieg gekämpft und gewonnen, doch das Gerangel um die Vormachtstellung im deutschsprachigen Raum war dadurch nicht beendet worden.

Schließlich brach der Konflikt über der Frage aus, wer Schleswig und Holstein verwalten sollte. Die Kontrolle über die beiden Gebiete, die Dänemark nach dem Krieg an seine Gegner Preußen und Österreich hatte abtreten müssen, war 1865 in der Gasteiner Konvention festgelegt worden: Schleswig stand unter preußischer Verwaltung, Holstein unter österreichischer. Österreich

stellte diese Regelung jedoch infrage und drängte darauf, im Frankfurter Bundestag eine andere Lösung zu finden. Preußen hatte es ebenfalls darauf abgesehen, sich die Vorherrschaft über das Gebiet Schleswig-Holstein zu sichern. Eine diplomatische Lösung des Konfliktes schien unmöglich. Preußens Ministerpräsident Otto von Bismarck berief sich auf den Bruch der Gasteiner Konvention durch Österreichs Vorstoß beim Bundestag und schickte im Juni 1866 Truppen in das von Österreich verwaltete Holstein. Österreich reagierte mit der Aufstellung eines eigenen Heeres mit Soldaten aus den Bundesstaaten, die nicht mit Preußen verbunden waren. Daraufhin erklärte Preußen seinen Austritt aus dem Deutschen Bund – der Deutsche Krieg hatte begonnen.

Aufseiten Österreichs kämpften unter anderem Truppen aus Bayern, Württemberg, Sachsen und Hannover. Preußen wurde von beiden Teilen Mecklenburgs, etlichen norddeutschen Kleinstaaten und Städten und vom Königreich Italien unterstützt. Wenige Wochen nach Beginn der Auseinandersetzung, am 3. Juli 1866, kam es zur Schlacht von Königgrätz, die den kurzen Krieg entscheiden sollte. In der Nähe der Stadt Königgrätz, heute tschechisch Hradec Králové, trafen 400 000 Soldaten in der größten Schlacht des 19. Jahrhunderts aufeinander.

In der Heeresgröße waren beide Kriegsparteien nahezu ebenbürtig, doch in der Qualität ihrer technischen Ausrüstung lagen Lichtjahre zwischen Preußen und Österreich. Unter dem Generalstabschef Helmuth von Moltke (in der Zeichnung auf Seite 40 mit Bismarck am Rande der Schlacht) setzten die Preußen in Sachen Kommunikation, Logistik und Waffen auf modernste Technik: Truppentransporte wurden über die neue Eisenbahn abgewickelt, die Kommunikation lief über Telegrafen und die preußischen Soldaten waren mit Zündnadelgewehren ausgestattet, die schneller und auch im Liegen, also in Deckung, nachgeladen werden konnten. Die Schlacht von Königgrätz ist auch deshalb historisch so bedeutsam, weil mit Preußen zum ersten Mal eine Armee einen Krieg mit so fortschrittlicher Militärtechnik führte. Im Vergleich dazu war das österreichische Heer eher rückständig. Das bekamen selbst die preußischen Soldaten im Feld mit, so auch Paul Koegel.

Doch die hochtechnisierte Kriegsführung hatte auch ihre Tücken. Aufgrund technischer Probleme mit der Eisenbahn verspätete sich die dritte preußische Heeresgruppe bei Königgrätz. Für die Österreicher war schnell klar, dass sie die Schlacht nur gewinnen konnten, solange die zusätzlichen preußischen Soldaten noch nicht eingetroffen waren. Letztlich konnten sie sich jedoch gegen die Preußen nicht durchsetzen und mussten sich nach verlustreichen Kämpfen zurückziehen. Noch bis Ende Juli gab es im Deutschen Krieg kleinere Gefechte an verschiedenen Orten, aber die Königgrätzer Schlacht wurde zum Symbol für den Sieg der Preußen. Das war auch im Empfinden der preußischen Soldaten so – Paul Koegel schrieb seinem Halbbruder: „wir haben einen schönen Sieg davongetragen".

Durch den Sieg war Bismarck seiner angestrebten „kleindeutschen Lösung" mit einem Deutschland ohne Österreich einen Schritt näher gekommen. Innerhalb Europas dominierten indessen weiterhin starke Interessenkonflikte das politische Geschäft, und nur wenige Jahre später eskalierten diese im Deutsch-Französischen Krieg.

Ein deutsch-deutscher Bürgerkrieg ist heute nicht mehr vorstellbar. Geblieben sind die wohl unvermeidlichen Vorurteile zwischen den Regionen sowie im Volksmund der „Preiß" und der „Piefke". Der „Preiß" ist mit der Niederlage der Bayern im Deutschen Krieg schnell erklärt – aber woher kommt der „Piefke"? Eine mögliche Erklärung bezieht sich auf den preußischen Militärmusiker Johann Gottfried Piefke. Er schrieb zur preußischen Siegesfeier den „Königgrätzer Marsch" und dirigierte bei der Siegesparade. Ganz gesichert ist diese Erklärung allerdings nicht. Wenn heute Österreicher über „Piefkes" und Bayern über „Preißn" schimpfen, ist das meist nicht mehr allzu böse gemeint. Zum Glück, denn beide Begriffe stammen aus einer Zeit, in der Nachbarn aus dem gleichen Sprachraum noch aufeinander schossen.

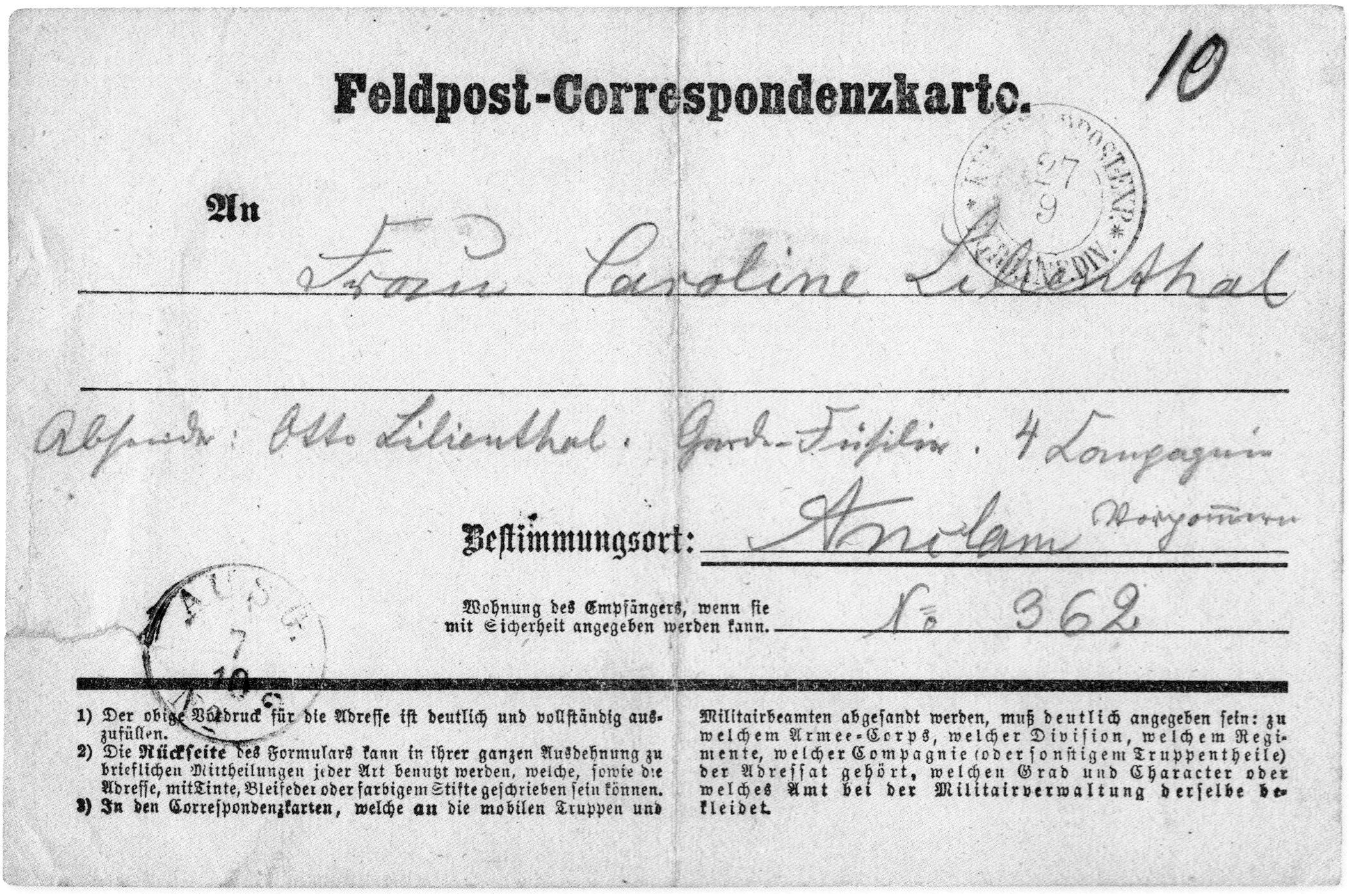

10

Feldpost-Correspondenzkarte.

An Frau Caroline Lilienthal

Absender: Otto Lilienthal. Garde-Füsilier. 4 Compagnie

Bestimmungsort: Anclam Vorpommern

Wohnung des Empfängers, wenn sie mit Sicherheit angegeben werden kann. No 362

1) Der obige Vordruck für die Adresse ist deutlich und vollständig auszufüllen.
2) Die Rückseite des Formulars kann in ihrer ganzen Ausdehnung zu brieflichen Mittheilungen jeder Art benutzt werden, welche, sowie die Adresse, mit Tinte, Bleifeder oder farbigem Stifte geschrieben sein können.
3) In den Correspondenzkarten, welche an die mobilen Truppen und Militairbeamten abgesandt werden, muß deutlich angegeben sein: zu welchem Armee-Corps, welcher Division, welchem Regimente, welcher Compagnie (oder sonstigem Truppentheile) der Adressat gehört, welchen Grad und Character oder welches Amt bei der Militairverwaltung derselbe bekleidet.

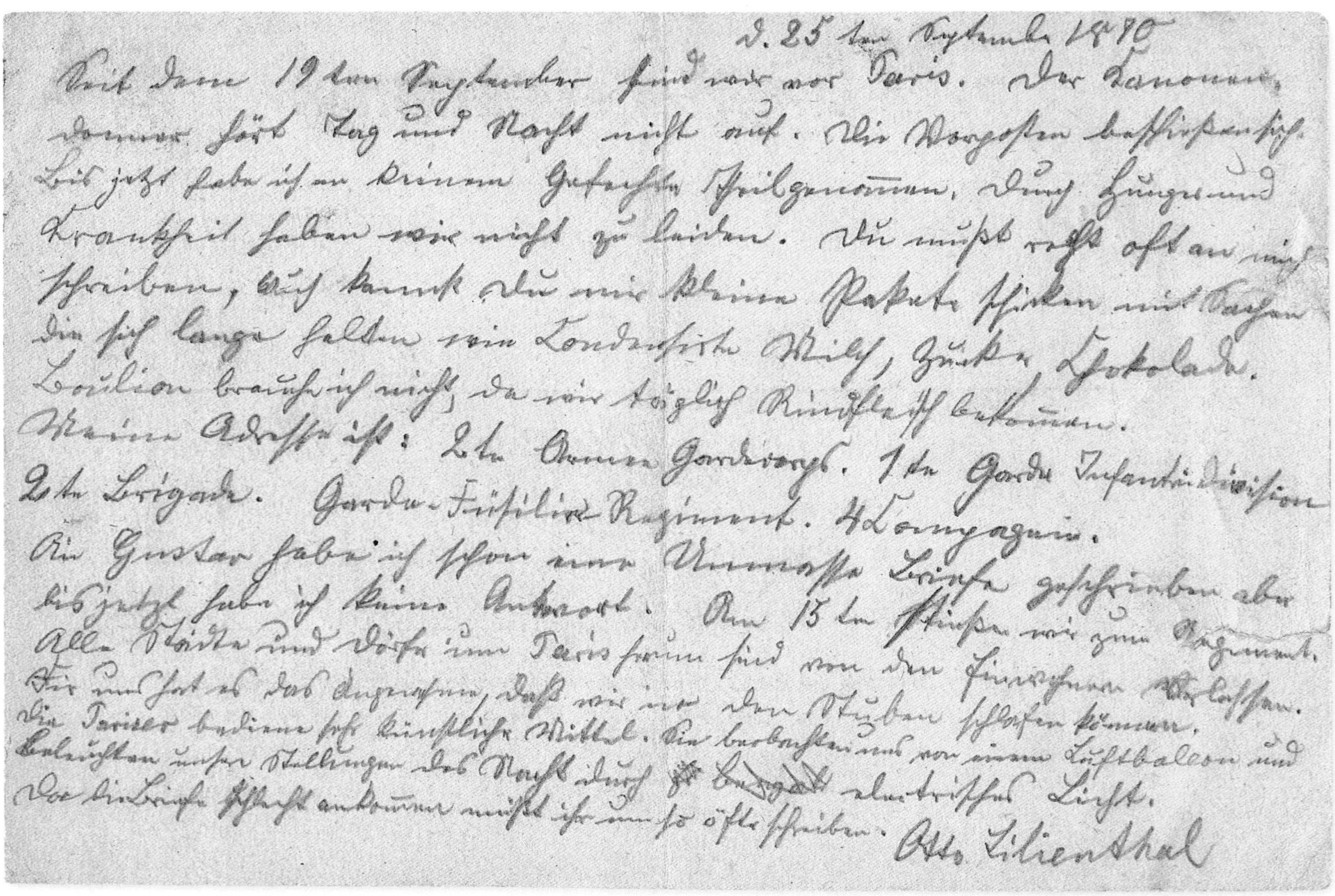

d. 25ten September 1870

Seit dem 19ten September sind wir vor Paris. Der Kanonendonner hört Tag und Nacht nicht auf. Die Vorposten beschießen sich. Bis jetzt habe ich an keinem Gefechte theilgenommen. Durch Hunger und Krankheit haben wir nicht zu leiden. Du mußt recht oft an mich schreiben, auch kannst du mir kleine Pakete schicken mit Sachen die sich lange halten wie Condensirte Milch, Zucker, Schokolade. Bouillon brauch ich nicht, da wir täglich Rindfleisch bekommen. Meine Adresse ist: 2te Armee Gardecorps. 1te Garde Infanteriedivision 2te Brigade. Garde-Füsilier-Regiment. 4 Compagnie. An Gustav habe ich schon eine Unmasse Briefe geschrieben aber bis jetzt habe ich keine Antwort. Am 15ten stießen wir zum Regiment. Alle Städte und Dörfer um Paris herum sind von den Einwohnern verlassen. Für uns hat es das Angenehme, daß wir in den Stuben schlafen können. Die Pariser bedienen sich künstliche Mittel. Sie beobachten uns von einem Luftballon und beleuchten unsere Stellungen des Nachts durch elektrisches Licht. Da die Briefe schlecht ankommen mußt ihr mir so öfter schreiben.

Otto Lilienthal

OTTO LILIENTHAL an seine Mutter Caroline

[Per Feldpost, abgestempelt 27.9.1870]
[Posteingang Anklam 7.10.1870]

An
Frau Caroline Lilienthal
Anklam Vorpommern
No 362

Absender: Otto Lilienthal. Garde-Füsilier. 4 Companie

d. 25ten September 1870

Seit dem 19ten September sind wir vor Paris. Der Kanonendonner hört Tag und Nacht nicht auf. Die Vorposten beschießen sich. Bis jetzt habe ich an keinem Gefechte theilgenommen. Durch Hunger und Krankheit haben wir nicht zu leiden. Du mußt recht oft an mich schreiben, auch kannst Du mir kleine Pakete schicken mit Sachen die sich lange halten wie Kondensierte Milch, Zucker, Schokolade. Boulion brauche ich nicht, da wir täglich Rindfleisch bekommen.

Meine Adresse ist: 2te Armee Gardecorps. 1te Garde Infanteriedivision. 2te Brigade. Garde-Füsilier-Regiment. 4 Companie.

An Gustav habe ich schon eine Unmasse Briefe geschrieben aber bis jetzt habe ich keine Antwort. Am 15ten stießen wir zum Regiment. Alle Städte und Dörfer um Paris herum sind von den Einwohnern verlassen. Für uns hat es das Angenehme, daß wir in den Stuben schlafen können. Die Pariser bedienen sehr künstliche Mittel. Sie beobachten uns von einem Luftballon und beleuchten unsere Stellungen des Nachts durch elektrisches Licht. Da die Briefe schlecht ankommen müßt ihr um so öfter schreiben.

Otto Lilienthal

OTTO LILIENTHAL an seine Mutter Caroline

Der Krieg ist der Vater aller Dinge." In einem Buch über Feldpost, über Briefe aus dem Krieg, muss dieser Satz des griechischen Philosophen Heraklit irgendwann fallen. Tatsächlich sind Menschen besonders findig darin, Gerätschaften und Techniken zu ersinnen, deren Zweck es ist, dem Feind auf jede erdenkliche Weise zu schaden. Das gilt auch für die Luftfahrt. Kaum war es gelungen, einen Gegenstand in die Luft zu erheben, wurde diese Fähigkeit militärisch genutzt. Schon im alten China, im 3. Jahrhundert n. Chr., ließen chinesische Feldherren Laternen aus Seidenpapier, bei denen eine brennende Kerze für den Auftrieb sorgte, als Signalfeuer aufsteigen, um über größere Distanzen zu kommunizieren: Der Lampion, der heute als Himmelslaterne bekannt ist, war zur Zeit der Drei Reiche ein Militärgerät. Ähnlich verhält es sich mit dem Heißluftballon der Gebrüder Montgolfier, der erstmals im Sommer 1783 vor größerem Publikum abhob und Menschen in den Himmel tragen konnte. Das Luftfahrzeug blieb nicht lange ein friedliches Jahrmarktsspektakel. 1794, also nur 11 Jahre nach dem öffentlichen Jungfernflug, ließen französische Revolutionstruppen in der Schlacht bei Fleurus einen bemannten Ballon aufsteigen und waren damit in der Lage, Truppen und Kanonenfeuer auf ihre österreichischen Gegner zu lenken.

Deutlich länger dauerte es, bis sich Menschen mit Fluggeräten „schwerer als Luft" in die Höhe schwingen konnten. Immer wieder gab es Versuche, den Luftraum zu erobern, indem man den Vogelflug nachahmte. Leonardo da Vinci etwa zeichnete Ende des 15. Jahrhunderts Flugapparate, die einen Menschen tragen sollten. Diese Zeichnungen waren nicht nur kühne künstlerische Visionen, sondern durchaus konkrete Baupläne für funktionstüchtige Segelflugzeuge; allerdings fehlten Leonardo noch die Kenntnisse der Leichtbauweise.

300 Jahre später unternahm Albrecht Ludwig Berblinger, bekannt als „Schneider von Ulm", einen neuen Anlauf als Himmelsstürmer. Heimlich experimentierte er in den Weinbergen des Ulmer Michelsbergs mit

OTTO LILIENTHAL wurde am 23. Mai 1848 in Anklam geboren. Er war der älteste Sohn von Gustav (geboren am 26.11.1817) und **CAROLINE LILIENTHAL** (geboren am 18.2.1825). Fünf seiner acht Geschwister starben im Kindesalter; das Erwachsenenalter erreichten nur Otto, sein ein Jahr jüngerer Bruder Gustav und die 1856 geborene Schwester Marie. Der Vater, ein Tuchhändler, trat 1848 nach Ausbruch der bürgerlichen Revolution in Deutschland in den „Constitutionellen Club" der Stadt ein. Als die Revolution militärisch niedergeschlagen worden war, rächte sich die Mitgliedschaft in dem Debattierverein, der eine konstitutionelle Monarchie erreichen wollte: Die adeligen Kunden blieben aus. 1852 musste das Haus verkauft werden, 1854 ging der Tuchhandel in Konkurs. Gustav Lilienthal begann zu trinken. Seine Chance sah er in der Auswanderung nach Amerika, allerdings starb er 1861 inmitten der Vorbereitungen.

Die Familie blieb in Deutschland. Caroline Lilienthal, die vor ihrer Ehe in Berlin und Dresden eine Ausbildung zur Sängerin gemacht hatte, gab Kindern aus gehobenen Kreisen in Anklam Musikunterricht und konnte ihre Familie so durchbringen. Ihren Söhnen ermöglichte sie sogar eine Gymnasialbildung. Otto Lilienthal war wie sein Vater technisch begabt, aber kein besonders guter Schüler und hatte für den humanistischen Bildungskanon wenig übrig. Mit 16 Jahren ging er nach der Mittleren Reife ab, besuchte in Potsdam die Provinzial-Gewerbeschule, machte ein Maschinenbaupraktikum und studierte ab 1867 Maschinenbau an der Königlichen Gewerbeakademie Berlin. Nach dem Deutsch-Französischen Krieg von 1870/71 fand er eine Anstellung als Ingenieur. Caroline Lilienthal starb 1872 in Anklam, sodass der junge Mann fortan auf sich gestellt war. Seine Zeit als Angestellter sah Lilienthal als Durchlaufstation, sein eigentliches Ziel war es, sich mit seinen Erfindungen selbstständig zu machen. Damit war Otto Lilienthal ein typischer Erfinder-Unternehmer seiner Zeit. 1878 gründete er eine eigene Familie. Er heiratete Agnes Fischer, die Tochter eines Bergmanns. Die Eheleute bekamen vier Kinder.

Für die Fliegerei hatten sich Otto und sein Bruder Gustav Lilienthal schon als Kinder interessiert. Durch den Erfolg seiner 1883 gegründeten Maschinenbaufirma konnte sich Otto Lilienthal diesem Thema intensiver widmen. Zunächst trug er sein Wissen in dem 1889 veröffentlichten Buch „Der Vogelflug als Grundlage der Fliegekunst" zusammen. Ab 1890 unternahm er Flugversuche mit verschiedenen Flugapparaten. Seine Frau Agnes sah das mit doppelter Sorge: Zum einen zog sich Otto bei seinen häufigen Bruchlandungen immer neue Blessuren zu, zum anderen ängstigte sie sich um seinen guten Ruf. Flugversuche galten seinerzeit zumindest als exzentrisch.

einem selbst entworfenen und gebauten Flugapparat, einem primitiven, aber aus heutiger Sicht zumindest eingeschränkt funktionstüchtigen Hängegleiter. Damit konnte Berblinger bei guter Thermik vermutlich längere Gleitflüge unternehmen. Doch als er versuchte, am 31. Mai 1811 vor Prinzen des württembergischen Königshauses und der versammelten Stadtbevölkerung die Donau zu überfliegen, wurde sein Flug buchstäblich zum Reinfall. Beim Start herrschte Rückenwind; außerdem entstanden über dem kalten Fluss Fallwinde, die das Fluggerät rasch niederdrückten. Nach wenigen Metern klatschte Berblinger ins Wasser und musste von Fischern aus der Donau gezogen werden. Dem fliegerischen Absturz folgte der soziale. In den Gassen der Stadt wurden Spottlieder über Berblinger gesungen („D'r Schneider von Ulm hat's Fliega probiert. No hot'n d'r Deifel en d' Donau neig'führt"), und der glücklose Flugpionier wurde der Scharlatanerie bezichtigt. Berblinger hielt diesem Druck nicht stand, er begann zu trinken und zu spielen, galt in der Stadt als verkrachte Existenz. 1829 starb er mittellos in einem Ulmer Spital, als Todesursache wurde „Abzehrung" angegeben.

An diesem Zwischenfall lag es sicher nicht, dass die Luftfahrt anschließend noch fast ein Jahrhundert auf das Prinzip „leichter als Luft" setzte. Die Technik der Ballone war simpel und hatte sich etabliert, vor allem im militärischen Bereich. So beschreibt es auch der 22-jährige Garde-Füsilier und spätere Flugpionier Otto Lilienthal im Brief vom 25. September 1870 an seine Mutter. Das moderne Gerät des Deutsch-Französischen Krieges bestand auf französischer Seite neben elektrischen Scheinwerfern aus Heißluftballonen. Die in ihrer Hauptstadt von den Deutschen eingeschlossenen französischen Truppen ließen 66 Ballone steigen – zur Feindaufklärung, aber auch, um 164 Menschen und eine Tonne Post auszufliegen. Die deutschen Belagerer nannten die unlenkbar im Wind dahintreibenden Luftgefährte spöttisch „Soldaten ohne Marschbefehl". Dennoch setzten die Preußen nach dem Sieg über Frankreich ebenfalls auf die Ballonfliegerei und gründeten 1884 ihr erstes Luftschiffer-Bataillon. Otto

Das Risiko der Fliegerei hielt Otto Lilienthal für beherrschbar, überliefert ist sein Ausspruch: „Ich bin Familienvater und habe schließlich noch andere Pflichten, als für die Menschen das Fliegen zu erfinden." Bei einem Flugversuch am 9. August 1896 stürzte er in Berlin-Lichterfelde bei böigem Wind ab. Tags darauf starb er an seinen Verletzungen. Seine letzten Worte waren angeblich: „Jeder muss Opfer bringen." Der Flughafen Berlin-Tegel trägt dem Forscher zu Ehren den Beinamen „Otto Lilienthal".

Ottos Bruder Gustav Lilienthal (geboren am 9.10.1849) machte mit der Fliegerei weiter. Wie sein Bruder sah er die Zukunft des Motorfluges in Flügelschlagmaschinen, die den Vogelflug imitieren. Noch um 1927, als längst Propellermaschinen unterwegs waren, baute Gustav einen Schwingenflieger, der nie richtig vom Boden abhob. Dafür erfand Gustav Lilienthal eine neue Form des Bauens mit Fertigteilen und ging als Sozialreformer in die Geschichte ein. Er starb am 1. Februar 1933 in Berlin im Alter von 83 Jahren.

Lilienthal nahm an der militärischen Fliegerei nicht teil. Er wählte einen anderen Weg zur Eroberung des Luftraums.

Schon als Kind hatte Otto Lilienthal den Flug der Vögel beobachtet und gemeinsam mit seinem jüngeren Bruder Gustav ein Flügelpaar aus Buchenspanbrettchen gebastelt, womit die Buben gegen den Wind anrannten. Aus dem träumerischen Kinderspiel wurde bald mehr: eine wissenschaftlich betriebene Obsession. Das technische Rüstzeug für die Fliegerei erwarb Lilienthal, der während seiner kurzen Gymnasialzeit eher mittelmäßige Zensuren nach Hause brachte, auf mehreren Stationen. Die Provinzial-Gewerbeschule in Potsdam verließ er 1866 als 18-Jähriger mit Spitzennoten. Danach absolvierte er ein Praktikum als Maschinenbauer und besuchte von 1867 bis 1870 die Königliche Gewerbeakademie in Berlin, ehe er als Einjährig-Freiwilliger in den Deutsch-Französischen Krieg zog. Als er am 25. September 1870 seinen Brief an die Mutter schrieb, war seine Einheit noch nicht in Kampfhandlungen verwickelt. Dies sollte sich jedoch bald ändern. Am 23. Dezember war er bei Le Bourget an einem Angriff beteiligt, bei dem die Garde-Füsiliere, dem damaligen preußischen Reglement entsprechend in aufrechter Position und geschlossenen Reihen, auf französische Stellungen zumarschierten, wobei die französischen Gewehre doppelt so weit trugen wie die deutschen. Lilienthal überlebte das Gefecht; aus Briefen an die Familie spricht deutliche Ernüchterung.

Nach dem Krieg arbeitete Otto Lilienthal als Ingenieur in verschiedenen Maschinenfabriken. In seiner Freizeit stellte er ab 1874 systematische Experimente mit Flugmodellen an und kam dabei den physikalischen Gesetzmäßigkeiten der Auftriebskraft auf die Spur. Mit Wissen allein war es aber nicht getan: Um seine Flugmaschinen bauen zu können, brauchte Otto Lilienthal Geld. Dieses hoffte er sich durch Erfindungen und den Aufbau einer eigenen Firma verdienen zu können. Nicht alles verlief nach Plan. 1877 erhielt Lilienthal das Patent auf eine Bergbaumaschine, die gut funktionierte, aber nur mäßigen wirtschaftlichen Erfolg hatte. Bei seiner nächsten Erfindung widmete sich Lilienthal keinem hochtechnischen Gerät, sondern tüftelte ab 1878 zusammen mit seinem Bruder Gustav an einem Kinderspielzeug – einem Steinbaukasten. Zutaten der Bausteine waren Sand und Kreide, die mit Leinölfirnis vermengt, in Form gepresst und anschließend gebacken wurden. Das Projekt scheiterte wiederum nicht an der Technik, sondern an der Vermarktung. Für 1000 Mark überließen die Lilienthal-Brüder ihre Idee und Rezeptur letztlich dem Unternehmer Friedrich Adolf Richter. Der verdiente sich dann mit dem Anker-Steinbaukasten – denn just diesen wunderbaren, pädagogisch wertvollen Spieleklassiker hatten die Lilienthals erfunden – eine goldene Nase.

Bald darauf konnte Otto Lilienthal eine Erfindung endlich selbst gewinnbringend vermarkten. 1881 erfand er den Schlangenrohrkessel, einen sicheren und zuverlässigen Dampfkessel, und entwickelte daraus einen Kleinmotor, den sich auch Handwerksbetriebe und kleinere Industriebetriebe leisten konnten. Auf Basis dieses Produktes wurde die 1883 gegründete Maschinenbaufabrik Otto Lilienthal binnen weniger Jahre zu einem prosperierenden mittelständischen Betrieb. Lilienthal war nicht nur ein genialer Erfinder, sondern auch ein fortschrittlicher und sozial gesinnter Unternehmer. 1890 führte er eine Gewinnbeteiligung von 25 Prozent für seine mittlerweile auf 60 Beschäftigte angewachsene Belegschaft ein. Die tägliche Arbeitszeit in der Fabrik wurde auf 8 Stunden begrenzt, die Akkordarbeit abgeschafft.

Für die junge Firma war der Erfindergeist ihres Gründers Segen und Fluch zugleich. Längst nicht jede Erfindung Lilienthals passte in die Strukturen des Unternehmens, und die Kosten der Patenteintragungen belasteten die Firmenkasse. Außerdem neigte Lilienthal dazu, fremde Patente anzukaufen, wenn sie ihm technisch interessant erschienen. Wirtschaftliche Aspekte spielten dabei eine untergeordnete Rolle. Obendrein hatte die Firma das teure Hobby ihres Chefs zu tragen: die Fliegerei. 1889 hatte Lilienthal in seinem Buch „Der Vogelflug als Grundlage der Fliegekunst“ seine theoretischen

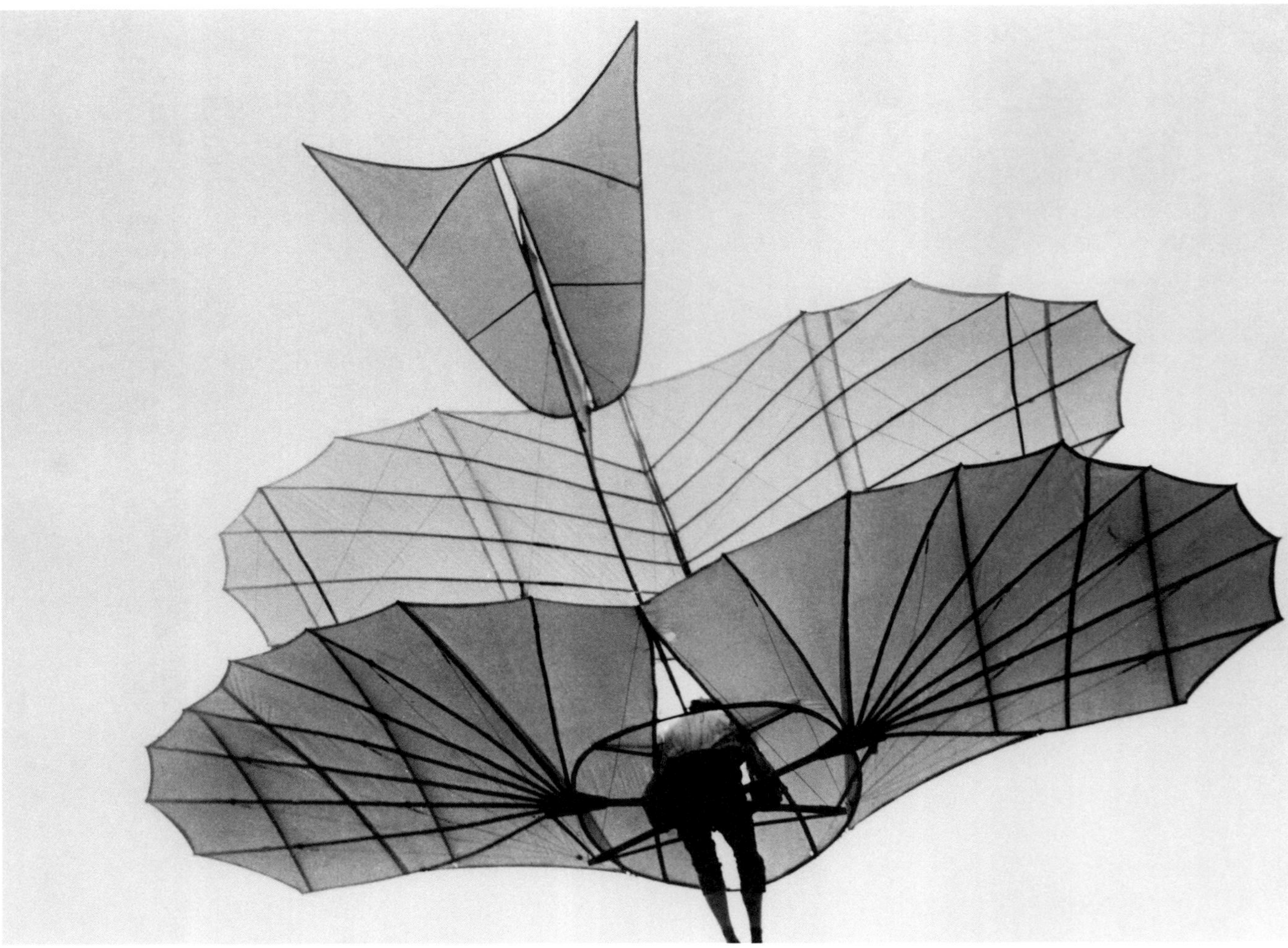

Grundlagen veröffentlicht. Nun baute er unzählige Segelflugapparate, die er auf verschiedenen Hügeln rund um Berlin ausprobierte. Im Sommer 1891 gelang ihm am Windmühlenberg in Derwitz bei Potsdam ein 15 Meter weiter Satz. Akribisch optimierte Lilienthal die Flügelprofile seiner Gleiter und dehnte die Flugstrecke mit der Zeit auf 250 Meter aus. Tausende Male hob er ab, unzählige Male verletzte er sich bei Bruchlandungen und stieg dennoch wieder auf. Sein Traum war der kontrollierte, motorisierte Flug. Obwohl er den Propeller als Antrieb kannte, wollte Lilienthal beim Motorflug ganz nah am Vorbild des Vogelflugs bleiben und manövrierte sich mit Flügelschlagapparaten in eine technische Sackgasse. Der motorisierte Flug sollte ihm nie gelingen.

Otto Lilienthal war nicht nur ein Flugpionier, er war auch der Erste, der Flugzeuge in Serie herstellen und verkaufen ließ. Der „Normalsegelapparat" der Maschinenfabrik Otto Lilienthal war ab 1894 zum Kaufpreis von 500 Mark erhältlich. Wie der „Spiegel" schreibt, gab es zu den Apparaten Beipackzettel mit der lakonischen Aufschrift „Also bedenken Sie, dass Sie nur ein Genick zum Zerbrechen haben". Der risikofreudige Flugpionier selbst beherzigte diese Warnung nicht. Als er am 9. August 1896 bei einem Flug in Berlin-Lichterfelde abstürzte, brach er sich zwar nicht das Genick, zog sich aber eine schwere Wirbelsäulenfraktur zu. Lilienthal starb einen Tag später an seinen Verletzungen.

Nach Lilienthals Tod entwickelten andere die „Schwerer-als-Luft"-Fliegerei schnell weiter. Ob Gustav Weißkopf, ein deutschstämmiger Amerikaner, sein Motorflugzeug tatsächlich schon im Jahr 1901 zum Abheben brachte, ist nicht gesichert. Am 17. Dezember 1903 jedenfalls gelangen den Brüdern Wilbur und Orville Wright je zwei gesteuerte Flüge, und knapp ein Jahr später konnte Wilbur Wright schon einen ganzen Kreisbogen fliegen. Die militärische Nutzung ließ nicht lange auf sich warten. 1911, im Italienisch-Türkischen Krieg, warf der italienische Fliegerleutnant Giulio Gavotti bei einem Aufklärungsflug über ein türkisches Militärlager in Libyen eine 2 Kilogramm schwere Bombe ab und beschoss den Feind mit einer Handfeuerwaffe. Im Ersten Weltkrieg bauten Deutschland, Frankreich und Großbritannien jeweils rund 50 000 Kampfflugzeuge. Die Massenfertigung war angelaufen. Die Flugeigenschaften wurden ständig verbessert, die Maschinen flogen immer schneller und konnten auf immer längeren Flugstrecken zunehmend Nutzlast mitnehmen. Die Bombardierung von Rüstungsbetrieben, Straßen, Häfen und Bahnlinien im Hinterland – und damit auch der Zivilbevölkerung – war keine Erfindung des Zweiten Weltkriegs, sondern bereits im Ersten Weltkrieg eine übliche Methode der Kriegsführung. Nach dem Ersten Weltkrieg war das Flugzeug technisch so weit, dass ein Einsatz in der zivilen Luftfahrt möglich war. In Deutschland hoben 1919 die ersten Passagiermaschinen und Postflugzeuge ab.

Ist der Krieg wirklich der Vater aller Dinge? In der Menschheitsgeschichte finden sich zahlreiche Belege dafür, dass Kämpfe und Konflikte den technischen Fortschritt beflügelt haben. Der Umkehrschluss aber, dass Fortschritt allein aus dem Krieg erwächst, ist falsch. Innovationen entstehen aus Wissen und Bildung, aus einer hartnäckig verfolgten Vision, aus einer hinreichenden Finanzierung – und am Ende spielt auch das Glück eine Rolle. Nach allem, was man von Otto Lilienthal weiß, war ihm das Säbelrasseln des Wilhelminischen Zeitalters zuwider. Er wollte keine neue Waffe bauen. Er wollte es nur den Vögeln gleichtun und fliegen.

Teuere Mama,

mir geht es – Unkraut verdirbt nicht – noch immer sehr gut, und es ist mir eigentlich ganz wurst, ob der Krieg noch lange dauern wird oder nicht. Ich habe mich im Feindesland schon so eingelebt, wie daheim, und in der Erdhöhle, die ich bewohne, geht es zu, wie in einem Pariser Salon zur Zeit Ludwigs XV. Gelehrte, Aristokraten, Dichter und Millionäre geben sich in meiner Villa ein Stelldichein und fordern das Jahrhundert in die Schranken. Wenn ich spazieren gehe, treffe ich Bekannte, wie am Graben. Gestern traf ich ca. 50 Bekannte, u. a. den Markomannen Winternitz (Cousin meines Mitschülers Popper vom Wenzelsplatz; den M.U.Dr. Back, Bruder meines Mitschülers; Kopecky, Bruder meines Mitschülers und viele andere.) Zu den Leuten, mit denen ich am meisten verkehre, gehört – Du wirst Dich wundern! – Dr. Hans Thorsch, der sehr nett zu mir ist, wunderbarerweise. Robert ist Kadett geworden, ich lasse ihm via Prag Glück wünschen. An die Stransky'schen habe ich dieser Tage geschrieben, hoffentlich haben sie die Karte erhalten. Was macht Ihr meine Lieben? Hoffentlich ist alles in Ordnung, und wir sehen uns bald alle glücklich wieder. Gott gebe es!

Ich küsse Dich, liebe Mama, und bin Dein Junge

Egon.

EGON ERWIN KISCH an seine Mutter Ernestine

Egon Erwin Kisch
k. u. k. Feldpostamt 33, 22.X.14

Teuere Mama,

mir geht es – Unkraut verdirbt nicht – noch immer sehr gut, und es ist mir eigentlich ganz wurst, ob der Krieg noch lange dauern wird oder nicht. Ich habe mich im Feindesland schon so eingelebt wie daheim, und in der Erdhöhle, die ich bewohne, geht es zu wie in einem Pariser Salon zur Zeit Ludwigs XV. Gelehrte, Aristokraten, Dichter und Millionäre geben sich in meiner Villa ein Stelldichein und fordern das Jahrhundert in die Schranken. Wenn ich spazierengehe, treffe ich Bekannte wie am Graben. Gestern traf ich ca. 50 Bekannte, u. a. den Markomannen Winternitz (Cousin meines Mitschülers Popper vom Wenzelsplatz; den M.U. Dr. Bach, Bruder meines Mitschülers und viele andere). Zu den Leuten, mit denen ich am meisten verkehre, gehört – Du wirst Dich wundern! – Dr. Hans Thorsch, der sehr nett zu mir ist, sonderbarerweise. Robertl ist Kadett geworden, ich lasse ihm via Prag Glück wünschen. An die Stranskyschen habe ich dieser Tage geschrieben, hoffentlich haben sie die Karte erhalten. Was macht Ihr, meine Lieben? Hoffentlich ist alles in Ordnung, und wir sehen uns bald alle glücklich wieder. Gott gebe es!

Ich küsse Dich, liebe Mama, und bin Dein Junge, Egon

EGON ERWIN KISCH an seine Mutter Ernestine

„Einen guten Journalisten erkennt man daran, dass er sich nicht gemein macht mit einer Sache, auch nicht mit einer guten Sache; dass er überall dabei ist, aber nirgendwo dazugehört." Diesen Satz bekommt jede Journalistin, jeder Journalist während der Ausbildung zu hören, bis er zu den Ohren herauskommt. Auch lange nach dem Volontariat verlässt einen der Satz im Journalistenberuf nicht. Wenn die Chefredaktion einen einbestellt und anhebt: „Einen guten Journalisten erkennt man ...", heißt das nichts Gutes. Dann war ein Beitrag, auch wenn es nur um eine Notiz aus der Gemeinderatssitzung ging, nicht neutral genug. Interessanterweise bekommt man den Satz als Journalist selten zu hören, wenn die Berichterstattung etwas zu wohlwollend ausgefallen ist. Bei kritischer Berichterstattung wird automatisch unterstellt, man habe sich von der Gegenseite vereinnahmen lassen.

Gesagt hat den Satz vom guten Journalisten nicht Egon Erwin Kisch, sondern Hanns Joachim Friedrichs, der 1995 verstorbene große deutsche Fernsehjournalist. Aber Friedrichs' Credo ist nur die Neuauflage eines Leitsatzes, den Kisch bereits 1925 formuliert hat: „Der Reporter hat keine Tendenz, hat nichts zu rechtfertigen und hat keinen Standpunkt. Er hat unbefangen Zeuge zu sein und hat unbefangene Zeugenschaft zu liefern, so verläßlich, wie sich eine Aussage geben läßt".

Schreiben ohne Standpunkt – geht das überhaupt? Streng genommen geht es nicht. Jede Beobachtung hat einen Blickwinkel und ist damit selektiv und subjektiv, jede Form der Wiedergabe ist Einflussnahme. Und trotzdem waren gerade die größten und wichtigsten Enthüllungsstorys der Mediengeschichte neutral gehalten. Der „Spiegel"-Artikel „Bedingt abwehrbereit" vom 8. Oktober 1962 als Auslöser der Spiegel-Affäre, die Berichterstattung der „Washington Post" in den Jahren 1972 und 1973 im Umfeld der Watergate-Affäre oder Kischs „Dementi", mit dem er 1913 das Spionagedrama um Oberst Redl aufdeckte – all diese Enthüllungsgeschichten erhoben keine Anklage und verteidigten nichts. Die Journalisten

„Nichts ist erregender als die Wahrheit!" Mit diesem Satz schuf **EGON ERWIN KISCH** ein Credo des modernen Journalismus. Kisch war deutschsprachiger Jude, Tscheche, Böhme, Bohemien, Bonvivant, Exilant, Kommunist, Sozialist, Abenteurer, Kettenraucher mit Zigarette im Mundwinkel, Schriftsteller, Reisejournalist, politischer Journalist und rasender Reporter.

Geboren wurde er am 29. April 1885 in Prag als Sohn des jüdischen Tuchhändlers Hermann Kisch und seiner Frau **ERNESTINE KISCH**, die bei Egons Geburt 22 Jahre alt war. Der spätere Journalist hatte einen älteren und drei jüngere Brüder. Sein Taufname war Egon, den Zweitnamen Erwin legte er sich erst später als Pseudonym zu. Das Elternhaus war bürgerlich und wohlhabend. Egon Kisch wurde eine Zeit lang an Privatschulen unterrichtet. Schon in seiner Jugend war er aufmüpfig und gegen jede Form von Autorität. Der Vater starb 1901. Nach der Schule ging Kisch zunächst an die Technische Hochschule in Prag und im nächsten Jahr an die deutschsprachige Universität, wo er wiederum nur ein Semester studierte, um dann seinen Militärdienst abzuleisten. Üblicherweise wurden damals Akademiker, die ein Jahr freiwillig gedient hatten, als Offiziere der Reserve entlassen. Kisch aber saß während seiner Militärzeit längere Zeit in der Arrestzelle und brachte es deshalb gerade einmal bis zum Korporal, dem niedrigsten Unteroffiziersrang.

Bald nach der Entlassung entdeckte Kisch seine Berufung; er wurde Journalist, was er den Rest seines Lebens bleiben sollte. Nach ersten Schritten in Berlin und beim „Prager Tagblatt" schrieb Kisch ab 1906 für das deutschsprachige Prager Blatt „Bohemia" und machte sich als Autor der „Prager Streifzüge" einen Namen. In seinen Reportagen verband er berufliche, private und politische Interessen. Die Streifzüge führten Kisch häufig durch das Prager Nachtleben, wo er viele zeitgenössische Künstler kennenlernte. Er schrieb aber auch Reportagen über das Leben der Arbeiter.

Mit der Aufdeckung der Affäre um Oberst Redl wurde Kisch schlagartig berühmt. Redl war Generalstabschef der österreichisch-ungarischen Armee und hoher Offizier im österreichischen Nachrichtendienst. Um seinen aufwendigen Lebensstil finanzieren und seine Liebhaber – Redl war homosexuell – aushalten zu können, verkaufte er über lange Zeit hinweg brisante militärische Geheimnisse, vor allem an den russischen Geheimdienst. Überdies belieferte er die französischen und italienischen Nachrichtendienste mit geheimen Informationen. Der Austausch erfolgte anonym per Post. Durch Zufall flog Redl 1913 auf. Als er enttarnt worden war, traf ihn eine Offiziersabordnung, die ihn verhaften sollte, bei Selbstmordvorbereitungen in einem Wiener Hotelzimmer an. Anstatt Redl festzusetzen, gestatteten ihm

SCHAD
28

lieferten Fakten und Hintergründe, halfen auch bei der Einschätzung – aber die Deutung hatten andere zu übernehmen. Umso größer waren die Konsequenzen.

Ein unvoreingenommener Berichterstatter, ein Reporter, war Egon Erwin Kisch sein ganzes Berufsleben lang. Er ist es auch in dem hier abgedruckten Brief vom 22. Oktober 1914, den er seiner Mutter aus dem Serbienfeldzug nach Prag schrieb. Kisch war gleich nach der Mobilmachung als Teil eines Regiments, das sich aus Prager Bürgern rekrutierte, an die Front geschickt worden. Im selben Regiment diente ein großer Teil der Prager Intelligenz. Kein Wunder also, dass er seiner Mutter davon berichten konnte, über viele Bekannte zu stolpern. Im Oktober 1914 waren im Serbienfeldzug die ersten Schlachten geschlagen, nun herrschte auch hier Stellungskrieg. Damit hatte Kisch die Möglichkeit, sich mit Freunden und Bekannten zum Diskurs im Erdloch zu treffen, das er seiner Mutter gegenüber mit sanfter Ironie zum „Pariser Salon“ umdeutet.

Kisch konnte auch anders über den Krieg schreiben. Seinem Kriegstagebuch vertraute er drastische Schilderungen an. Im Eintrag vom 16. August 1914, der die Schlacht von Cer beschreibt, heißt es zum Beispiel:

> *Zahllose Verletzte wurden an uns vorbeigetragen, auf Tragbahren, auf dem Rücken oder von je zwei Leuten bloß auf den Händen, Stöhnende, Wimmernde, Schreiende, Zugedeckte, Blutende, Verbundene und Unverbundene, Leute, denen die Wange weggerissen war oder die Nase, Soldaten, die hinkten, und solche, die sich den blutenden Kopf mit ihrem Verbandzeug selbst verbinden wollten, und solche, deren Arm nur an einem Knochen und an Hautfetzen hing.*

Ebenso hielt Kisch in dem Eintrag psychische Verwundungen fest: „Ein Kadettaspirant ist tobsüchtig geworden; vier Infanteristen führten ihn und hielten mit Mühe seine Arme fest, einer trug seinen Säbel, der Kadett

die Offiziere, seinen Plan zu vollenden und sich das Leben zu nehmen. Zu diesem Zweck händigte man Redl eigens eine Pistole und Gift aus. Oberst Redl brachte sich um – und die Obrigkeit vermied einen langwierigen Prozess, in dem die Größenordnung des Verrats und zugleich die unzureichenden Sicherheitsmaßnahmen des österreichischen Geheimdienstes an den Tag gekommen wären.

Nach Redls Selbstmord begann eine Vertuschungsaktion. Auf welchem Weg Kisch Wind von der Sache bekam, ist nicht bekannt. Seine Darstellung, er habe über einen Fußballkameraden, der Schlosser war und den österreichischen Geheimdienstleuten die Türen zu Räumen in Redls Prager Wohnung öffnen sollte, von der Affäre erfahren, gilt als äußerst umstritten. Jedenfalls wusste Kisch Bescheid, konnte aber wegen der Pressezensur die Affäre nicht direkt an die Öffentlichkeit bringen. Der Ausweg? Kisch veröffentlichte ein Dementi: „Von hoher Stelle werden wir um Widerlegung der speziell in Militärkreisen aufgetauchten Gerüchte ersucht, dass der Generalstabschef des Prager Korps, Oberst Alfred Redl, der vorgestern in Wien Selbstmord verübte, einen Verrat militärischer Geheimnisse begangen und für Russland Spionage getrieben habe.“ Die Veröffentlichung des Dementis wirbelte so viel Staub auf, dass sich die Angelegenheit nicht länger unter den Teppich kehren ließ. Kisch wurde schlagartig berühmt.

Als der Erste Weltkrieg begann, wurde Kisch zum Serbienfeldzug einberufen. Sein Bruder Wolfgang fiel in Russland. Im März 1915 wurde der Journalist von einer Granate am Kopf getroffen und schwer verletzt. Er wurde in die Etappe, das Versorgungsgebiet hinter der Front, versetzt und – Ironie des Schicksals – als Aufklärer der Wahrheit unter anderem damit betraut, Feldpost zu zensieren. Im Frühjahr 1917, ebenfalls nicht frei von Ironie, ließ sich der frühere Enthüllungsjournalist Kisch ins kaiserlich-königliche Kriegspressequartier und damit in die Hochburg der Pressezensur nach Wien versetzen. In der Hauptstadt verkehrte er in Intellektuellenkreisen; zu seinen Bekannten zählten Robert Musil, Franz Werfel, Albert Ehrenstein und Joseph Roth. In diesem Umfeld lernte Kisch auch seine spätere Frau Gisela Lyner kennen. Bis die beiden heirateten, sollten aber fast 20 Jahre vergehen.

Im Ersten Weltkrieg war Egon Erwin Kisch bis zum Oberleutnant befördert worden. Nach Kriegsende blieb er Offizier, nun allerdings einer der Arbeiterwehr Rote Garde, und war dabei, als die Erste Republik ausgerufen wurde. Nunmehr offiziell ein Linker, beantragte er 1919 ein Parteibuch der Kommunistischen Partei Deutsch-Österreichs. Im Jahr darauf wurde er des Landes verwiesen und ging zurück in seine Geburtsstadt Prag, die nun Hauptstadt der neuen Tschechoslowakei war.

aber schrie, Schaum stand vor seinem Mund, vom Augapfel war nur das Weiße sichtbar."

Der Autor blieb Berichterstatter. Dennoch zeigte er Empathie. Diese bestand nicht aus Gefühligkeit, sondern darin, genau zu beobachten und das Beobachtete präzise aufzuschreiben. Die Ausdeutung überließ Kisch dem Leser, denn das Kriegstagebuch war, obwohl Kisch viele private Momente darin festhielt, zur Veröffentlichung bestimmt. Das Leserinteresse bediente er allerdings nicht nur mit den Beschreibungen dramatischer Schlachten. In seinem Kriegstagebuch schrieb er auch – ganz wie in seinen Briefen an die Mutter – über alltägliche Dinge, abgerissene Hosenknöpfe zum Beispiel. So fügen sich einzelne Episoden zu einem Gesamtbild. Eines hatte Kisch nicht vor: als Chronist den ganzen Krieg zu beschreiben. Vielmehr begnügte er sich damit, ganz subjektiv die Geschichte vom Krieg aus der Sicht des Egon Erwin Kisch zu erzählen. Dieser Krieg bestand nicht nur aus Kampf, sondern aus vielen Erlebnissen und Ereignissen. Manche waren tragisch, manche skurril, einige sogar lustig. Und gerade die subjektive Erzählhaltung machte sehr vieles deutlich.

Da Kisch während des Krieges immerzu schrieb, wurde „Schreib das auf, Kisch!" im Regiment zunächst zum geflügelten Wort unter seinen Kameraden und schließlich zum Titel seines Buches. Darin berichtet Kisch auch von seiner eigenen Verwundung ganz im Stil eines Reporters:

> *Jetzt blieb ich eine Sekunde stehen und dachte: Vielleicht brichst du im nächsten Moment zusammen und bist tot. Es schien mir wahrscheinlich, denn die Granate war direkt an meinen Kopf geflogen, sie hatte sich nicht vorher eingebohrt und mich dann mit ihren Sprengstücken überschüttet. Auch viele andere, die ich im Krieg sterben sah, waren wenige Minuten vorher bei Besinnung gewesen. Ich reckte mich und merkte, daß ich noch sehr intensiv lebe. Die linke Kopfseite schmerzte mich, und von dort floß mir das Blut über die Augen. Ist vielleicht mein*

Ein Jahr später zog er nach Berlin, in die pulsierende Metropole der wilden 1920er Jahre. Dort erwarb sich der Vielschreiber den Ruf als „rasender Reporter" – den er mit seinem gleichnamigen Buch festigte. Kisch veröffentlichte seine Artikel in vielen Zeitungen und Zeitschriften, in kommunistischen Blättern wie in der bürgerlichen Presse. 1925 trat er in die KPD ein, konnte aber mit der Parteidoktrin und Parteipropaganda wenig anfangen.

Die Berliner Zeit war auch eine Zeit zahlreicher Reisen. Kisch durchstreifte ganz Europa, Teile Nordafrikas, fuhr in die Sowjetunion und in die USA. Dort konnte er nur getarnt einreisen, da ihm ein Visum wegen „kommunistischer Umtriebe" verweigert wurde. Von den USA aus brach er nach China auf, wo er ebenfalls nur getarnt einreisen und arbeiten konnte. Weitere Stationen waren Japan, Usbekistan, Tadschikistan und Afghanistan. Zurück in Europa, wurde ihm im November 1932 als „gefährlicher Ausländer" die Einreise nach Österreich verweigert. Kisch ging nach Berlin, wo er auch nach der „Machtergreifung" Adolf Hitlers blieb.

Am 28. Februar 1933, einen Tag nach dem Reichstagsbrand, wurde er verhaftet. Sein tschechoslowakischer Pass rettete ihn vor weiteren Verfolgungen; allerdings wurde er nach Prag abgeschoben. Während die Nationalsozialisten anfangs auch im Ausland vielfach Anerkennung fanden und bei den Olympischen Spielen von 1936 in Berlin fast die gesamte Weltöffentlichkeit täuschen konnten, wusste Egon Erwin Kisch schon früh um die Gefahren, die vom Hitler-Regime ausgingen. Eine Anti-Nazi-Kampagne führte ihn 1934 bis nach Australien. Auch dort wurde ihm, trotz eines gültigen Visums, die Einreise verweigert. Kisch sprang einfach vom Schiff an Land und brach sich ein Bein. Wegen illegaler Einreise wurde er in Sydney zu sechs Monaten Zwangsarbeit verurteilt. Allerdings entfachte Kisch mit seinem Sprung einen Medienrummel, der dafür sorgte, dass er, stolz mit dem Gipsbein humpelnd, Australien als freier Mann verlassen konnte. 1935 tauchte er als stellvertretender Vorsitzender des Schutzverbandes deutscher Schriftsteller auf dem 1. Internationalen Schriftstellerkongress zur Verteidigung der Kultur in Paris auf und vertrat dort antifaschistische Positionen. Aufseiten der Internationalen Brigaden war er 1936 als Kriegsberichterstatter in Spanien tätig. 1938 kehrte er nach Frankreich zurück, wo er im Herbst Gisela Lyner heiratete.

Zu Beginn des Zweiten Weltkriegs wurde Kisch in einem Dorf bei Versailles unter Hausarrest gestellt. Mit der Unterstützung von Freunden gelang ihm die Ausreise in die USA, wo er zunächst einige Tage lang auf Ellis Island interniert wurde, bevor er ein Durchreisevisum erhielt. 1940 ging er nach Mexiko, das neben republikanischen Kämpfern aus dem Spanischen Bürgerkrieg auch

linkes Auge weg? Ich hielt das rechte mit der Hand zu und konstatierte, daß ich zwar schlecht sehe, aber wohl nur deshalb, weil das Blut aus einer über dem Auge befindlichen Wunde rann.

Kein Heldentum, kein Selbstmitleid, Egon Erwin Kisch beschreibt diesen Moment ohne Tendenz. Das geht, sogar wenn es einen im Wortsinn selbst trifft.

bereitwillig aus Deutschland geflüchtete Intellektuelle aufnahm – auf Kisch traf beides zu. Auch in Mexiko blieb Kisch antifaschistischer Publizist und Reiseschriftsteller. 1942 erschienen seine Memoiren „Marktplatz der Sensationen", die er 1941 in einer englischen Fassung bereits in den USA publiziert hatte, in deutscher Sprache: das erste Buch der von Emigranten in Mexiko-Stadt gegründeten Verlagsgemeinschaft El Libro Libre.

Im Frühling 1946 kehrte Kisch nach Prag zurück. Zwei seiner Brüder und viele Freunde waren von den Nationalsozialisten in Konzentrationslager verschleppt und dort ermordet worden. Anfangs wurde Egon Erwin Kisch freundlich empfangen, doch bald hatte er als deutschsprachiger Jude unter der Deutschen- und der Judenfeindlichkeit zu leiden. An seinem Lebensende und bereits schwer krank setzte sich der überzeugte Atheist mit dem Judentum auseinander. Am 31. März 1948 starb Egon Erwin Kisch, der weit gereiste Reporter, an dem Ort, an dem er geboren wurde: in Prag.

Seine Mutter Ernestine war bereits am 9. Mai 1937 gestorben. Sie war es, die 1905 das erste Büchlein finanziert hatte, das unter dem Namen Egon Erwin Kisch erschien.

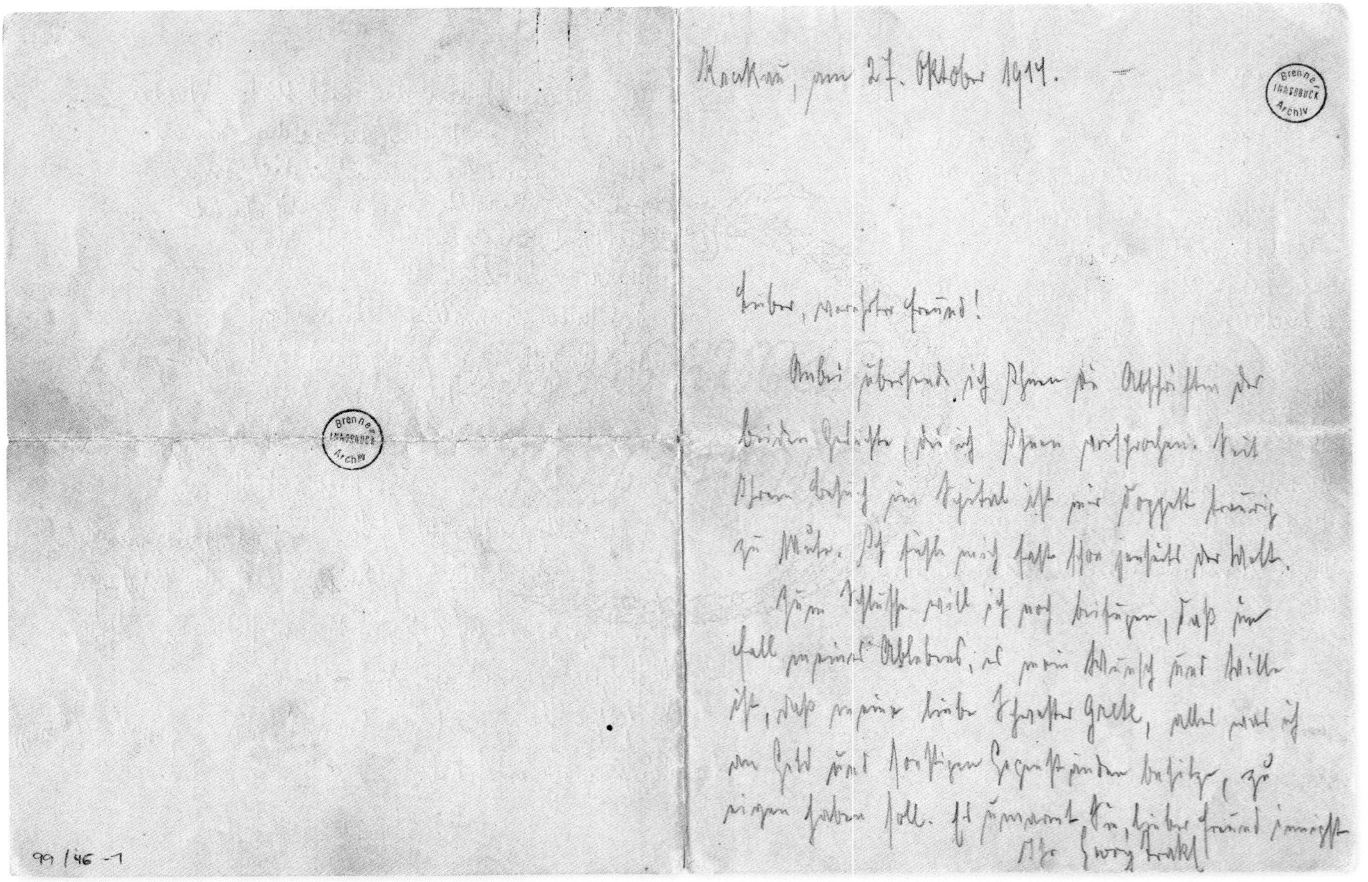
Krakau, am 27. Oktober 1914.
Brenner Innsbruck Archiv
Lieber, verehrter Freund!
Anbei übersende ich Ihnen die Abschriften der beiden Gedichte, die ich Ihnen versprochen. Seit Ihrem Besuch im Spital ist mir doppelt traurig zu Mute. Ich fühle mich fast schon jenseits der Welt.
Zum Schluss will ich noch beifügen, dass im Fall meines Ablebens, es mein Wunsch und Wille ist, dass meine liebe Schwester Grete, alles was ich an Geld und sonstigen Gegenständen besitze, zu eigen haben soll. Es umarmt Sie, lieber Freund innigst
Ihr Georg Trakl
Brenner Innsbruck Archiv
99/46-1

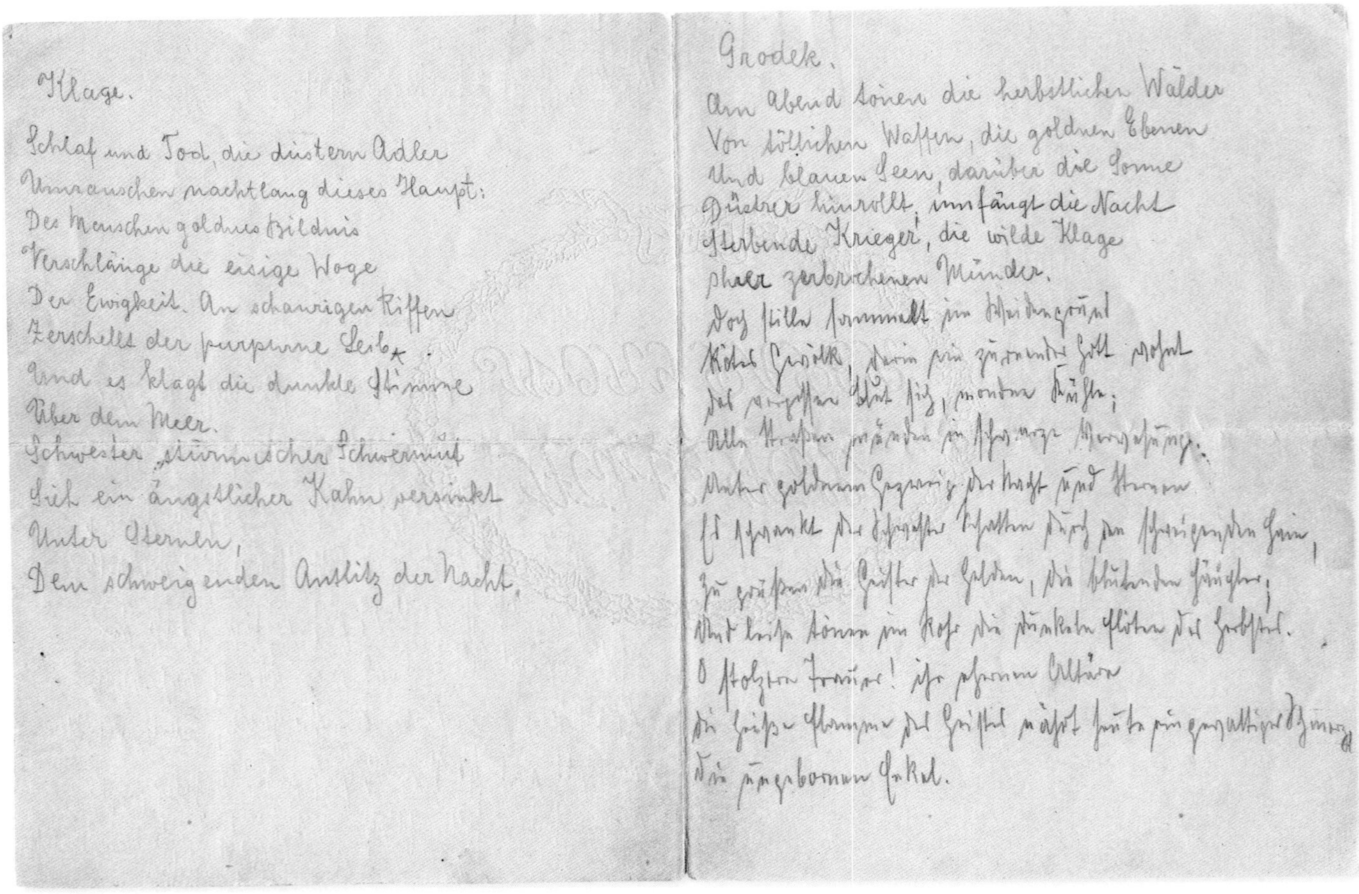
Klage.
Schlaf und Tod, die düstern Adler
Umrauschen nachtlang dieses Haupt:
Des Menschen goldnes Bildnis
Verschlänge die eisige Woge
Der Ewigkeit. An schaurigen Riffen
Zerschellt der purpurne Leib
Und es klagt die dunkle Stimme
Über dem Meer.
Schwester stürmischer Schwermut
Sieh ein ängstlicher Kahn versinkt
Unter Sternen,
Dem schweigenden Antlitz der Nacht.
Grodek.
Am abend tönen die herbstlichen Wälder
Von tödlichen Waffen, die goldnen Ebenen
Und blauen Seen, darüber die Sonne
Düstrer hinrollt, umfängt die Nacht
Sterbende Krieger, die wilde Klage
Ihrer zerbrochenen Münder.
Doch stille sammelt im Weidengrund
Rotes Gewölk, darin ein zürnender Gott wohnt
Das vergossne Blut sich, mondne Kühle;
Alle Straßen münden in schwarze Verwesung.
Unter goldnem Gezweig der Nacht und Sternen
Es schwankt der Schwester Schatten durch den schweigenden Hain,
Zu grüßen die Geister der Helden, die blutenden Häupter;
Und leise tönen im Rohr die dunkeln Flöten des Herbstes.
O stolzere Trauer! ihr ehernen Altäre
Die heiße Flamme des Geistes nährt heute ein gewaltiger Schmerz,
Die ungebornen Enkel.

Krakau, am 27. Oktober 1914.

Lieber, verehrter Freund!

Anbei übersende ich Ihnen die Abschriften der beiden Gedichte, die ich Ihnen versprochen. Seit Ihrem Besuch im Spital ist mir doppelt traurig zu Mute. Ich fühle mich fast schon jenseits der Welt.

Zum Schlusse will ich noch beifügen, daß im Fall meines Ablebens, es mein Wunsch und Wille ist, daß meine liebe Schwester Grete, alles was ich an Geld und sonstigen Gegenständen besitze, zu eigen haben soll. Es umarmt Sie, lieber Freund innigst

Ihr Georg Trakl

Klage.

Schlaf und Tod, die düstern Adler
Umrauschen nachtlang dieses Haupt:
Des Menschen goldnes Bildnis
Verschlänge die eisige Woge
Der Ewigkeit. An schaurigen Riffen
Zerschellt der purpurne Leib
Und es klagt die dunkle Stimme
Über dem Meer.
Schwester stürmischer Schwermut
Sieh ein ängstlicher Kahn versinkt
Unter Sternen,
Dem schweigenden Antlitz der Nacht.

GEORG TRAKL an Ludwig von Ficker

Grodek.

Am Abend tönen die herbstlichen Wälder
Von tötlichen Waffen, die goldnen Ebenen
Und blauen Seen, darüber die Sonne
Düstrer hinrollt; umfängt die Nacht
Sterbende Krieger, die wilde Klage
Ihrer zerbrochenen Münder.
Doch stille sammelt im Weidengrund
Rotes Gewölk, darin ein zürnender Gott wohnt
Das vergoßne Blut sich, mondne Kühle;
Alle Straßen münden in schwarze Verwesung.
Unter goldnem Gezweig der Nacht und Sternen
Es schwankt der Schwester Schatten durch den schweigenden Hain,
Zu grüßen die Geister der Helden, die blutenden Häupter;
Und leise tönen im Rohr die dunkeln Flöten des Herbstes.
O stolzere Trauer! ihr ehernen Altäre
Die heiße Flamme des Geistes nährt heute ein gewaltiger Schmerz,
Die ungebornen Enkel.

Seit Ihrem Besuch im Spital ist mir doppelt traurig zu Mute. Ich fühle mich fast schon jenseits der Welt" – als Ludwig von Ficker diese Zeilen las, muss er höchst besorgt um seinen Freund, den Dichter Georg Trakl, gewesen sein. Noch beunruhigender als die in Worte gefasste Traurigkeit wirkt das Testament, das Trakls kurzer Brief enthält. Wer so etwas schreibt, hat mit dem Leben bereits abgeschlossen. Tatsächlich wurde Georg Trakl seit früher Jugend immer wieder von Depressionen und anderen psychischen Problemen gequält. Auch seine Lyrik ist düster, aus ihr spricht oft Schwermut und Todessehnsucht.

GEORG TRAKL kam am 3. Februar 1887 in Salzburg zur Welt. Als er 5 Jahre alt war, wurde seine Schwester Margarete, genannt Grete, geboren, zu der er sein Leben lang eine außergewöhnlich intensive Beziehung hatte. Trakl besuchte das Gymnasium, hatte aber in Mathematik und den alten Sprachen schlechte Noten und brach die Schule ab. Um 1904 verfasste Trakl seine ersten literarischen Texte und experimentierte erstmals mit Rauschmitteln. 1905 begann Trakl eine Lehre in der Salzburger Apotheke „Zum Weißen Engel". 1906 wurde Trakls Einakter „Totentag" im Salzburger Stadttheater uraufgeführt und wohlwollend aufgenommen. Im selben Jahr hatte das ebenfalls einaktige Drama „Fata Morgana" Premiere, das jedoch bei Publikum und Kritik nicht ankam und Trakls erster Misserfolg wurde. Die Enttäuschung über künstlerisches Scheitern war für

Doch um den Brief richtig zu verstehen, muss man den Hintergrund kennen: Georg Trakl lag als Patient auf der psychiatrischen Station in einem Krakauer Spital, als er seinem Freund schrieb. Dorthin war er direkt vom Einsatz im Ersten Weltkrieg gebracht worden und musste davon ausgehen, dass er in absehbarer Zeit in den Krieg zurückkehren würde. Er schrieb also in einer Situation, in der das Sterben ein ständiger Begleiter war. Wenn es in den Krieg geht, machen selbst robuste Gemüter oft noch ihr Testament.

Trakl hatte allerdings nicht an der Front gekämpft, sondern als Mitglied der Sanitätskolonne um das Leben seiner Kameraden – und gegen ihre unerträglichen Schmerzen. Am 24. August 1914 war er im Rang eines Medikamentenakzessisten von Innsbruck aus in den Krieg gezogen. Dass er im Feldlazarett eingesetzt wurde, verdankte der junge Poet seiner Qualifikation: Er hatte nach der Ausbildung in einer Apotheke ein Pharmaziestudium absolviert. Mit Schmerzmitteln jeglicher Art kannte er sich hervorragend aus. Zum theoretischen Wissen kam bei Trakl jedoch noch ein anderes, eher praktisches: Seit seiner Jugend hatte er immer wieder Rauschmittel konsumiert, Chloroform, Morphium, Veronal. Ob Schussverletzungen oder seelischer Schmerz – die Mittel, sie zu betäuben, waren die gleichen.

Anfang September 1914 zog Trakls Einheit zum ersten Mal in den Kampf. Die Schlacht um Gródek in Ostgalizien, einer Region, die damals als Kronland zu Österreich-Ungarn gehörte und heute in der Ukraine liegt, verlief verheerend: Das Kaiserreich erlitt eine schwere Niederlage, die Verluste waren hoch, und Trakl litt sehr darunter, dass er kaum etwas tun konnte, um die Qualen der Verletzten zu lindern. Es mangelte an den notwendigsten Medikamenten, und es gab keinen Arzt, der die Behandlung der Verletzten beaufsichtigte. In einer zum provisorischen Feldlazarett umfunktionierten Scheune musste Trakl fast hundert Schwerverletzte versorgen – viel zu viele, um sich wirklich um jeden Einzelnen kümmern zu können. Trakl musste mit ansehen, wie sich ein schwer verletzter Kamerad erschoss, der seine Qualen

den sehr sensiblen Trakl schwer zu ertragen. Trost suchte er vermehrt im Rauschmittelkonsum.

Im Jahr 1908 schloss Trakl seine Ausbildung vorzeitig und mit gutem Erfolg ab. Er zog nach Wien und begann dort Pharmazie zu studieren. Auch während seines Studiums, das auf vier Semester angelegt war, widmete er den Großteil seiner Zeit dem Dichten. 1909 bestand Trakl seine Vorexamina; im selben Jahr zog auch seine Schwester Grete nach Wien, um dort Musik zu studieren. Trakl muss Gretes Nachzug viel bedeutet haben: Er vergötterte seine jüngere Schwester regelrecht. In seiner Lyrik hat er ihr ein zeitloses Denkmal gesetzt. Wegen eindeutiger Bezüge in Trakls Werken, vor allem im Gedicht „Blutschuld", und seiner durch Zeitgenossen belegten zwanghaften Eifersucht wird bis heute über eine mögliche inzestuöse Beziehung zwischen den Geschwistern spekuliert. Der obsessive Charakter der Beziehung von Trakl zu Grete ist gesichert, ob es jedoch tatsächlich zu sexuellen Kontakten kam, wird wohl immer ungeklärt bleiben. Die Beziehung zwischen Georg und Grete Trakl wurde 2012 auch zum Thema eines Spielfilms mit dem Titel „Tabu – Es ist die Seele ein Fremdes auf Erden". Das Drehbuch entwickelt jedoch eine eigenständige, fiktive Handlung jenseits der belegten Fakten.

Neben dem Studium hatte Trakl 1909 erste publizistische Erfolge: Eine Tageszeitung druckte drei seiner Gedichte ab. 1910 schloss er sein Studium als Magister der Pharmazie ab, und seine Schwester Grete zog nach Berlin, um ihre Ausbildung bei Ernst von Dohnányi fortzusetzen. Im Herbst begann Trakl einen einjährigen freiwilligen Militärdienst bei der kaiserlich-königlichen Sanitätsabteilung Nr. 2. In dieser Zeit stellten sich bei ihm massive gesundheitliche Probleme ein, er litt immer wieder unter schweren Depressionen und den körperlichen Folgen seines Drogenmissbrauchs. Ab 1912 arbeitete Trakl als Apotheker zur Probe im Garnisonsspital in Innsbruck. Über einen Freund lernte er dort Ludwig von Ficker kennen, der die Zeitschrift „Der Brenner" herausgab. Ficker wurde zum wichtigsten Förderer des jungen Dichters, in seiner Zeitschrift erschienen im Laufe der Zeit etliche Gedichte von Trakl. Über den Verleger lernte Trakl in dieser Zeit zahlreiche Künstler und Intellektuelle kennen, darunter Oskar Kokoschka und Else Lasker-Schüler.

Obwohl Trakls psychische und physische Verfassung immer schlechter wurde, war er literarisch äußerst produktiv. Nach einem halben Jahr Probezeit wurde er in den aktiven Heeresdienst übernommen. Trakl beantragte jedoch schnell eine Versetzung in die Reserve, die ihm wenig später genehmigt wurde. Am 1. Dezember 1912 sollte der Dichter eine Stelle im Arbeitsministerium antreten. Offenbar schwer geplagt von Depressionen und Psychosen, erreichte er zunächst einen vierwöchigen Aufschub und beantragte nicht mehr ertrug. Er musste die Schmerzensschreie der Soldaten hören und konnte ihnen doch nicht helfen. Er sah die Leichen galizischer Einwohner an Bäumen hängen, die als vermeintliche Verräter von seiner Armee hingerichtet worden waren. Diese traumatischen Erfahrungen waren für den seit jeher empfindsamen, melancholischen Dichter unerträglich.

Als die Truppe sich nach der verlorenen Schlacht zurückzog, hielt Trakl die Belastung nicht mehr aus und versuchte, sich mit einer Schusswaffe das Leben zu nehmen. Seine Kameraden konnten den Suizidversuch verhindern, doch der Vorfall hatte Konsequenzen: Im Oktober erhielt Trakl den Befehl, sich nach Krakau zu begeben, wo er in der psychiatrischen Abteilung des Garnisonsspitals unter Beobachtung gestellt wurde. Der Dichter, der auf dem Feld Kameraden versorgt hatte, wurde selbst zum Patienten.

Aus dem Spital schrieb er seinem Freund, dem Verleger Ludwig von Ficker, um den 12. Oktober: „Verehrter Freund! Ich bin seit fünf Tagen hier im Garns. Spital zur Beobachtung meines Geisteszustandes. Meine Gesundheit ist wohl etwas angegriffen und ich verfalle recht oft in eine unsägliche Traurigkeit. Hoffentlich sind diese Tage der Niedergeschlagenheit bald vorüber." Er bat Ficker darum, ihm zu telegrafieren – offenbar war die Einsamkeit schwer auszuhalten. Doch Ficker begnügte sich nicht mit ein paar Zeilen, er reiste am 25. Oktober selbst nach Krakau, um den kranken Freund zu besuchen. Zwei Tage verbrachte er bei Trakl und bat vergeblich um die Herausgabe des Patienten. Trakl las ihm, auf dem Bett liegend, zwei Gedichte vor, „Klage" und „Grodek", in denen er seine Kriegserfahrungen verarbeitet hatte. Ficker kannte das nicht eben heitere Werk seines Freundes gut, aber was er hier zu hören bekam, hatte eine neue, beängstigende Qualität. Es sind gewaltige, albtraumhafte Bilder – „sterbende Krieger", ihre „zerbrochenen Münder" –, mit denen Trakl die Gräuel der Schlacht beschrieb. „Alle Straßen münden in schwarze Verwesung", schrieb er weiter. Die Hoffnungslosigkeit, die aus diesen Worten spricht, ist für uns heute so greifbar wie vor hundert Jahren.

dann am 1. Januar 1913 nach nur einem Arbeitstag seine Entlassung. Gleichzeitig schien ihm das neue Jahr auch schriftstellerisch kein Glück zu bringen; ein Verlag lehnte die Veröffentlichung seiner Gedichte ab. Im April bekundete schließlich der Verleger Kurt Wolff Interesse an Trakls Lyrik, und im Juli erschien der Band „Gedichte".

Beruflich und persönlich war das Jahr 1913 für Trakl geprägt von ständigen Orts- und Arbeitsplatzwechseln. Auch 1914 versuchte Trakl verzweifelt, beruflich Fuß zu fassen und seine schriftstellerische Tätigkeit auf ein festeres Fundament zu stellen. Als seine Schwester Grete infolge einer Fehlgeburt oder einer Abtreibung schwer erkrankte, reiste Trakl für zehn Tage nach Berlin. Er befand sich in einer schweren Lebenskrise und schmiedete Auswanderungspläne, mal wollte er nach Albanien, mal nach Holländisch-Indien, verwirklichte aber nichts. In dieser Zeit erwies sich vor allem Ludwig von Ficker als große Stütze des labilen Dichters. 1914 schien er zumindest Trakls materieller Not ein Ende setzen zu können: Der Verleger hatte von dem jungen Philosophen und reichen Erben Ludwig Wittgenstein eine Spende über 100 000 Kronen erhalten, die Ficker an talentierte, förderungswürdige junge Künstler verteilen sollte. Jeweils 20 000 Kronen gab der Verleger an Rilke und Trakl weiter. Doch als Trakl einen Teil der Summe von seinem Konto abheben wollte, überfielen ihn schwere Angstzustände, sodass er die Bank unverrichteter Dinge verließ.

Bei Ausbruch des Ersten Weltkriegs folgte Trakl bereitwillig der Mobilmachungsorder und zog am 24. August als Teil einer Sanitätskolonne ins Feld. Nach der Schlacht von Gródek, bei der die Einheit eine vernichtende Niederlage erlitt und Trakl im Feldlazarett unzählige Schwerverletzte unter widrigsten Bedingungen versorgen musste, brach der psychisch angeschlagene Dichter zusammen und unternahm einen Selbstmordversuch, der von Kameraden vereitelt wurde. Daraufhin wurde Trakl nach Krakau abkommandiert und kam auf die psychiatrische Station des dortigen Garnisonsspitals. Er litt weiter unter schweren Depressionen und Angstzuständen, aus denen ihn auch der Besuch seines Freundes Ludwig von Ficker nicht herausholen konnte.

In der Nacht des 3. November 1914 starb Georg Trakl an Herzlähmung durch Kokainmissbrauch. Die genauen Umstände seines Todes sind bis heute ungeklärt. Wittgensteins Stipendium, das Trakl bis zu seinem Tod nicht anrührte, erhielt jedenfalls auch Trakls Erbin Grete nicht. Obwohl Ficker sie weiter unterstützte, wurde auch sie nicht mehr glücklich: Grete Langen, geborene Trakl, nahm sich am 21. November 1917 das Leben.

Zu Georg Trakls Lebzeiten erschien nur die Sammlung „Gedichte" als Buch. Die Veröffentlichung von „Sebastian

im Traum" – ein Gedichtband, den Trakl noch selbst zusammengestellt hatte – erlebte der Lyriker schon nicht mehr, das Buch erschien 1915. Trakls Bedeutung wurde erst nach seinem Tod offenbar und sein Werk einem breiteren Publikum bekannt. Heute gilt Georg Trakl als einer der wichtigsten Dichter des Frühexpressionismus.

LUDWIG VON FICKER, geboren am 13. April 1880 in München, war ein österreichischer Verleger und enger Freund Georg Trakls. Der Sohn eines Professors für Rechtsgeschichte und einer Lehrerin wuchs vor der Legalisierung der Ehe seiner Eltern unter dem Namen der Mutter auf, erst in München und ab 1896 in Innsbruck. Früh begann er Gedichte, Prosa und Rezensionen zu verfassen, von denen die ersten 1899 veröffentlicht wurden. Im Jahr 1900 wurde sein Drama „Sündenkinder" in Innsbruck uraufgeführt. Im selben Jahr begann Ficker, der eigentlich Schauspieler werden wollte, auf Wunsch seines Vaters ein rechtswissenschaftliches Studium. Er scheiterte schon an der ersten Staatsprüfung – ausgerechnet im Fach seines Vaters. Daraufhin kam es zum Streit mit dem Vater, der den Sohn enterbte. Ficker erhielt den Anspruch auf sein

Erbe allerdings später auf Betreiben seiner Geschwister zurück. Ab 1902 studierte er Kunstgeschichte und Germanistik in Berlin, Wien und Rom, schloss jedoch auch dieses Studium nicht ab.

Im Jahr 1908 heiratete Ficker die fünf Jahre ältere Schwedin Cäcilie Molander, genannt Cissi, und zog mit ihr nach Mühlau bei Innsbruck. Das Paar bekam drei Kinder. Der ursprünglich katholische Ficker trat zum Protestantismus über – 1933 sollte er diesen Schritt dann wieder rückgängig machen. Er pflegte enge Kontakte zu Schriftstellern und arbeitete ab 1909 an der Kunst- und Literaturzeitschrift „Der Föhn" mit. 1910 verließ Ficker die Redaktion im Streit und gründete mit dem Schriftsteller Carl Dallago und dem Maler Max von Esterle die Zeitschrift „Der Brenner", die er allein verantwortlich herausgab. Zu den Mitarbeitern des Magazins zählten Oskar Kokoschka, Elke Lasker-Schüler, Rainer Maria Rilke und Karl Kraus. Ab 1912 kam Georg Trakl hinzu, dessen Begabung Ficker als einer der Ersten erkannte und zu dem er schnell enge freundschaftliche Bande knüpfte.

Von 1915 bis 1918 nahm Ficker als Offizier am Ersten Weltkrieg teil. Ab 1921 war der Publizist, der durch die Inflation viel Geld verloren hatte, beim Universitätsverlag Wagner angestellt, fungierte aber weiterhin als Herausgeber des „Brenner". Die wirtschaftlich schwierigen Zeiten führten dazu, dass Fickers berufliche Situation ein ständiges Auf und Ab war. Er war ein Jahr lang arbeitslos, trat 1929 dann eine Stelle als Korrektor bei den „Innsbrucker Nachrichten" an und war 1930 sogar in der Lage, den Brenner-Verlag, den er hatte veräußern müssen, zurückzukaufen. Nach einer erneuten längeren Phase der Arbeitslosigkeit fand er 1935 eine Anstellung als Korrektor beim Deutschen Alpenverlag (Tyrolia), die er bis 1945 innehatte.

Während der Zeit des Nationalsozialismus stand Ficker in Kontakt mit jüdischen Emigranten und mit dem Widerstand. „Der Brenner" wurde von der Reichsschrifttumskammer als „schädliches und unerwünschtes Schrifttum" eingestuft. 1934 wurde die Zeitschrift eingestellt, von 1946 bis 1954 jedoch wieder in drei Sammelbänden herausgegeben. Auch nach dem Zweiten Weltkrieg stand Ficker in regem Austausch mit kritischen Intellektuellen und Künstlern, darunter Ingeborg Bachmann, Theodor W. Adorno und Paul Celan. Aus diesen Bekanntschaften resultierten ausführliche Briefwechsel, die postum in vier Bänden veröffentlicht wurden. 1960 verlieh die Freie Universität Berlin Ficker die Ehrendoktorwürde.

Ludwig von Ficker starb am 20. März 1967 im Alter von 86 Jahren in Mühlau bei Innsbruck und wurde neben Georg Trakl auf dem Mühlauer Friedhof beigesetzt. Die Überführung Trakls aus Krakau hatte Ficker 1925 veranlasst.

Doch es war nicht nur die Lyrik, die Ficker Anlass zur Sorge gab. Trakls Verhalten hatte paranoide Züge. Der Dichter hatte furchtbare Angst, dass man ihn wegen seines Zusammenbruchs vor ein Kriegsgericht stellen und zum Tode verurteilen würde – schließlich habe er „Verzagtheit" und „Mutlosigkeit vor dem Feind" gezeigt. Ficker versuchte, Trakl zu trösten und ihm seine Ängste zu nehmen, aber er wird wohl mit schlechten Vorahnungen abgereist sein, hatte er doch zudem erfahren, dass der Pharmazeut Trakl sich mit giftigen Substanzen eingedeckt hatte, die er heimlich in seinem Krankenzimmer aufbewahrte.

Einen Tag, nachdem Ficker abgereist war, schrieb Trakl den abgedruckten Brief und noch einen weiteren an seinen Freund. Darin enthalten waren unter anderem die Abschriften der beiden Gedichte, die Trakl vorgelesen hatte. Beide Briefe schickte er wohl noch selbst ab. Das nächste Schreiben, das Ficker erhielt, war kein Lebenszeichen mehr, sondern das Gegenteil: die Todesnachricht. Auf der Rückseite einer Postkarte, die Trakl schon vor dem Besuch seines Freundes geschrieben und ihm im Spital gezeigt hatte, vermeldete Trakls Zimmergenosse, dessen Name unbekannt ist, dass der Dichter plötzlich gestorben war. Auf Nachfrage erfuhr Ficker, dass Trakls Tod am Abend des 3. November 1914 eingetreten war. Die Todesursache war Herzlähmung, ausgelöst durch eine Überdosis Kokain. Zwar ist im Nachhinein nicht zu klären, ob die Überdosierung Absicht war. Doch Trakls pharmazeutische Kenntnisse, seine psychische Instabilität, die traumatisierenden Kriegserlebnisse und seine Angst vor einer Verurteilung lassen starke Zweifel an einem Unfall aufkommen.

Glaubhafter scheint, dass der Dichter sein Ende selbst gewählt hat. Sicher weiß das keiner. Was man jedoch weiß: Bei Fickers Besuch hatte Georg Trakl neben den beiden eigenen Gedichten, die seit ihrer postumen Veröffentlichung zu den bedeutendsten der deutschen Literatur gezählt werden, auch Lyrik des Barockdichters Johann Christian Günther vorgelesen. Eines davon schloss mit den Worten „Oft ist ein guter Tod der beste Lebenslauf."

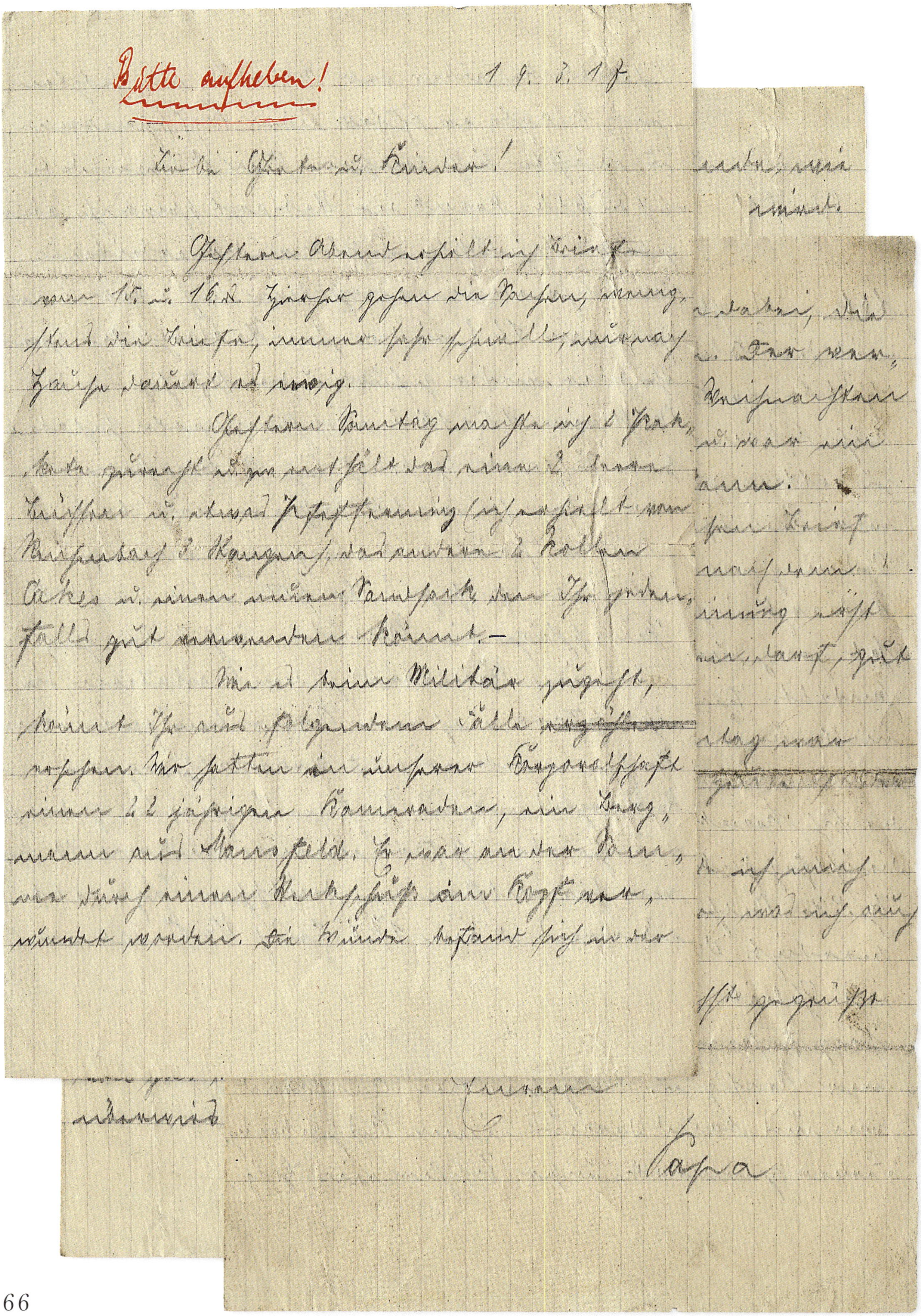
Bitte aufheben!

19.2.18.

Liebe Gattin u. Kinder!

Gestern Abend erhielt ich Briefe vom 15. u. 16.2. Zuerst gehen die Sachen, wenigstens die Briefe, immer sehr schnelle, nur nach Hause dauert es ewig.

Gestern Sonntag machte ich 2 Pakete zurecht. Eines enthält das neue 2 braune Lichter u. etwas Schuhcreme (ich erhielt von Nürnberg 2 Kannen), das andere 2 Kolben Cakes u. einen neuen Sandsack den Ihr jedenfalls gut verwenden könnt.—

Wie es beim Militär zugeht, könnt Ihr aus folgendem Fall ~~ersehen~~ ersehen. Wir hatten in unserer Compagnie einen 22 jährigen Kameraden, ein Bergmann aus Mansfeld. Er war an der Somme, wo durch einen Streifschuß am Kopf er verwundet worden. Die Wunde befand sich in der

Papa

PAUL ROCKSTROH an seine Frau Grete

19.3.17.

Bitte aufheben!

Liebe Grete u. Kinder!

Gestern Abend erhielt ich Briefe vom 15. u. 16. […]. Hierher gehen die Sachen, wenigstens die Briefe, immer sehr schnell, nur nach Hause dauert es ewig.

Gestern Sonntag machte ich 2 Packete zurecht u. zw. enthält das eine 2 leere Büchsen u. etwas Pfefferminz (ich erhielt von Reichenbach 3 Stangen), das andere 2 Rollen Cakes u. einen neuen Sandsack, den Ihr jedenfalls gut verwenden könnt. –

Wie es beim Militär zugeht, könnt Ihr aus folgendem Falle ersehen. Wir hatten in unserer Korporalschaft einen 22 jährigen Kameraden, ein Bergmann aus Mansfeld. Er war an der Somme durch einen Steckschuß am Kopf verwundet worden. Die Wunde befand sich in der Schädeldecke über der Stirn. In der letzten Zeit klagte er öfter über Kopfschmerzen u. mußte sich brechen. Am 8.3. meldete er sich deshalb krank, der Stabsarzt schrieb ihn aber gesund. Er mußte deshalb wieder arbeiten. Die Beschwerden wiederholten sich aber u. er ging am 12.3. wieder zum Stabsarzt. Der schrieb ihn aber wieder gesund u. dienstfähig. In der Nacht vom 15.–16.3. verschlimmerte sich aber sein Zustand. Er brach sich fortwährend u. war dabei so matt, daß er mich bat: „Bruder Paul, deck mich doch mal zu. Ich friere so sehr! Er hatte nur noch 45 Pulsschläge die Minute. Früh 6 Uhr ging nun ein Kamerad zu den Sanitätern, die ihn sofort nach dem Revier transportierten. Nachm. wurde er auf Veranlassung des Stabsarztes in das hiesige Lazarett gebracht, das ihn aber sofort einem anderen, 10 km von hier entfernten deutschen Lazarett überwies u. am 17.3. früh ¾ 8 war er tot. Es ist eine Sünde u. Schande, wie mit den Soldaten umgesprungen wird. Hätte der Kamerad von Anfang an Ruhe bekommen, so wäre er jedenfalls zu retten gewesen. Da die Wunde eiterte, war erwiesen, daß die Sache nicht in Ordnung war. Entweder versteht also der Stabsarzt nichts von seinem Fache oder er hat ganz unverantwortlich fahrlässig gehandelt. Ein Menschenleben ist eben nicht mehr wert als ein Händedruck. Und dabei wird uns angekündigt, daß derjenige, der sich krank meldet, vom Arzt aber für dienstfähig befunden wird, bestraft wird. Heute Nachm. wird der Kamerad nun beerdigt. Unsere Korporalschaft giebt ihm das Geleite u. wird zu diesem Zwecke hingefahren. Gestern Nachm. holten wir Reisig u. Kätzchen. Ein Kamerad von uns band daraus einen Riesenkranz. Ferner zimmerte unser Tischler ein Holzkreuz u. der Maler ist eben dabei, die Schrift darauf anzubringen. Der verstorbene Kamerad hat verg. Weihnachten erst Kriegstrauung gehabt u. war ein blühender, großer, starker Mann.

Hebe nur diesen Brief gut auf. Man wird ihn nach dem Kriege, wenn man seine Meinung erst wieder frei u. öffentlich sagen darf, gut gebrauchen können. –

Gestern Sonntag war wieder ein herrlicher Tag. [...] Himmel etwas bewölkt.

Sonst befinde ich mich immer noch wohl u. munter, was ich auch von Euch hoffe.

Seid herzlichst gegrüßt von Eurem

Papa

„Bitte aufheben!" Mit roter Tinte geschrieben und zur Sicherheit noch mit einer Zickzacklinie unterkringelt. So steht es auf Paul Rockstrohs Brief von der Westfront nach Hause. Dieser Gedanke findet sich auch am Ende des Schreibens wieder: „Hebe nur diesen Brief gut auf. Man wird ihn nach dem Kriege, wenn man seine Meinung erst wieder frei u. öffentlich sagen darf, gut gebrauchen können." Der Autor des Briefes ist kein großer Feldherr, kein hochdekorierter Heerführer, sondern ein Landwehrmann, einer wie Stanislaus Katczinsky, der „Kat" aus Erich Maria Remarques Roman „Im Westen nichts Neues". Aber der einfache Soldat Paul Rockstroh verfolgte mit seinem Brief eine ganz konkrete Absicht. Er wollte nicht nur seiner Familie ein Lebenszeichen schicken, sondern auch ein Stück Zeitgeschichte festhalten.

PAUL ROCKSTROH wurde am 24. Dezember 1879 in Reichenbach im Vogtland geboren. Nach der Volksschule absolvierte er eine kaufmännische Lehre. Mit Frau und Kindern lebte er in Aken an der Elbe, als er 1915 als Landsturmmann zum Heer eingezogen wurde. Ab dem 22. September 1915 war er in Russland eingesetzt. Vom 12. April bis zum 30. November 1916 verrichtete er Arbeitsdienst in der Heimat. Ab dem 15. Januar 1917 kämpfte er in Frankreich und kehrte nach dem Krieg wohlbehalten zu seiner Frau und seinen Kindern zurück.

Das gelang ihm. Seiner Bitte wurde entsprochen, der Brief wurde aufbewahrt und ist zusammen mit 138 anderen Briefen, die Rockstroh an seine Frau und seine Kinder schrieb, bis heute erhalten.

Was Paul Rockstroh in diesem Zeitdokument festhielt, ist einfach fürchterlich und erinnert wieder an den Remarque-Roman. Ein in der Schlacht an der Somme schwer verwundeter Kamerad ging an seinen Verletzungen elend zugrunde. Medizinische Hilfe wurde dem Mann lange verweigert, die Ärzte schrieben ihn dienstfähig und nahmen sich seiner erst an, als es zu spät war. Und anstatt sofort zu helfen, ließen die Ärzte den Patienten verlegen. „Bruder Paul" nannte der Mann, 22 Jahre jung und frisch verheiratet, den damals 37-jährigen Rockstroh. Einen Tag später lebte der junge Kamerad nicht mehr.

Erkannten die Ärzte den Ernst der Lage nicht? Das ist schwer zu beurteilen. In den vorangegangenen Kriegen standen die Überlebenschancen verwundeter Soldaten selbst bei leichteren Verletzungen schlecht. Im Ersten Weltkrieg aber hatten die Kriegsparteien ein gut funktionierendes Sanitätswesen aufgebaut. Es bestand aus medizinischer Soforthilfe durch geschulte Sanitätstruppen, einem dichten Netz von Lazaretten an der Front und dahinterliegenden Pflegeeinrichtungen. Obwohl verwundete Offiziere eine gewisse Vorzugsbehandlung erhielten, weil die medizinische Versorgung abhängig vom

Der französische Angriff auf den Maisonnette-Wald bei Biaches (Somme) am 20. Juli 1916.

Kriegsteilnehmer Leutnant Wilhelm Buddenberg für die Leipziger „Illustrirte Zeitung".

Zensur genehmigt 152

Dienstgrad war, konnten auch einfache Soldaten schwere und schwerste Verwundungen überleben. Und von diesen Verletzungen gab es viele. Die Ärzte hatten einen geschulten Blick für ihre Patienten und konnten gut einschätzen, wie die Überlebenschancen standen. Die Massenabfertigung von Verwundeten ließ aber nicht nur den Erfahrungsschatz der Ärzte wachsen, sondern auch ihren Zynismus. Die Schreckensbilder ertrugen viele Ärzte nur noch, indem sie sich mit Alkohol und Morphin betäubten. Beides war in den Feldapotheken reichlich vorhanden.

Besonders schlimm war die Situation nach den großen Materialschlachten wie der an der Somme. Dort hatte Paul Rockstrohs unbekannter Kamerad den Kopfschuss erlitten. Das Gefecht an der Somme begann am 24. Juni 1916. Erst setzten britische und französische Truppen die deutschen Stellungen einem fünftägigen Trommelfeuer aus, dann gingen 20 britische und 11 französische Divisionen zum Sturmangriff über. Die deutschen Truppen hatten ihre Verteidigungslinie aber in knapp zweijähriger Arbeit zu einer unterirdischen Festung ausgebaut. Das gegnerische Artilleriefeuer richtete nur geringe Schäden an. Der Sturmangriff der Alliierten blieb im deutschen Maschinengewehrfeuer stecken, nur an wenigen Stellen gelang es, die Gräben der Deutschen zu erreichen und einzunehmen. Allein auf britischer Seite blieben am ersten Tag des Sturmangriffs 20 000 Soldaten tot auf dem Schlachtfeld zurück; weitere 37 400 britische Soldaten wurden verwundet.

Davon unbeeindruckt, gingen die Alliierten ab dem 20. Juli 1916 zu einem zweiten Angriff über und konnten abermals nur geringe Geländegewinne verzeichnen. Am 24. August schickten Briten und Franzosen nach wochenlangem Trommelfeuer eine dritte Angriffswelle. Auch dieser Großangriff blieb stecken. Als die Alliierten ihre Offensive Ende 1916 abbrachen, hatten sie ungefähr 2,5 Millionen Soldaten eingesetzt. Auf deutscher Seite hielten etwa halb so viele Soldaten die Stellung. Genaue Zahlen gibt es nicht, die Angaben der Militärhistoriker zur Truppenstärke der Heere gehen auseinander. Insgesamt kämpften aber über 3,5 Millionen Soldaten an der Somme, von denen über eine Million verwundet oder getötet wurden. Auch hier fehlen genaue Angaben. Die Militärs machten bei ihrer Zählweise keine Unterschiede zwischen Verwundung oder Tod – nach der Logik der Massenschlachten ist beides ein „Ausfall“ an Kampfkraft. Die Front hatte sich während der monatelangen Kämpfe nur um rund 10 Kilometer verschoben. Die Brutalität des Kriegsgeschehens erklärt vielleicht, warum ein unbekannter Soldat, der einige Monate nach einer Materialschlacht mit einer alten, wieder aufgebrochenen und eiternden Kopfwunde im Lazarett vorsprach, von einem desinteressierten, überforderten, gestressten oder schlicht unfähigen Arzt weggeschickt wurde. Aber es bleibt, wie Paul Rockstroh schrieb, eine „Sünde u. Schande“.

Im Brief an seine Frau fand Paul Rockstroh klare Worte. Entweder machte er sich um die Zensur wenig Gedanken oder sein Unmut saß so tief, dass er Schwierigkeiten billigend in Kauf nahm. In erster Linie suchten die Zensoren des Ersten Weltkriegs nach dem Verrat militärischer Geheimnisse und versuchten, Spione zu enttarnen. Bei privaten Nachrichten, so die Anweisungen an die Zensurbehörden, sollten die Zensoren ein Auge zudrücken. Dennoch war eine allzu deutlich geäußerte Kritik an den Verhältnissen gefährlich: Wäre Paul Rockstrohs Brief einem Zensor in die Hände gefallen, hätte dies dem Soldaten deutliche Nachteile einbringen können – bis hin zur Versetzung an besonders umkämpfte Frontabschnitte, von denen es auch nach der Schlacht an der Somme viele gab. Schon im Ersten Weltkrieg war es riskant, die Wahrheit zu schreiben, deutlich schlimmer wurde die Briefzensur jedoch während des Zweiten Weltkriegs. Im Nationalsozialismus wurden wesentlich mehr Briefe von den Zensurbehörden geöffnet. Den Nazis reichten schon harmlose Bemerkungen, um den Autor wegen „Wehrkraftzersetzung“ vor ein Tribunal zu zerren und anschließend auf das Schafott oder an den Galgen zu bringen.

Den Ausbruch des Zweiten Weltkriegs konnte der Brief des Landwehrmanns Paul Rockstroh nicht verhindern. Aber es ist gut, dass er diesen Brief geschrieben hat – und dass das Schreiben, wie der Autor es wollte, bis heute bewahrt wurde.

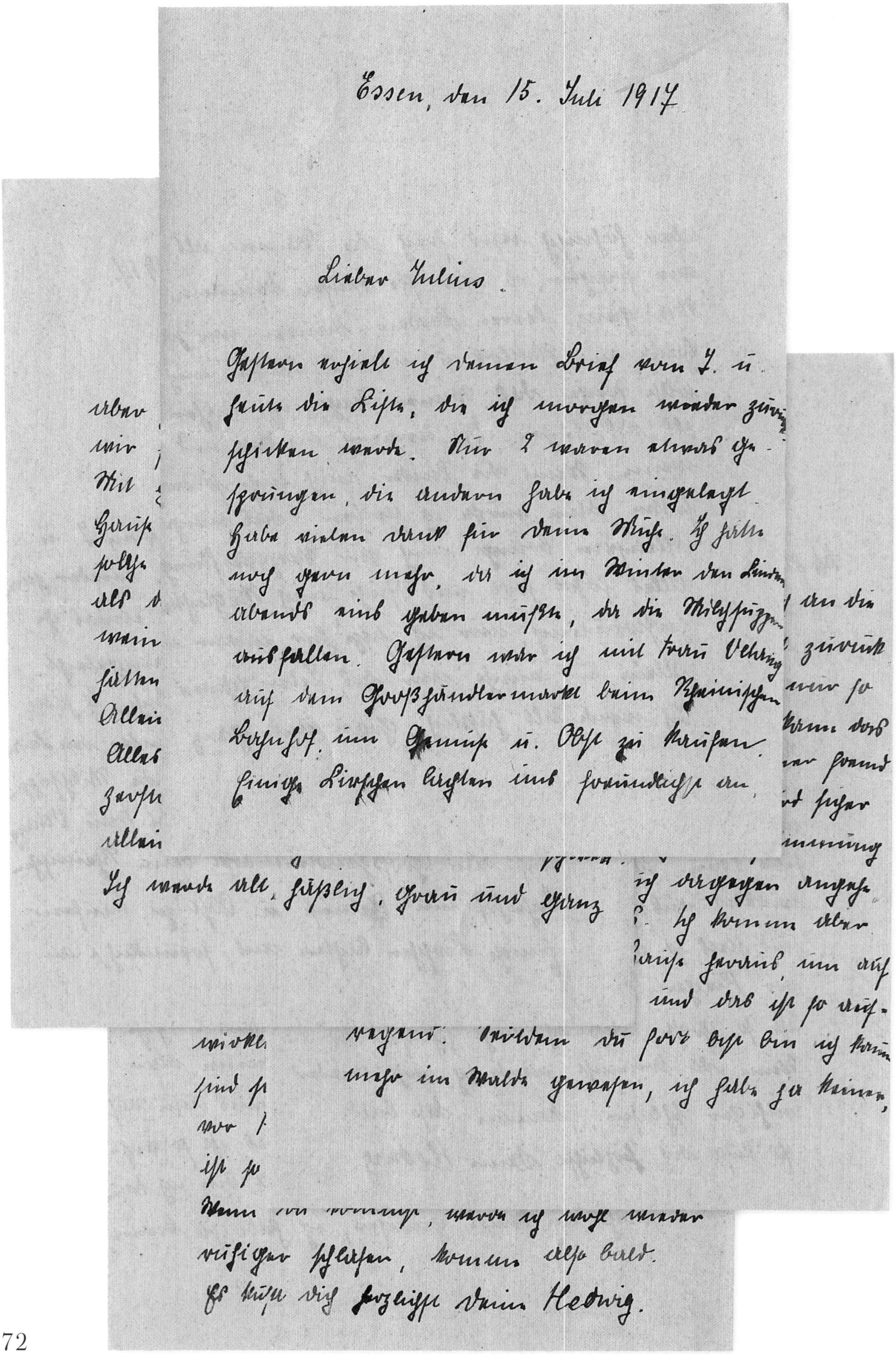

Essen, den 15. Juli 1917

Lieber Julius.

Gestern erhielt ich deinen Brief vom 7. u. heute die Kiste, die ich morgen wieder zurückschicken werde. Nur 2 waren etwas gesprungen, die anderen habe ich eingelegt. Habe vielen Dank für deine Mühe. Ich hätte noch gern mehr, da ich im Winter den Kindern abends eins geben mußte, da die Milchspitzen ausfallen. Gestern war ich mit Frau Vehring auf dem Großhändlermarkt beim Rheinischen Bahnhof um Gemüse u. Obst zu kaufen. Einige Kirschen lachten uns freundlichst an.

Ich werde alt, häßlich, grau und ganz

…

wenn du kommst, werde ich wohl wieder ruhiger schlafen, komme also bald.

Es küßt dich herzlichst deine Hedwig.

HEDWIG LAUTH an ihren Mann Julius

Essen, den 15. Juli 1917

Lieber Julius.

Gestern erhielt ich Deinen Brief vom 7. u. heute die Kiste, die ich morgen wieder zurückschicken werde. Nur 2 [Eier] waren etwas gesprungen, die andern habe ich eingelegt. Habe vielen Dank für Deine Mühe. Ich hätte noch gern mehr, da ich im Winter den Kindern abends eins geben müßte, da die Milchsuppen ausfallen. Gestern war ich mit Frau Vehring auf dem Großhändlermarkt beim Rheinischen Bahnhof, um Gemüse u. Obst zu kaufen. Einige Kirschen lachten uns freundlichst an, aber höhnisch und frech die Frauen als wir fragten, ob wir sie kaufen könnten. Mit ganz leeren Körben kamen wir zu Hause an. Mutlos u. nervös machen mich solche Wege. Das Weinen liegt mir näher als das Lachen. Oft liege ich im Bett und weine. Wenn die Kinder mich nicht so nötig hätten, dann möchte ich sterben. Dies ewige Alleinsein bringt mich zur Verzweiflung. Alles fährt fort und sucht nach Möglichkeit Zerstreuung, nur ich sitze hier einsam u. allein u. mache mir das Leben schwer. Ich werde alt, häßlich, grau und ganz mürrisch dabei. Mit Wehmut denke ich an die vergangene, freudvolle Jugendzeit zurück. Könnte ich sie meinen Kindern auch nur so schön machen. Aber hier in Essen kann das nie sein. Ich werde mich hier immer fremd u. nicht zu Hause fühlen. Ilse wird sicher unter dieser furchtbaren Gemütsstimmung leiden. So sehr ich auch dagegen angehe, ich kann nicht anders. Ich komme aber auch nur aus dem Hause heraus, um auf Gemüsejagd zu gehen und das ist so aufregend. Seitdem Du fort bist bin ich kaum mehr im Walde gewesen, ich habe ja keinen, der mit mir geht. Es ist ein schreckliches Leben. Seit einigen Wochen spüre ich auch eine große Gedächtnisschwäche. Ich muß immer alles Anna sagen, ich kann nichts behalten. Ich weiß auch nie mehr was ich Dir geschrieben habe, ob ich alles bestätigt habe. Verlange nur nichts von mir. Du hast eine verzweifelte Frau. Ich wünschte, ich könnte mal wirklich ausschlafen. Aber meine Nerven sind stets so aufgeregt u. meine Angst vor Fliegern, vor Gewitter, vor Einbrüchen ist so groß, daß ich nicht schlafen kann. Wenn Du kommst, werde ich wohl wieder ruhiger schlafen, komme also bald.
Es küßt Dich herzlichst Deine Hedwig.

Ich habe noch 2 Kisten Cigarren gekauft 18 Pf.
Der Konsum hat fast ausverkauft.

JULIUS LAUTH kam am 31. Januar 1885 in Schildhorst/ Winzenburg zur Welt. Er arbeitete als Jurist in Essen, bis er 1914 eingezogen wurde. 1918 kehrte er aus dem Ersten Weltkrieg zurück, in dem er zuletzt den Rang eines Hauptmanns hatte. Julius und seine Frau **HEDWIG LAUTH** hatten drei Kinder. Hunderte Briefe und Postkarten von Hedwig Lauth an ihren Mann und von ihm an seine Familie sind heute noch erhalten.

Wenn es um die Grauen des Krieges geht, steht meist das Schicksal der Soldaten im Vordergrund, das Kämpfen, die Gewalt, der Schmerz und das Sterben. Doch der Krieg hinterlässt auch bei denen, die zu Hause bleiben, tiefe Spuren. Das war auch im Ersten Weltkrieg so. Das Leid der Zurückgebliebenen war anders, aber kaum weniger schlimm als das der Soldaten. Denn auch die Daheimgebliebenen mussten viel ertragen: quälende Ungewissheit über die Zukunft, die Sorge um die Angehörigen, die in den Krieg gezogen waren, die Angst vor Luftangriffen, den Mangel an Lebensmitteln und Dingen des täglichen Bedarfs – und die Einsamkeit. Als Hedwig Lauth diesen Brief schrieb, war ihr Mann schon jahrelang im Krieg, und die vielfältigen Probleme und Ängste, mit denen sie seither allein zu kämpfen hatte, waren längst zu einer großen Verzweiflung herangewachsen. Eine Woche zuvor hatte sie ihrem Mann von einem Bombenangriff auf Essen berichtet. Zwar schrieb sie ihm, dass der Familie nichts zugestoßen sei – die Flieger hatten in dieser Nacht hauptsächlich Düsseldorf bombardiert –, doch: „Unsere Nerven haben sie aber vollständig zerstört." Die Angst vor einem Einschlag, die klirrenden Scheiben, der Lärm der Abwehrgeschütze, die schlaflose Nacht waren für Hedwig Lauth und ihre Kinder traumatisch.

Noch dazu war die Erfahrung einer Bedrohung aus der Luft für die Menschen neu und umso beängstigender. Die Luftfahrt steckte vor dem Ersten Weltkrieg noch in den Kinderschuhen, aber bereits im August 1914 wurde Lüttich als erste Stadt aus einem Zeppelin bombardiert. Alle Streitmächte verfügten über bewaffnete Flugzeuge, Ballons und Luftschiffe, und neben den Bombardierungen feindlicher Städte und Stellungen spielten sich auch in der Luft zum ersten Mal in großem Umfang Kämpfe ab.

Neben den Fliegerangriffen war die Lebensmittelknappheit für die Zivilbevölkerung die größte Bedrohung. Ab 1914 fehlte es der Landwirtschaft an Arbeitskräften, weil die männliche Bevölkerung zum größten Teil eingezogen worden war. Nur in wenigen Regionen konnte dieser Mangel durch polnische Wanderarbeiter behoben werden. Überall sonst mussten Frauen und Kinder auf den Feldern arbeiten, später wurden Kriegsgefangene eingesetzt, doch die Produktivität früherer Jahre konnte so nicht erreicht werden. Hinzu kam, dass nur noch wenige Pferde für die Arbeit auf dem Acker zur Verfügung standen; ein Großteil der Tiere war für den Kriegseinsatz beschlagnahmt worden. Die Ernten fielen zunehmend geringer aus, die Preise stiegen in den Himmel. Die englische Seeblockade verschärfte die Situation zusätzlich. Der Staat reagierte zunächst mit der Festlegung von Höchstpreisen für Getreide. 1915 wurden die festen Preise auf nahezu alle landwirtschaftlichen Produkte ausgedehnt. Die strenge Politik änderte allerdings nichts daran, dass die Ernten schlecht waren. Und die festgelegten Preise hatten einen weiteren unangenehmen Effekt: Weil die Verkaufspreise für Kartoffeln künstlich niedrig gehalten wurden, gingen Schweinezüchter dazu über, die wertvollen Knollen an ihre Tiere zu verfüttern, um von den hohen Fleischpreisen zu profitieren.

Nachdem das System staatlicher Festpreise für Lebensmittel nicht zum Erfolg geführt hatte, sollte nun die Lebensmittelrationierung eine gerechte Verteilung ermöglichen. Aber die Karten, mit denen die Menschen zunächst ihre wöchentlichen Rationen an Brot, Mehl oder Zwieback, später auch an Milchprodukten oder Eiern erwerben konnten, waren häufig wertlos, weil nie genug Lebensmittel vorrätig waren oder weil sie unter dem Ladentisch zu

Butter
Butter
Vereinigte Pommersche Meiereien

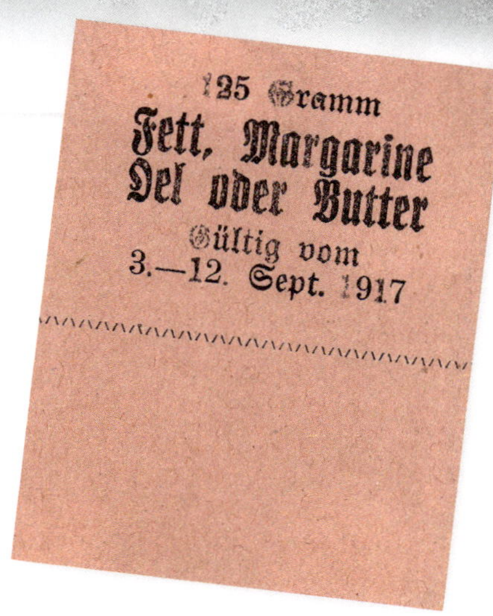
125 Gramm
Fett, Margarine
Oel oder Butter
Gültig vom
3.—12. Sept. 1917

Bahnhof Frankfurter

profitableren Preisen an wohlhabende Kunden verkauft wurden. Der Schwarzmarkt blühte. Während sich die Landbevölkerung häufig gut über Wasser halten konnte, wurde die Situation für die Menschen in den Städten immer dramatischer. Die Lebensmittelknappheit mündete schließlich in den „Kohlrübenwinter" 1916/1917. Die Kartoffelernte war im Herbst 1916 um die Hälfte zurückgegangen, Kohl- oder Steckrüben sollten als Ersatz dienen. Die Lebensmittel, die den Menschen zugeteilt wurden, deckten nun auch formal nicht einmal mehr die Hälfte des Kalorienbedarfs eines Erwachsenen – wenn sie denn überhaupt erhältlich waren. Auch nach dem Hungerwinter entspannte sich die Situation nicht sehr.

Es ist kein Zufall, dass Hedwig Lauth ihrem Mann so viel über die Situation auf den Großmärkten, über den Ausfall der Milchsuppe und die „Gemüsejagd" schrieb. Der Kampf um Lebensmittel war eine tägliche Herausforderung, die vor allem für kinderreiche Familien schnell zum Überlebenskampf wurde. Es ist auch kein Zufall, dass Hedwigs Mann ihr eine Kiste mit Eiern geschickt hatte. Während die Menschen in den Städten hungerten, funktionierte die Versorgung der Soldaten einigermaßen gut, und viele unterstützten ihre Angehörigen zu Hause mit Lebensmittelsendungen. Doch auch diese unregelmäßigen Sendungen konnten die Situation der Zivilbevölkerung nicht dauerhaft verbessern. Der Hunger sollte bis Kriegsende andauern – und über 700 000 Menschen das Leben kosten.

Ständige Mangelernährung macht nicht nur körperlich, sondern auch seelisch krank: eine zusätzliche Belastung für die zu Hause gebliebenen Frauen, von denen nicht wenige arbeiteten und die meisten auch noch Kinder zu versorgen hatten. Zu der Sorge um das eigene Leben und das des Mannes an der Front kam die Sorge um die Zukunft der Kinder. Diese ist auch aus Hedwig Lauths Brief deutlich herauszulesen. Den Kindern hatte der Kriegsausbruch die unbeschwerte Kindheit genommen, sie hatten den Frieden kaum bewusst erlebt. Der erwachsenen Generation war zumindest die Erinnerung an ihre Jugend in friedlichen Zeiten geblieben, auf die Hedwig Lauth wehmütig zurückblickte. Mitten in der Ungewissheit des Ersten Weltkriegs war nicht abzusehen, ob ihren drei Kindern eine unbekümmerte Jugend jemals vergönnt sein würde.

Heute weiß man: Es sollte eine bessere Zeit kommen und mit den Goldenen Zwanzigern sogar eine Epoche, in der die Jugend das städtische Nachtleben entdeckte, in der sich Frauen einen neuen Platz in der Gesellschaft eroberten, in der Kunst und Kultur florierten. Doch auch diese Phase war nicht mehr als ein Intermezzo – wenig später machte der Nationalsozialismus die gewonnenen Freiheiten zunichte und führte die Welt in eine neue Katastrophe. Für die Kinder von Hedwig und Julius Lauth wie für die ganze Generation, die vor und im Ersten Weltkrieg geboren war, sollten Kindheit und Jugend entscheidend vom Krieg geprägt bleiben.

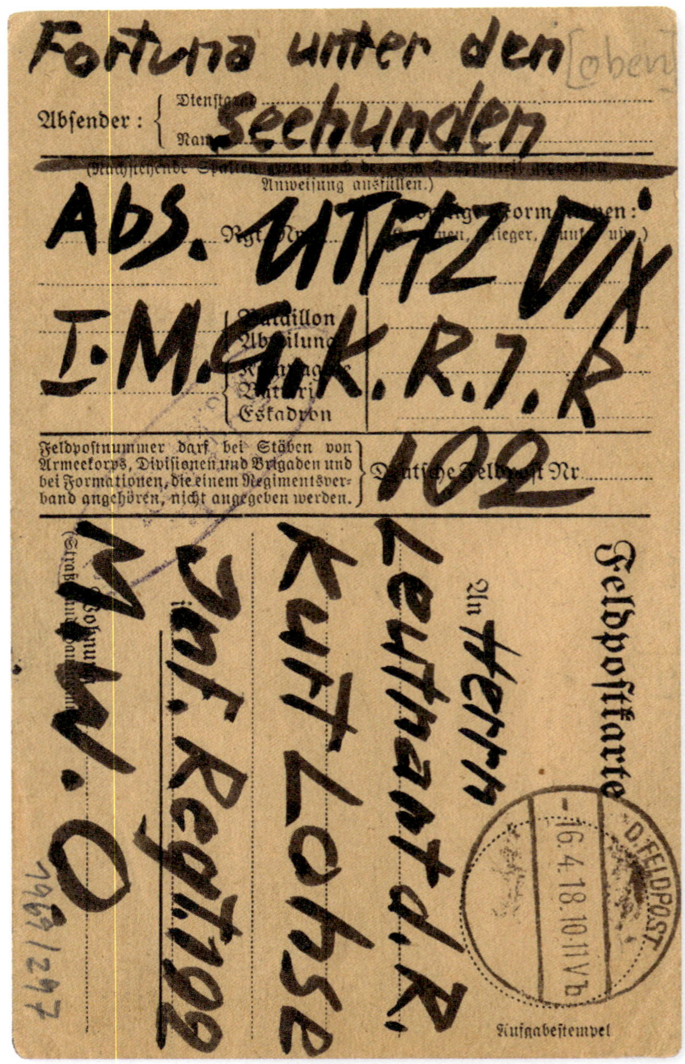
Fortuna unter den [oben]
Seehunden
Absender:
Anweisung ausfüllen.)
ABS. UTFFZ DIX
I.M.G.K.R.7.R
Bataillon
Abteilung
Kompagnie
Batterie
Eskadron
Feldpostnummer darf bei Stäben von Armeekorps, Divisionen und Brigaden und bei Formationen, die einem Regimentsverband angehören, nicht angegeben werden.
102
Deutsche Feldpost Nr.
Feldpostkarte
An Herrn
Leutnant d. R.
Kurt Lohse
Inf. Regt. 192
M. W. O.
16.4.18. 10-11 V
D. FELDPOST
Aufgabestempel

[Poststempel: 16.4.18]

Herrn
Leutnant d. R.
Kurt Lohse
Inf. Regt. 192
M. W. O.

Fortuna unter den Seehunden

Abs. UTFFZ Dix
I. M. G. K. R. I. R
102

Postkarten haben für gewöhnlich zwei Gesichter. Zum einen die Vorderseite mit einem Bild, einer Fotografie oder einem Glückwunsch. Diese Seite ist manchmal künstlerisch wertvoll, manchmal nur dekorativ, manchmal auch informativ. Bei Ansichtskarten verschafft sie dem Empfänger einen Eindruck von dem Ort, an dem sich der Absender gerade aufhält. Postkarten haben aber noch eine andere Seite. Normalerweise hat diese den größeren Nachrichtenwert: Wer eine Postkarte verschickt, nutzt den Raum neben dem Adressfeld für eine persönliche Nachricht an den Empfänger. Weil der Platz so knapp ist, müssen sich die Schreiber beschränken. Postkartentexte sind deshalb oft nichtssagend, manchmal aber gerade wegen ihrer Kürze besonders originell oder berührend.

Die Postkarte, die Otto Dix aus dem Ersten Weltkrieg an seinen Freund Kurt Lohse schickte, funktioniert allerdings ganz anders. Die Rückseite ist großflächig mit Lohses Adresse beschriftet, darüber hinaus finden sich nur die Worte „Fortuna unter den Seehunden" – keine verschlüsselte Nachricht, sondern der Titel des Bildes, das

OTTO DIX wurde am 2. Dezember 1891 in Gera als Sohn einer Arbeiterfamilie geboren. Im Alter von 10 Jahren, als er einem mit seiner Mutter verwandten Maler Modell gestanden hatte, soll Dix bereits beschlossen haben, dass auch er Maler werden wollte. Nach seiner Schulzeit absolvierte er ab 1906 zunächst eine Ausbildung zum Dekorationsmaler und konnte dann dank eines Stipendiums des Fürsten Reuß ab 1910 die Kunstgewerbeschule in Dresden besuchen. Seine frühen Werke waren vom Impressionismus und Expressionismus beeinflusst, aber auch von der Renaissancemalerei und den neuen Bewegungen des Kubismus und Futurismus. Zudem hinterließ das Werk von Friedrich Nietzsche, mit dem sich der junge Maler beschäftigte, bei Dix einen bleibenden Eindruck.

Als 1914 der Krieg begann, wurde Otto Dix als Ersatzreservist eingezogen und am Maschinengewehr ausgebildet. Im September 1915 meldete er sich freiwillig an die Front und wurde als Maschinengewehrschütze und Zugführer in der Champagne eingesetzt. In den folgenden Jahren wurde er in andere französische Regionen und nach Russland verlegt, blieb aber immer Frontsoldat. Nach mehreren Beförderungen bis in den Rang des Vizefeldwebels kehrte Dix im Dezember 1918 nach Gera zu seinen Eltern zurück. Während des Krieges entstanden mehr als 500 Werke, von denen einige schon 1916 in Dresden ausgestellt wurden.

auf der Vorderseite zu sehen ist. Der Empfänger wusste: Das Bild war die eigentliche Nachricht.

Es sind etliche solche gemalte oder gezeichnete Feldpostkarten von Otto Dix erhalten; sie gehören zu mehr als 500 Werken, die er im Ersten Weltkrieg hinterließ. In vielen von diesen Bildern hat Dix den Krieg gezeichnet, expressionistisch, aber durchaus konkret: Bombenkrater und Schützengräben sind etwa auf einem von ihnen zu erkennen, eine Szene ohne jedes Leben, aber voller Zerstörung. Was braucht es da noch Worte auf der Rückseite, wenn die Vorderseite so ausdrucksstark vom Krieg erzählt?

Das Bild von Fortuna ist anders. Es zeigt nicht Kriegsalltag, sondern eine fantastische, unwirkliche Welt, in der Fortuna zwischen dunklen Schatten – Gestalten? Seehunden? – schwebt. Um sie herum, so eine gängige Interpretation des expressionistischen Werkes, fällt Regen. Die Atmosphäre ist bedrückend, düster, bedrohlich. Das Bild lässt sich psychologisch deuten und fügt sich dann, trotz des Stilwechsels, gut in die Serie der Feldpostkarten von Otto Dix ein: als albtraumhafte Szene, in der Dix das ihm allgegenwärtige konkrete Grauen des Krieges in einen unwirklichen Raum verlagert. Während andere Zeichnungen und Gemälde aus dieser Zeit den Krieg so abbilden, wie ihn Dix erlebte, zeigt dieses Bild den Krieg durch den Filter des Unterbewusstseins.

Otto Dix hatte sich, wie viele Männer seiner Generation, freiwillig für den Einsatz gemeldet. Sein Motiv war aber nicht glühender Patriotismus. Dix trug vielmehr die Hoffnung in sich, dass die ihm so verhasste Kleingeistigkeit der bürgerlichen Gesellschaft seiner Zeit durch den Krieg ein Ende haben würde. Er und viele andere Künstler sahen darin eine Möglichkeit zum Ausbruch aus der übersättigten, spießbürgerlichen Gesellschaft und vielleicht sogar die Chance, diese zu überwinden. Mehr noch – Otto Dix erhoffte sich von den extremen Erfahrungen im Krieg auch Inspiration und Grenzerfahrungen, die ihm der Alltag nicht bieten konnte – man könnte sagen, er war auf der Suche nach Nervenkitzel und dem ultimativen Abenteuer.

Im Jahr 1919 ging Otto Dix zurück nach Dresden und studierte bis 1922 an der Staatlichen Akademie der Bildenden Künste. Er gründete unter anderem gemeinsam mit Conrad Felixmüller die Gruppe 1919 der Dresdner Sezession. Dix beschäftigte sich intensiv mit dem Dadaismus und beteiligte sich im Jahr 1920 an der „1. Internationalen Dada-Messe" der Berliner Galerie Burchard. Werke von ihm wurden außerdem in Prag, Düsseldorf und Dresden ausgestellt.

Bei einer Reise nach Düsseldorf lernte Otto Dix 1921 Martha Koch, seine spätere Frau, kennen, die zu diesem Zeitpunkt aber noch mit dem Urologen Hans Koch verheiratet war. Ein Jahr darauf zog Dix nach Düsseldorf, wo er als Meisterschüler an der Kunstakademie studierte und Mitglied der Künstlergruppe Junges Rheinland wurde. 1923 heiratete er Martha, genannt „Mutzli", und im selben Jahr kam die gemeinsame Tochter Nelly zur Welt. 1924 nahm die Karriere des Künstlers Fahrt auf: Mit dem Kunsthändler Karl Nierendorf fand Dix in Berlin einen Verleger für seinen Kriegszyklus. Nierendorf übernahm anschließend seine geschäftliche Vertretung. 1924 erschien außerdem eine Bildmonografie, und Otto Dix stellte 13 Werke in der „1. Allgemeinen Deutschen Kunstausstellung" in der Sowjetunion aus. Ende des Jahres folgte die erste große Einzelausstellung im Kronprinzenpalais in Berlin. 1925 zog die Familie dorthin; ab 1926 arbeitete Otto Dix in einem Atelier am Kurfürstendamm.

Die Berliner Zeit währte jedoch nicht lange. Schon im September 1926 erhielt Otto Dix einen Ruf als Professor und Leiter eines Meisterateliers an die Kunstakademie Dresden. In dieser Funktion übernahm er ab 1927 die Nachfolge von Oskar Kokoschka. 1927 kam auch Sohn Ursus, ein Jahr später der zweite Sohn Jan zur Welt. Es folgten produktive und erfolgreiche Jahre als Kunstprofessor. Im April 1933 wurden diese jäh beendet: Als einer der ersten Professoren wurde Otto Dix von den Nationalsozialisten entlassen, die ihm vorwarfen, sein Werk verletze das sittliche Gefühl und zersetze den Wehrwillen. Wenige Monate später wurden Arbeiten von Dix bereits in der Propagandaausstellung „Entartete Kunst" gezeigt.

Otto Dix blieb in Deutschland, ging aber in die innere Emigration. Im Sommer 1933 zog er sich zunächst nach Schloss Randegg im Hegau zurück, das einem Schwager gehörte, ab 1936 lebte er zurückgezogen auf der Höri-Halbinsel in Hemmenhofen am Bodensee, die bis zu seinem Tod sein Hauptwohnsitz blieb. Inzwischen war der Maler mit einem strikten Lehr- und Ausstellungsverbot belegt, einige seiner Werke wurden sogar verbrannt. In seinem Rückzugsort am Bodensee war er jedoch weiter künstlerisch tätig. 1939 wurde

DIX

Otto Dix nach dem Attentatsversuch auf Adolf Hitler im Münchner Bürgerbräukeller verhaftet, man hielt ihn für einen Mittäter. Die Vorwürfe wurden jedoch fallen gelassen. 1945, kurz vor Kriegsende, wurde Otto Dix zum Volkssturm eingezogen und geriet in französische Kriegsgefangenschaft. Im Februar 1946 kehrte er nach Hemmenhofen zurück.

In den Nachkriegsjahren arbeitete Dix immer wieder in Dresden und wurde damit zum Pendler zwischen den jungen Staaten BRD und DDR. In beiden Ländern war er hoch angesehen; seine Werke wurden in Ost und West ausgestellt und mit Preisen bedacht. Dix wurde 1955 Mitglied der Akademie der Künste in Berlin-Dahlem (Westberlin) und 1956 korrespondierendes Mitglied der Deutschen Akademie der Künste in Berlin (Ost). Letztere widmete ihm 1957 eine große Retrospektive. 1960 erschien zunächst in Dresden, später auch in der Bundesrepublik, eine umfassende Monografie mit dem Titel „Otto Dix – Leben und Werk". Am 25. Juli 1969 starb Otto Dix an den Folgen seines zweiten Schlaganfalls im Krankenhaus in Singen.

KURT LOHSE kam am 11. Mai 1892 im sächsischen Hohenstein-Ernstthal zur Welt. Die Biografien von Otto Dix und Kurt Lohse verliefen anfangs fast parallel: Wie Dix besuchte Lohse von 1909 bis 1914 die Kunstgewerbeschule Dresden. Dort lernten sich die beiden kennen und wurden Freunde. 1913 unternahmen sie gemeinsam eine Studienreise nach Italien. Auch Kurt Lohse kämpfte ab 1914 im Ersten Weltkrieg und nahm nach seiner Rückkehr 1918 ein Studium an der Kunstakademie in Dresden auf. 1921 heiratete Lohse die avantgardistische Malerin Elfriede Wächtler und zog mit ihr nach Wehlen. Schon im folgenden Jahr zog das Ehepaar weiter nach Görlitz, wo Lohse an etlichen Aktionen im Umfeld der Dada-Bewegung teilnahm.

1925 übersiedelte Kurt Lohse mit seiner Frau nach Hamburg, wo der ausgebildete Sänger als zweiter Bass am Stadttheater engagiert worden war. 1926 trennte er sich von seiner Frau und musste 1927 aufgrund einer Tuberkuloseerkrankung auch seine Gesangskarriere aufgeben. Seine Berufung suchte er nun ausschließlich in der Malerei.

Seit Ende des Ersten Weltkriegs orientierte sich Lohse, der als Expressionist begonnen hatte, an der Bewegung der Neuen Sachlichkeit und malte im Stil des Magischen Realismus. 1927 lernte er Elsa Haun kennen. Mit ihr bekam er 1928 die Tochter Lilly. Weitere vier Kinder, drei Söhne und eine Tochter, folgten bis 1940. Als 1935 die Scheidung von Elfriede Wächtler formal vollzogen war, heiratete Lohse

Diese Haltung scheint uns heute naiv und vielleicht sogar zynisch. Doch man muss Dix wie anderen zugutehalten, dass sie kaum wissen konnten, worauf sie sich einließen. Eigene Kriegserinnerungen hatten die jungen Soldaten nicht, und was von früheren Kriegen überliefert worden war, war oft schöngefärbt. Die Dominanz moderner technischer Waffen, die Materialschlachten und die damit verbundenen hohen Verluste, die diesen Krieg später auszeichnen sollten, waren noch unvorstellbar. Zudem rechneten die deutschen Freiwilligen, beeinflusst von einer erfolgreichen Propaganda, damit, dass es zu einem schnellen Sieg kommen würde.

Während sich spätestens nach dem Zweiten Weltkrieg Künstler und Intellektuelle eher in der Friedensbewegung wiederfanden, in ihren Werken und ihrem gesellschaftlichen Wirken mahnend und kriegsskeptisch auftraten, waren sie zu Beginn des 20. Jahrhunderts noch größtenteils begeisterte Kriegsanhänger. Nur einige wenige sahen die Gefahren des Krieges und warnten davor, unter ihnen Heinrich Mann, Rosa Luxemburg und Hermann Hesse. Tatsächlich war die Kriegsskepsis eher in den unteren Schichten verbreitet – die meisten Unterstützer fanden sich in der Oberschicht und im gebildeten Bürgertum.

Otto Dix lernte die Schrecken des Krieges bald kennen: Als Maschinengewehrschütze kam er im Herbst 1915 in der Champagne zum Einsatz. Die „Herbstschlacht in der Champagne", eine Offensive der Franzosen, die mehrere Wochen anhielt, muss eine entsetzliche Erfahrung für den jungen Künstler gewesen sein. Die Schlacht wurde zu einer der blutigsten des Ersten Weltkriegs. 400 000 Soldaten starben, viele von ihnen zerfetzt durch Granaten, Hunderttausende Schwerverletzte lagen in den überfüllten Lazaretten. Otto Dix überlebte, wurde befördert und erhielt das Eiserne Kreuz Zweiter Klasse für seinen Einsatz.

Bis zum Kriegsende blieb Otto Dix Soldat, erst Weihnachten 1918 kehrte er zu seiner Familie zurück. Obwohl er drei Jahre lang einen höllischen Krieg an vorderster Front miterlebt hatte, konnte Dix mit dem Erlebten anscheinend besser umgehen als andere. Gerade unter den jungen Künstlern und Intellektuellen gab es etliche, die ihre traumatischen Kriegserlebnisse nicht verkrafteten, darunter bekannte Persönlichkeiten wie Max Beckmann und Georg Trakl. Im Gegensatz zu anderen hat Dix nie versucht, dem Krieg zu entkommen. Möglicherweise hielt ihn die intensive Aufarbeitung seiner Erfahrungen in der Kunst aufrecht, schließlich war die Zeit des Ersten Weltkriegs für ihn außerordentlich produktiv. Auf der anderen Seite malten auch andere Künstler im Krieg und scheiterten dennoch daran, das Grauenhafte, das sie gesehen hatten, zu verarbeiten.

Dix' unbedingter Wille, den Krieg bis zum Ende an der Front mitzuerleben, verwundert heute noch mehr als seine naive Kriegsbegeisterung zu Beginn. Jahrzehnte später versuchte der Künstler, diesen Umstand in einem Gespräch zu erklären: „Der Krieg war eine scheußliche Sache, aber trotzdem etwas Gewaltiges. Das durfte ich auf keinen Fall versäumen! Man muss den Menschen in diesem entfesselten Zustand gesehen haben, um etwas über den Menschen zu wissen." Der „entfesselte" Mensch war für Otto Dix, bei allem Grauen, faszinierend, der Krieg ein „Naturereignis", eine extreme sinnliche Erfahrung, unter deren Eindruck er sich künstlerisch weiterentwickelte. Doch war der Krieg natürlich auch für Dix nicht nur Inspiration und Abenteuer. Freunde berichteten, der Maler habe noch jahrelang an Albträumen gelitten, in denen er Szenen aus seiner Kriegszeit erneut durchlebte. Die grauenvollen Bilder von den Schlachtfeldern, die Todesängste, die Erinnerungen an gefallene Kameraden konnte er sich nicht von der Seele malen – sie blieben unauslöschlich.

seine langjährige Lebensgefährtin Elsa. Elfriede Wächtler, die schon lange an psychischen Problemen gelitten hatte, wurde 1940 Opfer des nationalsozialistischen „Euthanasie"-Programms. Die Künstlerin wurde in der Landesheil- und Pflegeanstalt Pirna-Sonnenstein ermordet; offiziell galt jedoch „Lungenentzündung mit Herzmuskelschwäche" als Todesursache.

Zu Beginn des Zweiten Weltkriegs wurde Lohse erneut eingezogen. Er starb am 9. Januar 1958 in Hamburg.

Ab 1928 hatte Lohse an einigen Sammelausstellungen teilgenommen und auch Einzelausstellungen wurden gezeigt. Der künstlerische Durchbruch, den sein Freund Otto Dix schaffte, war ihm aber nie gelungen. Ein Großteil von Kurt Lohses Werken gilt heute als vermisst, etliche wurden bei einem Bombenangriff auf Hamburg zerstört.

DIX

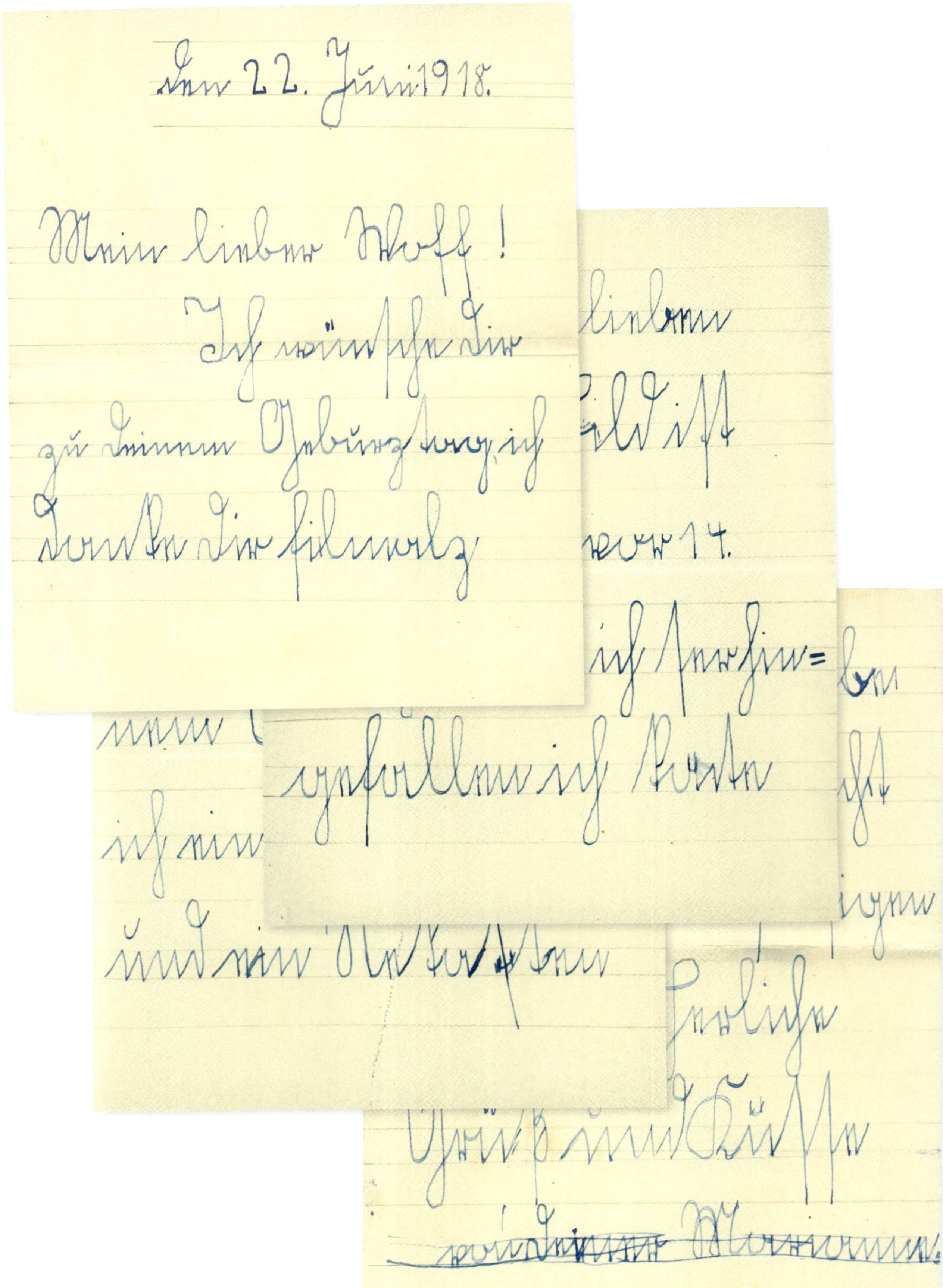
Den 22. Juni 1918.
Mein lieber Wolff!
Ich wünsche Dir
zu Deinem Geburtstag ich
danke Dir vielmals

MARIANNE PANZER an ihren Bruder Wolfgang

den 22. Juni 1918.

Mein lieber Woff!

Ich wünsche dir zu deinem Geburztag, ich danke dir filmalz für deinen lieben Brif. Dein Bild ist süß. Heute vor 14. Tagen bin ich ser hingefallen ich konte paar Tage nicht mein Bein biegen. Zu meinem Geburtstag hab ich einen Schulranzen und ein Nekasten bekommen. Ich habe vorgestern ein Gedicht gelernt "Vom feisigen Bächlein." Herliche Grüß und Küsse

von Deiner Marianne.

Egal zu welcher Zeit, egal in welchem Land, egal in welchem Alter: Der Krieg ist für Menschen ein massiver biografischer Einschnitt – auch für diejenigen, die selbst nicht an Kampfhandlungen teilnehmen. Dabei ist das Einschneidende nicht allein die Gewalt, die plötzlich zum Leben dazugehört, selbst wenn sie weit weg auf dem Schlachtfeld stattfindet, und auch nicht nur die Angst um Brüder, Ehemänner, Väter oder Freunde — auch der Blick in eine ungewisse Zukunft verändert das Leben. Für Kinder gilt das in besonderem Maß. Wenn sich die Ängste der Eltern auf ihre Kinder übertragen, ist die Kindheit schnell vorbei – und eine versäumte Kindheit lässt sich nicht nachholen. Das ist eine der schlimmsten Facetten des Krieges.

Doch zu einer Kindheit im Krieg gehört auch ein Alltag. Gerade für kleine Kinder, die den Frieden nie bewusst erlebt haben, wird der Krieg zum Normalzustand, manchmal sogar zur Nebensache. Der Brief, den die 8-jährige Marianne Panzer ihrem 22-jährigen großen Bruder 1918 schrieb, klingt nicht wie ein typischer Kriegsbrief, obwohl er an einen Soldaten im Feld adressiert ist. In ähnlicher Form hätten diese Zeilen in jeder Epoche geschrieben werden können – in Kriegs- wie in Friedenszeiten.

MARIANNE MLACKER, geborene Panzer, kam am 14. Juni 1910 in Frankfurt am Main zur Welt. Sie war das fünfte von sechs Kindern des Germanistikprofessors Friedrich Panzer und seiner Frau. Sie studierte Rechtswissenschaften und promovierte über das Thema „Tanz und Recht". Marianne Mlacker starb am 31. März 2012 im Alter von 101 Jahren in Rot am See.

Marianne Panzers Brief ist ein klassischer Kinderbrief mit der unorthodoxen Orthografie und dem sprunghaften Erzählstil einer ABC-Schützin. Wenn es bei der Rechtschreibung auch noch hakte, die formalen Standards des Briefeschreibens hatte Marianne schon gelernt: die Begrüßung, die Glückwünsche, das artige Bedanken für den letzten Brief. Darüber hinaus berichtete die Schülerin in wenigen Sätzen über einen schmerzhaften Sturz, ihre Geburtstagsgeschenke und ein Gedicht, das sie in der Schule gelernt hatte. Freude, Schmerz und Stolz sprechen aus ihrem Brief, verpackt in Details aus einem vermeintlich ganz normalen Kinderleben.

Gleichwohl steckt der Krieg, obwohl er mit keinem Wort erwähnt wird, in Mariannes Brief zwischen den Zeilen, etwa in den Geburtstagsglückwünschen und dem Bericht über die Geschenke. Die Geschwister hatten am 14. und 16. Juni Geburtstag, im Abstand von zwei Tagen. Zu Friedenszeiten hätten sie, trotz des großen Altersunterschieds, wahrscheinlich im Kreis der Familie gemeinsam gefeiert. Schriftliche Glückwünsche wären da nicht nötig gewesen. Wolfgangs Brief, für den sich Marianne bedankte, war wohl ebenso ein Geburtstagsbrief wie ihre Antwort darauf. Beide Schreiben überbrückten die künstliche Distanz, die der Krieg zwischen den Geschwistern geschaffen hatte.

Auch in der so auffälligen Normalität und Leichtigkeit des Kinderbriefs kann sich ein Hinweis auf den Krieg verstecken. Für die Soldaten waren Briefe die einzige Möglichkeit zu erfahren, wie es ihren Angehörigen zu Hause ging. Das zu wissen war ein elementares Bedürfnis. Zwar gehörte die Professorenfamilie Panzer zum gebildeten Bürgertum, das sich auch während der Lebensmittelknappheit der Kriegsjahre meist recht gut über Wasser halten konnte – was für Arbeiterfamilien deutlich schwieriger war. Aber selbst in den gehobenen Schichten, die nicht in einer existenziellen Notlage waren, hatte der fast vier Jahre andauernde Krieg 1918 tiefe Spuren hinterlassen. Das Bürgertum hatte den Krieg zunächst mit Begeisterung unterstützt, doch der erhoffte deutsche Sieg war mit den Jahren immer unwahrscheinlicher geworden. Die täglichen Todesnachrichten von der Front waren eine schwere Belastung für die Daheimgebliebenen. Auch im Bürgertum litten die Frauen, die seit Jahren ohne die Unterstützung ihrer Männer lebten, unter Einsamkeit und Überforderung. Und die Zukunft war völlig ungewiss.

Das spürten auch Kinder wie Marianne, für die der Krieg Normalität war. Es ist gut vorstellbar, wie wichtig es selbst für eine Achtjährige war, von ganz banalen Dingen wie Geschenken oder einem Gedicht zu erzählen und die Unsicherheit, die überall in der Luft lag, zu verdrängen. Und der große Bruder, der mit 22 Jahren selbst noch nicht lange dem Kindesalter entwachsen war, wird es wohl genauso empfunden haben. Gerade im Krieg, dem vielleicht größten Ausnahmezustand einer Gesellschaft, ist ein bisschen Normalität überlebenswichtig.

Mariannes älterer Bruder **WOLFGANG PANZER**, geboren am 16. Juni 1896 in München, studierte nach dem Ersten Weltkrieg Geologie, Geografie und Zoologie. 1921 promovierte er, 1925 folgte die Habilitation in seinem Spezialgebiet, der Geomorphologie. Nach einem mehrjährigen Lehrauftrag in Berlin wurde Panzer Austauschprofessor in Berkeley, Kalifornien. 1931 erhielt er einen Ruf an die Universität Sun Yat Sen in der Provinz Guangdong, China. Ab 1936 übernahm er den Lehrstuhl für Geografie an der Universität Heidelberg und wurde Vorsitzender des Verbandes der deutschen Hochschullehrer der Geografie. 1939 wurde Wolfgang Panzer eingezogen und kämpfte im Frankreichfeldzug; danach arbeitete er als Kartograf für die Wehrmacht.

Nach dem Zweiten Weltkrieg arbeitete Panzer beim Amt für Landeskunde und an der Akademie der Wissenschaften in Heidelberg. 1950 wechselte er an die Universität Mainz. Zwei Jahre später wurde ihm dort der Lehrstuhl für Geografie übertragen, den er bis zu seiner Emeritierung 1964 innehatte. Mit seiner Frau Martha hatte Wolfgang Panzer drei Söhne. Er starb am 16. Juli 1983 in Mainz.

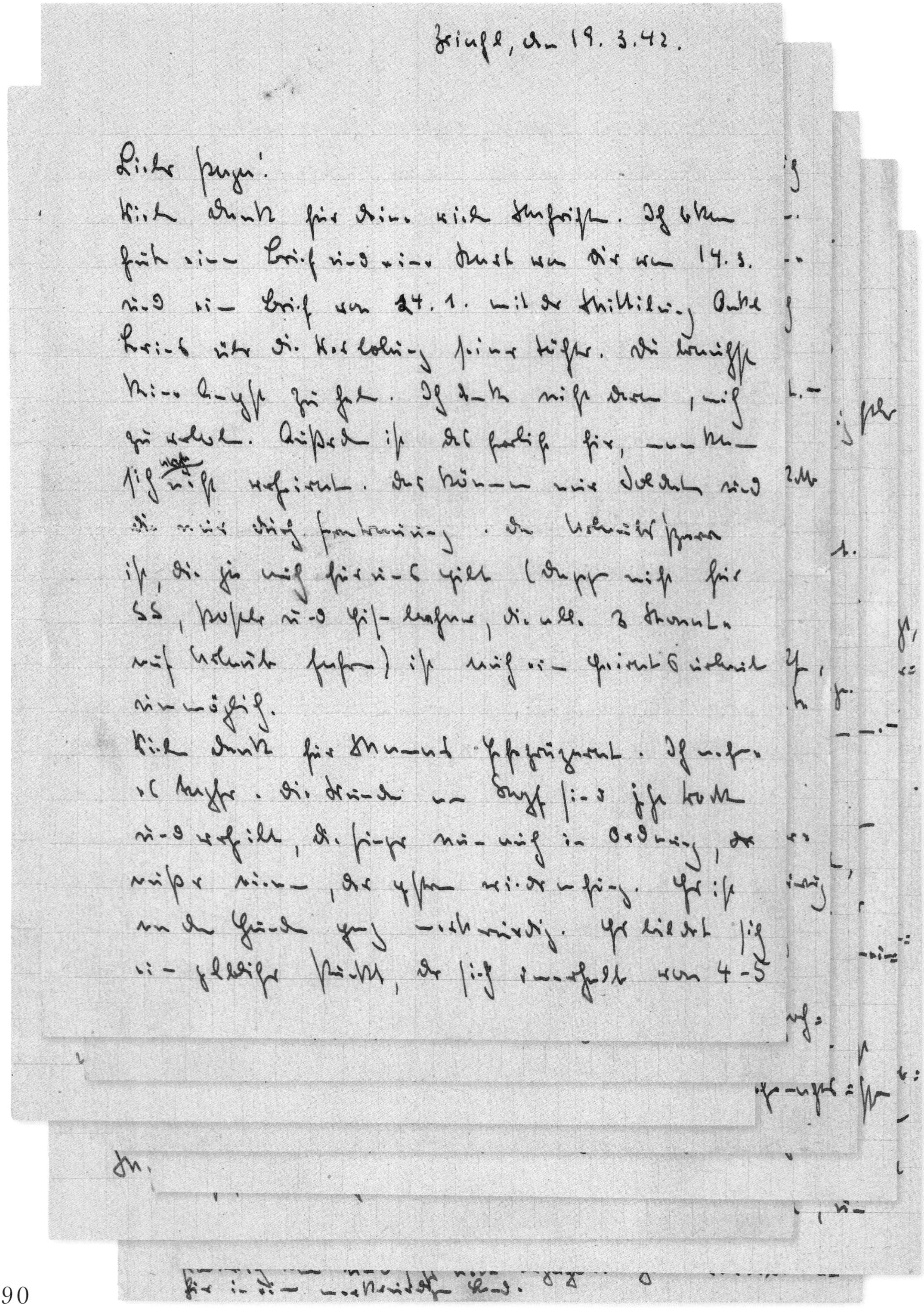

ANNETTE SCHÜCKING an ihren Vater Lothar

Zwiahel, den 19.3.42

Lieber Papa!

Vielen Dank für Deine vielen Nachrichten. Ich bekam heute einen Brief und eine Karte von Dir vom 14.3. und einen Brief vom 24.1. mit der Mitteilung Onkel Levins über die Verlobung seiner Töchter. Du brauchst keine Angst zu haben. Ich denke nicht daran, mich zu verloben. Ausserdem ist das Herrliche hier, man kann sich garnicht verheiraten. Das können nur Soldaten und die nur durch Ferntrauung. Da Urlaubssperre ist, die ja auch für uns gilt (dagegen nicht für die SS, die Postler und Eisenbahner, die alle 3 Monate auf Urlaub fahren), ist auch ein Heiratsurlaub unmöglich.

Vielen Dank für Mamas Hefepräparate. Die Wunden am Kopf sind jetzt trocken und verheilt, die Finger nun auch in Ordnung, ausser einem, der wieder anfing. Es ist an den Händen ganz merkwürdig. Es bildet sich ein gelblicher Punkt, der sich innerhalb von 4–5 Stunden zu einem grossen gelben Punkt ausbreitet, der sich wölbt. Ich war gewitzigt und liess wieder sofort schneiden. Es geht immer sehr tief. Nachdem ich nun die schöne grüne Zugsalbe drauftat, ist der Finger schon wieder ziemlich in Ordnung. Es hat aber doch alles in allem fast 5–6 Wochen gedauert.

In den letzten Tagen war ziemlicher Betrieb, weit über 200 vollständige Essen, Tageseinnahmen von 400–500 RM bei unseren Preisen. Kaffee kostet 10 Pf, 3 Schnitten Brot mit Marmelade 20 Pf, Essen 70 Pf. Dabei verdienten wir aber nicht so gut. Die Preise steigen rapid, das Bier kostet jetzt schon 32 Pf statt 20 Pf. Geschirr, das wir aus der Porzellanfabrik holten, kostet unsinniges Geld gegen früher. Der Teller, der Ende November 10 Pf kostete, kostet nun 90 Pf. Die Betriebskosten steigern sich dadurch ungeheuer. Die Zivilverwaltung versteht es nicht, eine ordentliche Preisregulierung zu schaffen. Ach, die Zivilverwaltung! Ich kann Euch später mal Bände davon erzählen. Man möchte nur weinen, dass oft so viele Kämpfe ausgefochten werden müssen, die völlig nutzlos und unnötig sind.

Unsere Benzinfrage, die uns unendlich viele Kämpfe kostete, ist nun endlich für uns günstig geklärt. Wir bekommen wieder wie anfangs Tankscheine (kostenlos) vom WBU in Rowno und müssen das Benzin nicht vom Reichskommissar (Zivilverwaltung) kaufen. Jetzt geht es wieder nach der alten bewährten Methode. Ich gehe in Rowno zum Oberleutnant Glatzmeyer, einem reizenden Wiener Offizier, dem umworbensten wohl in der Ukraine (er hat die ganze Benzinversorgung der Ukraine unter sich). Er macht mir Komplimente über mein Aussehen, ich ihm über seine Freundschaft und Hilfsbereitschaft, und ich ziehe mit 100 l Benzin und 8 l Oel ab. Wir brauchen ja allein nach Rowno hin und zurück 80 l Benzin und 6 l Oel. Wenn wir noch andere Fahrten haben, z. B. nach Shitomir oder 2 Fahrten in der Woche nach Rowno, was öfters der Fall ist, erbetteln wir uns den Rest bei der Tankstelle, mit dessen Wärter wir prima stehen, oder es schenkt uns ein Soldat oder Offizier, der viel hat, ein paar Tankscheine. Unsere Beziehungen werden warmgehalten durch Kuchen, die immer so überreicht werden müssen, dass es nicht nach Bestechung riecht.

Vorgestern war Glatzmeyer da und wir hatten zufällig prima gefülltes Hefegebäck gemacht und konnten es ihm anbieten. Er bekam einen blendenden Kaffee in unserer Privatwohnung und ich unterhielt ihn nett. Das überlässt Schwester Lilly immer mir. Du brauchst übrigens keine Angst zu haben, dass wir unlautere Sachen machen. Wir sind eben in einer grässlichen Notlage. Das Essen muss doch heran. Es ist nur, dass das Benzin natürlich knapp ist und nicht jeder es sofort und unbegrenzt bekommt. Da muss man dann manchmal krumme Wege gehen, wenn es für das Soldatenheim ist, da doch das Ergebnis der Gesamtheit zu Gute kommt. Natürlich scheiden alle Verbrechen und direkten Vergehen aus. D. h. Holz gestohlen habe ich schon oft genug. Es handelte sich dabei ja immer um deutsches Wehrmachtsgut und es wurde für die deutsche Wehrmacht wieder nutzbar gemacht. Die Hauptsache ist nur, dass man nicht für sich privat krumme Wege geht.

Wir haben jetzt sehr nette Bekannte von den Landwirtschaftlern und der Stalag in Shitomir. Besonders ein Vetter von Messerschmidt, der auch Messerschmidt heisst, ist ganz reizend. In den nächsten Tagen versorgt er mir einen Reitsattel, morgen tauschen

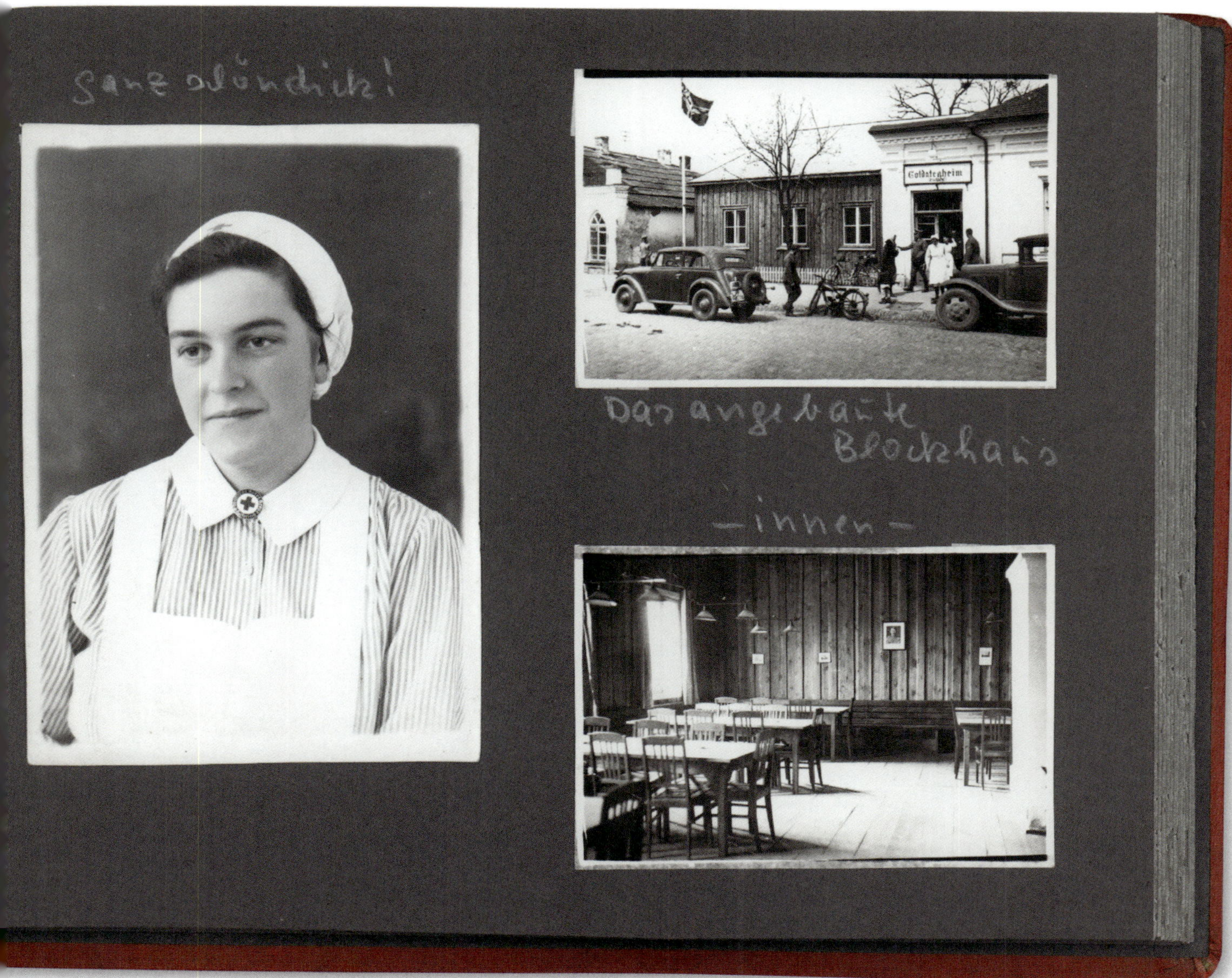
Ganz glücklich!
Soldatenheim
Das angebaute Blockhaus
–innen–

wir unsere Pferde gegen ein paar bessere aus, von denen ein Pferd geritten werden kann, und Schwester Lilly und ich werden dann wohl in ein paar Wochen wieder anfangen zu reiten. Vorgestern bekamen wir einen schönen Kutschwagen. Es war alles so aufgetaut, dass man mit dem Schlitten auf der Rollbahn nicht mehr fahren konnte. Heute ist nun schon alles wieder ziemlich verschneit. Der Winter wird doch wohl weit in den April hereinreichen.

Es ist mir manchmal unheimlich, dass wir fast schon 5 Monate hier sind in diesem Nest, wo alles zerschossen und leer ist, wo jeden Tag ein Haus nach dem anderen zusammenkracht, weil nachts ein paar Bretter daraus gestohlen sind, die scheints unbedingt nötig waren, das Haus notdürftig zu halten. Dazu die vielen ausgebrannten Häuser, die, während wir da waren, ausbrannten. Wöchentlich brannten doch im November, Dezember 3–4 Häuser ab. Ich habe Angst, dass ich vielleicht noch bis Juni hier bleiben muss und nicht nach vorn komme. Diese Stabsführerin ist so blöde, dass sie grundsätzlich keine Wünsche erfüllt. Sie sorgt sich auch nicht um uns. Sie erkundigt sich nicht nach uns. Beim WBU in Rowno ist sie wahnsinnig verhasst, weil sie nicht liebenswürdig ist und ihre Forderungen nicht in Bitten kleidet, was besonders einer Frau immer besser ansteht, denn die Männer wollen gern einer Frau von oben herunter etwas gewähren, etwas schenken. Warum soll man nicht den Männern diese Suggestion aufdrängen. Die Männer schätzen Frauen, die hilflos ihnen gegenüber tun, denen sie ritterliche Gesten gegenüber verwenden können, die sonst aber im Geheimen ihren Mann stehen, auch bei 35 Grad Kälte Hunderte von Kilometern im LKW fahren und sich ihrer Haut zu wehren wissen. Wir versuchen, diesem Idealbild der Frau, das sich die Männer machen, zu entsprechen, weil wir dadurch mehr erreichen, ausserdem es einen auch manchmal wieder aufrichtet, wenn die Sorgen einem über dem Kopf zusammenschlagen, wenn man dann seine Nöte vor einem anständigen Mann ausbreitet und er sich verneigt und sagt: „Ich stehe völlig zu Ihrer Verfügung. Selbstverständlich, ich helfe Ihnen.“

Wir haben hier einen netten Landwirt, einen Sudetendeutschen Kiene, der erst 28 Jahre ist, aber wahnsinnig verlässlich, anständig und hilfsbereit ist. Der immer sagt: „Kommts doch zu mir, wenn Ihr was habt.“ Das ist immer so tröstend. Es gibt oft so viel Ärger mit versoffenen Kompanieführern, die frech sind, mit der Zivilverwaltung nicht zu vergessen, mit der Ortskommandantur, die so schlapp ist, mit der Feldkommandantur in Shitomir, die unordentlich und faul ist. Ach, es gibt so viel Typen von Männern, die ich Euch garnicht schildere, weil mir die Zeit zu schade ist, um darüber ein paar Worte zu verlieren.

Für heute die herzlichsten Grüsse

Deine Tochter Annette

P.S. In einem Paket schicke ich ein paar Juristische Wochenschriften, 2 Bücher von mir, die Dich vielleicht interessieren und eine russische Landkarte für Engelbert.

Herzliche Grüsse an alle und an Onkel Levin. Ich glaube nicht, dass Prosper mich hier treffen kann. Die grossen Kolonnen fahren alle so durch, ohne uns zu berühren. Wir verpflegen ja nur kleine Kolonnen bis zu 20 Mann meist oder Einzelfahrer, Leute, die Ersatzteile holen oder Leute von Kolonnen, die Pannen gehabt haben. Dann haben wir auch Stammgäste, die alle 14 Tage bis 3 Wochen durchkommen, z. B. ein Fliegerhauptmann mit seinen Leuten, der die Strecke Lemberg–Kiew immer abfährt. Dann kommen Leute durch, die vor Monaten durchkamen. Das macht einem immer Freude. Vor 3 Tagen unterhielt ich mich lange mit einem Abiturienten, der aus Frankreich kam und sehr nett erzählte. Gott, was lebt man hier in einem merkwürdigen Land.

Wie ist das mit Anfang zwanzig? Einige Weichen hat das Leben bereits gestellt, aber das meiste ist irgendwie vorläufig. Man zieht zu Hause aus, geht in eine neue Stadt, vielleicht sogar ins Ausland, man probiert sich aus. Die erste eigene Wohnung ist eine Durchgangsstation, der erste Job natürlich auch. Das erste eigene Auto? Hauptsache, es fährt. Auch wenn hin und wieder das Chaos überhandnimmt: Den Eltern gegenüber gibt man sich selbstbewusst und signalisiert, dass man die Arbeit, den Alltag, die Beziehung eigentlich ganz gut im Griff hat und im Leben angekommen ist. So ist das 2013, zumindest bei ganz vielen jungen Menschen.

Auch Annette Schücking zog mit Anfang zwanzig aus dem Elternhaus aus, ging in eine Stadt im Ausland, nahm dort einen Job an und zeigte ihren Eltern, dass sie nun auf eigenen Füßen stand. So gesehen ist der hier abgedruckte Brief ein typischer Brief einer 22-Jährigen. Nur stammt der Brief aus dem Jahr 1942. Annette Schückings Stadt in der Ukraine hieß Zwiahel (heute: Nowohrad-Wolynskyj), ein Provinznest, 200 Kilometer westlich von Kiew. Der erste Job der jungen Frau war der einer DRK-Helferin in einem Soldatenheim. Das verändert alles – und macht diesen Brief (wie den gesamten, fast komplett erhaltenen Briefwechsel zwischen Annette Schücking und ihren Eltern und Geschwistern) in vielerlei Hinsicht zu einem bedeutsamen Zeitzeugnis.

Allein schon die Tatsache, dass hier eine Frau Briefe von der Front schrieb, hebt diese Korrespondenz hervor. Die Umkehrung der klassischen Geschlechterrollen – der Mann steht im Feld, die Mutter, Tochter oder Ehefrau sind zu Hause – ist aber nur ein Aspekt. Hinzu kommt das hohe Bildungsniveau der Briefschreiberin und der Briefempfänger, das eine differenzierte Auseinandersetzung mit den Geschehnissen in der Etappe des Russlandfeldzugs erlaubt. Dann sind die familiären Umstände bedeutsam. Die Schückings waren eine bürgerliche Familie, die sich seit Generationen der Rechtswissenschaft widmete. Der Vater, Dr. Lothar Schücking, arbeitete seit

ANNETTE SCHÜCKING wurde am 1. März 1920 in Dortmund als erstes von drei Kindern geboren. Ihre Eltern waren der Rechtsanwalt und Notar **DR. LOTHAR SCHÜCKING** und Louise Schücking, geborene Hudoffsky. Die Familie lebte im Winter in Dortmund und über die Sommermonate in Sassenberg im Münsterland auf einem Bauernhof, auf den sich die Familie nach dem 1933 gegen Lothar Schücking verhängten Berufs- und Beschäftigungsverbot ganz zurückzog. Lothar Schücking war Pazifist und hatte sich in Dortmund als Vorsitzender des Vereins zur Abwehr des Antisemitismus politisch und publizistisch engagiert. Die talentierte Annette hatte mit dem Schulwechsel zwischen Dortmund und Sassenberg keine Probleme, übersprang sogar die dritte Volksschulklasse und machte Ostern 1938 ihr Abitur. Danach leistete sie den halbjährigen Arbeitsdienst, der damals eine Voraussetzung für ein Studium war, und nahm zum Wintersemester ihr Jurastudium an der Universität Münster auf. Im Juli 1941 bestand sie ihr Referendarexamen. Damit setzte Annette Schücking eine Familientradition fort; mehrere Generationen vor ihr waren schon in der Rechtswissenschaft tätig gewesen.

Da sich ihre Ernennung zur Gerichtsreferendarin verzögerte, meldete sich Annette Schücking freiwillig beim Deutschen Roten Kreuz. Im Oktober 1941 wurde sie DRK-Helferin des Soldatenheims im ukrainischen Zwiahel (heute: Nowohrad-Wolynskyj); im Herbst 1942 ließ sie sich in das Soldatenheim Krasnodar im Kaukasus versetzen. Von dort flüchtete sie am 18. Januar 1943 vor herannahenden sowjetischen Truppen und nahm ihren Abschied. Im Februar 1943 kehrte sie nach Warendorf zurück. Ihr Vater war kurz zuvor verstorben. Am 1. März 1943 nahm Annette Schücking ihre Referendartätigkeit am Amtsgericht Warendorf auf. 1947 bestand sie das Assessorexamen und entschloss sich, Rechtsanwältin zu werden. Dafür absolvierte sie mehrere Praktika. In Dortmund lernte sie dabei die Rechtsanwältin Hildegard Gethmann kennen. Mit ihr und anderen Juristinnen gründete Annette Schücking 1948 in Dortmund den Deutschen Juristinnenbund.

Ende 1948 heiratete Annette Schücking Helmut Homeyer und nahm einen Doppelnamen an. Ihr Mann war schwer kriegsbeschädigt und hatte gerade ein Studium in Münster begonnen. 1949 eröffnete Annette Schücking-Homeyer ihre Kanzlei in Dortmund. Der wirtschaftliche Erfolg blieb aus, die Mandanten ließen sich lieber von männlichen Anwälten vertreten. Daher ging Annette Schücking-Homeyer Anfang der 1950er Jahre in den Staatsdienst. Auch dort erlebte sie als Frau einige Diskriminierungen. Anträge, in ihrem Spezialgebiet Öffentliches Recht zu arbeiten, wurden abgelehnt, den Vorzug erhielten männliche Bewerber. Dafür wurde

1909 in Dortmund als Rechtsanwalt und Notar, war ein bekennender Pazifist, Sozialdemokrat und Vorsitzender des Dortmunder Vereins zur Abwehr des Antisemitismus. Dafür belegten ihn die Nationalsozialisten 1933 wegen „kommunistischer Betätigung" mit Berufsverbot und später auch mit Schreibverbot, um seine publizistische Tätigkeit zu unterbinden. Schließlich zeichnet die Korrespondenz noch aus, dass Annette Schücking als Helferin des Deutschen Roten Kreuzes im Soldatenheim eine besondere Aufgabe übernommen hatte, und dass sie an besonderen Orten lebte und arbeitete: zunächst Zwiahel, später Krasnodar im Kaukasus.

Helferin im Soldatenheim, das klingt nach Kaffeekochen für staubbedeckte Landser. Doch Vorsicht: In Wahrheit war die DRK-Helferin Annette Schücking eine von zwei Managerinnen eines gastronomischen Großbetriebs. Die Anforderung traf sie ziemlich unvorbereitet. Im Juli 1941 hatte die junge Frau ihr erstes juristisches Examen abgelegt und wollte Gerichtsreferendarin in Danzig werden. Die Ernennung verzögerte sich. Auch angesichts der Vorgeschichte ihres Vaters befürchtete sie, zu kriegswichtigen Diensten eingezogen zu werden, und meldete sich daher freiwillig zu einem Schwesternhelferinnenkurs beim Deutschen Roten Kreuz. Das DRK steckte Annette Schücking aber nicht in ein Lazarett, sondern in ein Soldatenheim. Für diese Aufgabe bevorzugte das DRK gebildete junge Frauen. Denn die Soldatenheime waren keine reinen Verpflegungsstationen; vielmehr war ihr Zweck die ideologisch hochgradig aufgeladene Truppenbetreuung. Die Heime, insbesondere die im Osten, sollten für die Soldaten „ein Stück Deutschland sein, das um so mehr, als der Soldat gerade in Gebieten, denen der Bolschewismus den ‚Kulturstempel' aufgedrückt hat, nichts vorfindet, was ihn anzieht und innerlich aufrichten könnte". So jedenfalls verkündete es das Deutsche Rote Kreuz in einer Hausschrift aus dem Jahr 1941. Für die Helferinnen gab es genaue Verhaltensanweisungen. Sie sollten als „Vertreterin des DRK und der deutschen Frau schlechthin" auftreten, gegenüber den Soldaten hatten

Annette Schücking-Homeyer auf Dienstposten geschoben, die weder ihrer Vorbildung noch ihren Neigungen entsprachen. Während ihrer Tätigkeit als Richterin in Düsseldorf bekam sie zwei Kinder: Am 16. Januar 1956 kam ihr Sohn Jan zur Welt, am 21. November 1958 ihre Tochter Anja. Auf ihren Wunsch hin wurde Annette Schücking-Homeyer 1965 zum Sozialgericht Detmold versetzt und ging dort 1983 in den Ruhestand. Zeitlebens versuchte sie, die Geschehnisse in Zwiahel aufzuklären und an einer Verfolgung der Straftäter mitzuwirken. Ihre Zeugenaussagen blieben für die Beschuldigten wohl ohne Folgen; zumindest erhielt sie darüber keine Nachricht.

sie ein „kameradschaftliches, schwesterliches oder mütterliches" Verhältnis an den Tag zu legen, wie es in den „Richtlinien für Leiterinnen und Mitarbeiterinnen in Soldatenheimen" heißt. Kein Sex also und keine Verlöbnisse, wie Annette Schücking in ihrem Brief an den Vater auch beteuerte.

Annette Schücking gehörte zu den ersten vier Rotkreuz-Helferinnen, die in der Ukraine ankamen. Das kleine Häuflein wurde in zwei Gruppen aufgeteilt, um zwei Soldatenheime aufzubauen. Zusammen mit der im Brief erwähnten „Schwester Lilly", Julie Zell, kam Annette Schücking nach Zwiahel. Die Aufgabenteilung war schnell gefunden. Lilly, die Ältere, kümmerte sich um den Innendienst. Sie betreute die vor Ort stationierten Soldaten und diejenigen, die entlang der Rollbahn, einer wichtigen Nachschublinie, durchzogen. Außerdem übernahm sie die Anleitung der Helfer in Haus und Küche, darunter zwölf „volksdeutsche" Mädchen. Annette Schückings Domänen waren der Außendienst mit Beschaffung und Logistik und das Thema Finanzen. Die junge Frau organisierte, wie sie es im Brief an den Vater beschrieb, Kraftstoff und Nahrungsmittel, Geschirr und Brennmaterial. Um die Versorgung aufrechtzuerhalten, musste sie, auch dies ist im Brief nachzulesen, ständig mit verschiedenen Stellen der Militärbürokratie und der Zivilverwaltung verhandeln.

Annette Schücking versuchte, in der Männerwelt des Militärs zu funktionieren. Wie sie ihrem Vater stolz berichtete, gelang ihr das auch. Sie agierte klug und setzte ihren weiblichen Charme ein, definierte also ihre Frauenrolle klassisch. Interessant ist dabei, wie sie sich im Brief über ihre „blöde" Stabsführerin aufregt, die „ihre Forderungen nicht in Bitten kleidet, was besonders einer Frau immer besser ansteht, denn die Männer wollen gern einer Frau von oben herunter etwas gewähren, etwas schenken". Und sie fährt fort: „Die Männer schätzen Frauen, die hilflos ihnen gegenüber tun, denen sie ritterliche Gesten gegenüber verwenden können, die sonst aber im Geheimen ihren Mann stehen". Es ist interessant, mit welchen Argumenten Annette Schücking 1942 die Geschlechterdebatte führte, welche Position sie darin bezog und nach welchen Strategien sie verfuhr. Der Vergleich mit der heutigen Geschlechterdebatte um Chancengleichheit und die Macht, etwas durchzusetzen, drängt sich auf.

Was erfährt man noch aus diesem Brief? Annette Schücking schrieb über Alltägliches wie entzündete Finger und abheilende Wunden am Kopf und berichtete davon, wieder mit dem Reiten anfangen zu wollen. Sie stellte ihren Eltern einen sudetendeutschen Landwirt vor, „der erst 28 Jahre ist, aber wahnsinnig verlässlich, anständig und hilfsbereit" – dabei war sie selbst erst 22. Auch mokierte sie sich über versoffene Offiziere und kündigte, ein bisschen naseweis, ihrem Vater, einem gestandenen Juristen, die Zusendung mehrerer Exemplare der „Juristischen Wochenschrift" an. Der Subtext ist klar. Daraus spricht die Attitüde einer 22-Jährigen, die ihrem Vater und ihrer ganzen Familie zeigen wollte, was sie geschafft hatte. Ihre Briefe, das wusste Annette Schücking, wurden im Familienkreis laut vorgelesen.

Außerdem schrieb sie davon, anständig bleiben zu wollen: „Die Hauptsache ist nur, dass man nicht für sich privat krumme Wege geht." Das war an einem Ort wie Zwiahel noch deutlich schwieriger als die Führung eines Soldatenheims. Die Nationalsozialisten hielten die Deutschen für ein „Volk ohne Raum" und träumten vom „Lebensraum im Osten". Zwiahel und Umgebung, die ukrainische „Kornkammer", sollten nach dem „Endsieg" von deutschen Landwirten kolonisiert werden. Adolf Hitler hatte sogar Pläne, in der Region eine neue „Wolfsschanze" bauen zu lassen; auch Heinrich Himmler als „Reichsführer-SS" wollte in der Gegend sein Hauptquartier aufschlagen. Die erste Stufe zur Umsetzung dieser Pläne war die Massenerschießung ukrainischer Jüdinnen und Juden durch sogenannte Einsatzgruppen, die es überall hinter der Ostfront gab. In Zwiahel wurden die Massenmorde besonders systematisch, grausam und schonungslos durchgeführt.

Annette Schücking wurde in ihrer Zeit in Zwiahel und später im Soldatenheim in Krasnodar nie selbst Zeugin dieser Verbrechen. Allerdings begegnete sie auf Schritt und Tritt den Spuren der Gräueltaten, sie sah Massengräber, die leeren Häuser der jüdischen Bevölkerung und die Kleiderberge der Erschossenen in den Sammelstellen. Schon am ersten Tag erzählte ihr ein Offizier in Zwiahel, dass die früher in der Stadt lebenden Juden alle tot seien. Nicht unter vier Augen, im Vertrauen, sondern ganz offen beim Abendessen. Überlebt hatten in Zwiahel nur zwei Juden: ein Schuster und ein Schneider. Ihre Familien waren ermordet worden und die Männer ließ man nur deshalb am Leben, damit sie die Schuhe und Uniformen der deutschen Soldaten flicken konnten. An der Tat beteiligte Soldaten sprachen sich bei Annette Schücking im Soldatenheim aus. Schnell lernte sie, dass die Einsatzgruppen mit dem Begriff „Umsiedlungsaktion" nichts anderes meinten als Massenerschießungen. Aus Furcht vor der Zensur – und wohl auch aus Scham über die Verbrechen ihrer Landsleute – schrieb sie ihrer Familie davon nur in Andeutungen. Sie glaubte, an manchen ihrer Gäste im Soldatenheim noch das an der Uniform klebende Blut riechen zu können.

Wesentlich deutlicher wurde Annette Schücking in ihrem Tagebuch, das ebenfalls bis heute erhalten ist. Eine Bemerkung über die getöteten Juden findet sich aber auch in dem hier abgedruckten Brief, in der Passage mit den abgebrannten Häusern. Die Juden in der Ukraine gingen meist Handwerksberufen nach, die Schornsteinfeger in der Stadt waren Juden. Als diese ermordet worden waren, wurden die Kamine nicht mehr gesäubert; es kam zu Rußbränden, die Häuser brannten ab. In früheren Briefen hatte Annette Schücking ihre Familie darüber bereits informiert, sodass die Empfänger die Nachricht sicher richtig zu deuten wussten.

In ihrem langen Leben hat Annette Schücking viele Briefe geschrieben. Ihre Feldpostbriefe an die Familie, die meisten davon an die Mutter, und die Antwortbriefe gab sie für die wissenschaftliche Aufbereitung frei. Derzeit arbeitet Dr. Julia Paulus vom Institut für westfälische Regionalgeschichte, die diesen Artikel beratend begleitet hat, an einer Edition dieser Briefe. Von besonderer Bedeutung ist dabei ein sehr viel späteres Schreiben. Als 2009 nach einem „Spiegel"-Gespräch mit dem amerikanischen Politikwissenschaftler Daniel Goldhagen erneut darüber debattiert wurde, wie viel die Deutschen schon während des Zweiten Weltkriegs vom Holocaust wussten, meldete sich Annette Schücking Anfang 2010 als Zeitzeugin in der Redaktion und bestätigte, dass alle, die sich länger in der Etappe aufhielten, Bescheid wussten.

Annette Schücking wandte sich spät an die Medien. Immerhin wollte sie ihr Wissen sofort nach dem Krieg den Strafverfolgungsbehörden weitergeben. Interessiert hat sich dafür niemand. Auch später ließ Annette Schücking nicht locker. Als sie sich 1974 an die Zentrale Stelle der Landesjustizverwaltung in Ludwigsburg wandte und anfragte, welche Erkenntnisse der Staatsanwaltschaft über die Vorfälle in Zwiahel vorlägen und ob ihre Zeugenaussagen noch nützlich seien, erhielt sie als Antwort, dass die Ermordung von Juden in Zwiahel schon zur Nazizeit die Nazigerichte beschäftigt hätte. Der Einheitsführer der dritten und letzten Ermordungswelle im September 1941 wurde 1943 zu 5 Jahren Zuchthaus verurteilt. Ausdrücklich nicht wegen der Ermordung der Juden, um diese sei es, wie das Oberste SS- und Polizeigericht bekundete, „nicht schade" gewesen. Vielmehr wurde die besonders grausame Tatausführung geahndet, die nach Auffassung des Gerichtes das Verbrechen „der Untergrabung der Manneszucht" darstellte. Die Mörder hatten beispielsweise mehrere Juden dazu gezwungen, sich gegenseitig mit dem Spaten zu erschlagen. Vorher hatten sie versprochen, den letzten Überlebenden am Leben zu lassen – was sie nicht taten. Das ist aktenkundig.

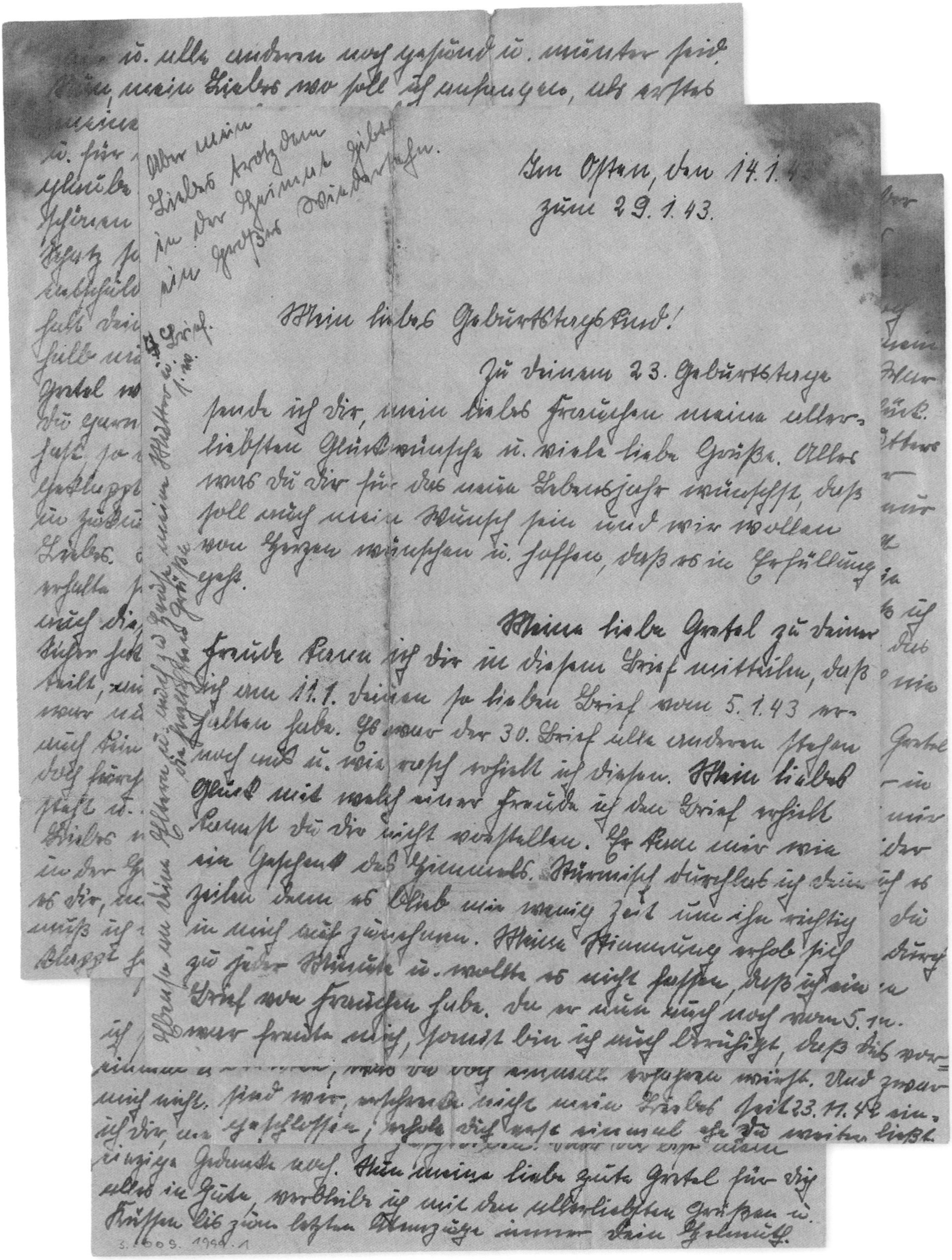
... u. alle anderen noch gesund u. munter sind. Nun, mein Liebes, wo soll ich anfangen, als erstes ...

Aber mein Liebes trotzdem in der Heimat gibts ein großes Wiedersehen.

Im Osten, den 14.1.4[3]
zum 29.1.43.

Mein liebes Geburtstagskind!

Zu deinem 23. Geburtstage sende ich dir, mein liebes Frauchen meine allerliebsten Glückwünsche u. viele liebe Grüße. Alles was du dir für das neue Lebensjahr wünschst, das soll auch mein Wunsch sein und wir wollen von Herzen wünschen u. hoffen, daß es in Erfüllung geht.

Meine liebe Gretel zu deiner Freude kann ich dir in diesem Brief mitteilen, daß ich am 11.1. deinen so lieben Brief vom 5.1.43 erhalten habe. Es war der 30. Brief alle anderen stehen noch aus u. nun erst erhielt ich diesen. Mein liebes Glück mit welch einer Freude ich den Brief erhielt kannst du dir nicht vorstellen. Er kam mir wie ein Geschenk des Himmels. Stürmisch durchlas ich deine Zeilen denn es blieb mir wenig Zeit um ihn richtig in mich aufzunehmen. Meine Stimmung erhob sich zu jeder Minute u. wollte es nicht fassen, daß ich ein Brief von Frauchen habe. da er nun auch noch vom 5.1. war freute mich, sonst bin ich auch beruhigt, daß dich vor...

... mich nicht. sind wir, ... mein Liebes seit 23.11.42 ... einzige Gedanke noch. Nun meine liebe gute Gretel für dich alles in Gute, verbleibe ich mit den allerliebsten Grüßen u. Küssen bis zum letzten Atemzuge immer dein Helmuth.

Im Osten, den 14.1.43
zum 29.1.43.

4. Brief.

Mein liebes Geburtstagskind!

Zu Deinem 23. Geburtstage sende ich Dir, mein liebes Frauchen meine allerliebsten Glückwünsche u. viele liebe Grüße. Alles was Du Dir für das neue Lebensjahr wünschst, daß soll auch mein Wunsch sein und wir wollen von Herzen wünschen u. hoffen, daß es in Erfüllung geht.

Meine liebe Gretel zu Deiner Freude kann ich Dir in diesem Brief mitteilen, daß ich am 11.1. Deinen so lieben Brief vom 5.1.43 erhalten habe. Es war der 30. Brief alle anderen stehen noch aus u. wie rasch erhielt ich diesen. Mein liebes Glück mit welch einer Freude ich den Brief erhielt kannst Du Dir nicht vorstellen. Er kam mir wie ein Geschenk des Himmels. Stürmisch durchlas ich Deine Zeilen denn es blieb mir wenig Zeit um ihn richtig in mich aufzunehmen. Meine Stimmung erhob sich zu jeder Minute u. wollte es nicht fassen, daß ich ein Brief von Frauchen habe. Da er nun auch noch vom 5.1. war freute mich, somit bin ich auch beruhigt, daß Du mir u. alle anderen noch gesund u. munter sind. Nun, mein Liebes wo soll ich anfangen, als erstes meinen allerherzlichsten Dank für Deinen lieben Brief u. für das was noch aussteht, obgleich ich kaum noch glaube ob es mich nochmal erreicht. Schade um die schönen Sachen. Ebenso freue ich mich, daß Du, mein lieber Schatz soweit meine Post erhalten hast. Auch mußt Du entschuldigen, mein Liebes, daß ich gleich nicht nach Erhalt Deines Briefes nicht geschrieben habe, aber nur deshalb nur weil vorerst keine Post abgeht. Meine liebe Gretel was ich in Deinen Zeilen groß vermißt habe, ist das Du garnichts von unserem Angefangenen geschrieben hast, so muß ich nun enttäuscht annehmen, daß es nicht geklappt hat. Sollte es doch eingetreten sein, so bitte ich in Zukunft immer etwas zu schreiben, gell mein Liebes. Nun noch eins, mein Liebes wenn ich keine Post erhalte so ist es auch bei allen anderen Kameraden so auch diese sind schon viele, viele Wochen ohne Nachricht. Sicher hat es Dir Frau Jaeckel inzwischen auch mitgeteilt, auch ist mit Urlaub nichts zu machen 2 Jahre war nun Jaeckel nicht zu Hause u. vorerst ist auch kein Gedanke überhaupt daran zu denken. Es muß doch furchtbar sein wenn man kurz vor dem Urlaub steht u. die Russen lassen einen nicht fahren. Mein Liebes wir überstehen z. Zt. eine harte Zeit, die ihr all in der Heimat nichts merkt davon. Vielleicht kann ich es Dir, mein Liebes einmal alles mündlich erzählen. Auch muß ich lesen, daß es mit der Wohnung noch nicht geklappt hat, aber über das Thema möchte ich mich nun nicht mehr ärgern, wenigstens jetzt nicht. Aber wie ich lesen kann, hast Du nun doch mein Liebes den Radio erhalten u. die Zimmertanne, wie gern hätte ich Dich da im Moment gesehen als nun doch Dein Herzenswunsch in Erfüllung ging. Ich habe auch mein Möglichste getan u. trotzdem sagte mir Willi ab. War Willi nun Urlaub wenn da hat er ja großes Glück. Hab auch schon im Stillen gedacht, daß Du zu Mutters Geburtstage fahren würdest, so wird sich Mutter richtig gefreut haben. Mit Frau Jaeckel halte Dich nur gut, sie ist nämlich eine Bauerntochter, vielleicht fällt schon mal was ab. Nun, mein Liebes wie ich schon im Anfange der Zeilen überglücklich war, daß ich nach so langer Zeit ein Lebenszeichen erhielt aber das war nur ein großer Zufall sonst wäre es auch nie was geworden.

Und nun meine einzige liebe Gretel muß ich gegen Schluß meine Briefes ja leider in Deinem Geburtstagsbrief etwas mitteilen was mir leider auch sehr weh tut es zu schreiben aber leider nichts ändern kann. Bis zum heutigen Tage habe ich es verschwiegen u. bin auch noch glücklich zu lesen, daß Du es noch nicht weiß. Vielleicht wirst Du, mein Liebes durch einzelne Wörter gestaunt haben die ich in verschiedenen Sätzen eingesetzt habe u. doch nichts dabei gedacht zu haben. So muß ich Dich, meine liebe gute Gretel auf etwas vorbereiten, was Du doch einmal erfahren wirst. Und zwar sind wir, erschrecke nicht mein Liebes seit 23.11.42 eingeschlossen; erhole Dich erst einmal ehe Du weiter ließt.

Und heute zählen wir schon den 56. Tag u. ist noch keine Besserung eingetreten, ja die Lage ist sehr ernst u. wir hoffen noch auf ein Wunder, da wir nur auf dem Luftwege versorgt werden was auch seine Schwierigkeiten hat, alles sehr ernst dadurch aussieht. Wie wir uns verteidigen kannst Du Dir ja vorstellen aber einmal läßt auch diese Kraft nach. Aber trotzdem mein Liebes wollen wir nicht so schwarz sehen unser Führer ist noch da u. das ist unser Hoffnung. Meine liebe Gretel weine nicht es ist Schicksal wenn wir tatsächlich in die Gefangenschaft oder der Tod uns blüht. Entschuldige bitte wenn ich so schreibe aber in Anbetracht der Lage muß ich es tun, kommt es doch anders was wir noch hoffen, dann sind wir gut enttäuscht u. dann ist unser Wiedersehn desto freudiger. Aber schweige bitte darüber u. wenn einmal keine Post kommt so denke daran, daß Munition, Benzin u. Verpflegung wichtiger ist. Meine Kameraden lassen schon die Ohren hängen u. ich muß sie immer anstreben nie es so zu fassen u. ich habe immer die feste Hoffnung.

Nun mein liebes Frauchen will ich schließen lasse Dir es nie schwer werden wenn es doch einmal anders kommen sollte, die Hauptsache Du vergißt mich nicht, wo meine Gedanken jetzt Tag u. Nacht sind, brauch ich Dir, mein Liebes nicht zu schreiben. Nur Du bist mein einzige Gedanke noch. Nun meine liebe gute Gretel für Dich alles in Gute, verbleibe ich mit den allerliebsten Grüßen u. Küssen bis zum letzten Atemzuge immer Dein Helmuth.

Ebenso an Deine Eltern u. auch zu Hause meine Mutter u.s.w.
die herzlichsten Grüße

Aber mein Liebes trotzdem in der Heimat gibts ein großes Wiedersehn.

14. Brief

Komme recht bald zu mir mein Güterle ich warte immer auf Dich.

Sonntag 7. Februar 43

Mein liebes gutes Bubele!

Wieder ist Sonntag und eine lange Woche die ausgefüllt war mit Warten und Bangen liegt hinter uns. Wie geht es Dir, mein liebster Helmuth und wo bist Du? Mein Herz sucht Dich Tag und Nacht und mein Gefühl sagt mir, daß Du all das furchtbar Schwere gut überstehen wirst und zu mir zurück kommst. Das ist mein unerschütterlicher Glaube, mein guter Schatz und ich denke, daß Du dies spürst und daß Dir das immer wieder Kraft gibt. Anders kann und will ich nicht denken und wenn ich auch oft bald verzweifle, so raffe ich mich immer wieder auf und denke mir das eine: Mein Helmuth kommt wieder. Mein Güterle, gestern bekam ich Deinen lieben und schweren Brief vom 14. Jan. Ein Brief von Dir, das war schon wieder ein glücklicher Augenblick und ich mußte ihn gleich auf der Post lesen, das ist ja klar. Mein liebes gutes Bubele, Du hattest einen Brief von mir, wie mich das freut, das kann ich Dir garnicht sagen und ich weiß, daß Dir das wie ein Geschenk des Himmels kam. So wünsche ich mir, daß Du inzwischen noch mehrere bekommen hast und vielleicht auch ein Päckchen. Mein einzig lieber Helmuth, Du bereitest mich auf das Furchtbarste vor und ich fühle mit tiefem Weh, was Dich diese Worte an mich für Schmerzen gekostet haben. Bisher hattest Du nie so zu mir gesprochen und das empfand ich stets mit so grosser Dankbarkeit. Und nun hast Du mir die ganze Schwere der Lage klargelegt. Mein einzig lieber Helmuth, ich darf Dir das Herz ja nicht schwer machen aber Du weißt es auch so, welch eine Wirkung das auf mich hatte, ich war seelisch und körperlich geschlagen wie noch nie. Mein liebes Bubele, nun kämpfe ich schon 2 Wochen und denke in jeder Minute nur an Dein Schicksal. Immer und immer wieder vertiefe ich mich in Dein liebes Bild und dann kommt es über mich

Von Mama & Papa sowie allen Verwandten & Freunden alles Gute & viele herzliche Grüsse.

Willi hat mir auch geschrieben, er ist auch in grosser Sorge um Dich.

kommst.
angerufen
Jan. Post
ganz fest
der geschehen
f wieder
r, mein liebes
sagen, daß
mir das ein
Deine ganze
Dir kommen
wäre ja so
ist vor einem
mich jetzt
rgens im
Du wirst
dann kommt
ppelt wach.
heute ganz
bekommen
mal auf Ur.

mas Zusprache
tischchen sowie
Rodel, der
Konzert.
mir in
d die Woh.
da kommt
abeth ist ge.
er Stube
nd vor
all diesem
f daran,

denn es gehört ja ewig nur Dir, mein lieber herzensguter Helmuth. Ich will tapfer sein, so wie Du es immer gewünscht hast, aber wir werden beide belohnt werden und unsere Liebe wird alles alles überwinden bis zu unserem glückseligen Wiedersehn. Ich grüsse und küsse Dich mein liebes gutes Bubele innigst mit meiner grossen Hoffnung in treuer Liebe und

44. Brief

Komme recht bald zu mir mein Guterle ich warte immer auf Dich.

Sonntag, 7. Februar 43

Mein liebes gutes Bubele!

Wieder ist Sonntag und eine lange Woche, die ausgefüllt war mit Warten und Bangen liegt hinter uns. Wie geht es Dir, mein liebster Helmuth und wo bist Du? Mein Herz sucht Dich Tag und Nacht und mein Gefühl sagt mir, daß Du all das furchtbar Schwere gut überstehen wirst und zu mir zurückkommst. Das ist mein unerschütterlicher Glaube, mein guter Schatz und ich denke, daß Du dies spürst und daß Dir das immer wieder Kraft gibt. Anders kann und will ich nicht denken und wenn ich auch oft bald verzweifle, so raffe ich mich immer wieder auf und denke nur das eine: Mein Helmuth kommt wieder. Mein Guterle, gestern bekam ich Deinen lieben und schweren Brief vom 14. Jan. Ein Brief von Dir, das war schon wieder ein glücklicher Augenblick und ich mußte ihn gleich auf der Post lesen das ist ja klar. Mein liebes gutes Bubele, Du hattest einen Brief von mir, wie mich das freut, das kann ich Dir garnicht sagen und ich weiß, daß Dir das wie ein Geschenk des Himmels kam. So wünsche ich mir, daß Du inzwischen noch mehrere bekommen hast und vielleicht auch ein Päckchen. Mein einzig lieber Helmuth, Du bereitest mich auf das Furchtbarste vor und ich fühle mit tiefem Weh, was Dich diese Worte an mich für Schmerzen gekostet haben. Bisher hattest Du nie so zu mir gesprochen und das empfand ich stets mit so grosser Dankbarkeit. Und nun hast Du mir die ganze Schwere der Lage klargelegt. Mein einzig lieber Helmuth, ich darf Dir das Herz ja nicht schwer machen, aber Du weißt es auch so, welch eine Wirkung das auf mich hatte, ich war seelisch und körperlich geschlagen wie noch nie. Mein liebes Bubele, nun kämpfe ich schon 2 Wochen und denke in jeder Minute nur an Dein Schicksal. Immer und immer wieder vertiefe ich mich in Dein liebes Bild und dann kommt es über mich und eine innere Stimme sagt mir, daß Du wieder kommst. Ich habe gestern Morgen gleich wieder

Frau Jaeckel angerufen und sie war so zuversichtlich. Sie hat vom 22. Jan. Post und das ist mein ganzer Trost, denn ich glaube ganz fest, daß zwischen dem 14. und 22. das grosse Wunder geschehen ist, auf das Ihr alle gewartet habt. Es ist jetzt wieder schwer für mich täglich auf Deine liebe Post zu warten, mein liebes Bubele, aber sie wird bestimmt kommen und mir sagen, daß Du das Schwere überstanden hast. Ich hämmere mir das ein und glaube daran. Wie unendlich gross habe ich Deine ganze Liebe und Sehnsucht gespürt, ach könnte ich zu Dir kommen mein Alles, könnte ich bei Dir sein, das Schwerste wäre ja so leicht, wenn wir es zusammen erleben könnten. Heute vor einem Jahr, wie waren wir da glücklich. Ich erinnere mich jetzt noch ganz genau an jeden Augenblick, als ich morgens um ½ 6 Uhr ankam & wie selig wir dann waren. Auch Du wirst daran denken, das weiß ich, mein Schatzele. Und dann kommt unser Hochzeitstag und alle Sehnsucht wird doppelt wach. Hätte man damals schon alles gewußt, so hätten wir heute ganz bestimmt ein Kindchen, aber wir werden noch eins bekommen mein einzig lieber Helmuth, sowie Du das nächste Mal auf Urlaub kommst, dann wird es wahr werden.

Nachdem ich mich gestern wieder erholt hatte durch Mamas Zusprache da bin ich nach Ffm gefahren und habe das Radiotischchen sowie die Läufer gekauft. Anschliessend war ich bei Herrn Rödel, der geheiratet hat & zwar eine liebe Frau. Sie war als Konzertsängerin durch ganz Rußland gekommen & gab mir in meinem grossen Leid auch Trost. Herr Rödel wird die Wohnungssuche nun selbst in die Hand nehmen, da kommt es schon in Ordnung. Eben war Lilo da, Tante Lisbeth ist gekommen, da gehe ich mit Mama zu Gothe. In der Stube stehen überall die schönen Geburtstagsblumen und vor Deinem lieben Bild 5 Tulpen. Alles muß ja nach diesem Leid einmal gut werden, mein Herz das glaubt daran, denn es gehört ja einzig nur Dir, mein lieber herzensguter Helmuth. Ich will tapfer sein, so wie Du es immer gewünscht hast, aber wir werden beide belohnt werden und unsere Liebe wird alles alles überwinden bis zu unserem glückseligen Wiedersehn. Ich grüsse und küsse Dich mein liebes gutes Bubele innigst mit meiner grossen Hoffnung in treuer Liebe und unendlicher Sehnsucht immer Dein Frauchen.

Von Mama & Papa sowie allen Verwandten & Freunden alles Gute & viele herzliche Grüsse. Willi hat mir auch geschrieben, er ist auch in grosser Sorge um Dich.

Stalingrad war die große Zäsur des Zweiten Weltkriegs, der Wendepunkt. Heute, über 70 Jahre später, wissen viele Menschen immer noch bestens Bescheid über die Geschehnisse im Winter 1942/43. Der Kessel, der nach dem Befehl Hitlers aus der Luft versorgt und unbedingt gehalten werden musste; die Garantie Görings, dass die 6. Armee aus der Luft versorgt werden könne; der gescheiterte Versuch der Panzertruppen unter dem Befehl Erich von Mansteins, die eingeschlossene 6. Armee im Dezember 1942 zu befreien; die Beförderung des Oberbefehlshabers Friedrich Paulus zum Generalfeldmarschall, mit der Hitler diesen zum Selbstmord bewegen wollte; die Zahl der 280 000 Soldaten, die eingekesselt wurden; die Zahl

HELMUTH KETTERER wurde am 2. November 1914 in Höhr-Grenzhausen bei Koblenz geboren. Er war Friseur und lebte mit seiner Frau **MARGARETE KETTERER** in Offenbach. Am 27. August 1939 – wenige Tage vor dem Überfall auf Polen, mit dem der Zweite Weltkrieg begann – wurde er zur Wehrmacht einberufen. Ketterer kämpfte in der Ukraine und in Russland, war Feldwebel einer Panzereinheit. Die Fotografie auf dieser Seite zeigt Helmuth Ketterer und seine Frau im Kreise von Freunden und Verwandten bei seinem letzten Heimaturlaub im Oktober 1942. Einen Monat später wurde er als Teil der 6. Armee von russischen Truppen eingeschlossen. Im Kessel war er an „Feststellungsaktionen" beteiligt, er suchte also, bevor er selbst vermisst wurde, nach verschollenen Soldaten. Sein letztes Lebenszeichen ist der hier abgedruckte Brief.

Am 22. Dezember 1949 wurde Helmuth Ketterer für tot erklärt. Seine Frau Margarete Ketterer, geborene Müller, heiratete wieder. Bis 1972 versuchte sie, etwas über

der 90 000 Soldaten, die nach Beendigung der Kämpfe noch am Leben waren, die Zahl der knapp 6000, die aus der Gefangenschaft zurückkehrten; die Zahl von insgesamt mindestens 700 000 Toten bei der Schlacht von Stalingrad – dafür brauchen viele Menschen keinen Blick in die Geschichtsbücher zu werfen.

Über die Gefühlslage der Soldaten im Kessel und die ihrer Verwandten in der Heimat ist ebenfalls vieles bekannt. Bis zum Zusammenbruch der 6. Armee wurden Feldpostbriefe der Soldaten ausgeflogen. Die Briefe aus dem Stalingrader Kessel sind wissenschaftlich bestens dokumentiert, vielfach publiziert und damit Allgemeingut geworden. Die Ersten, die sich mit dem Gedanken trugen, die Briefe aus Stalingrad in Buchform herauszubringen, waren aber keine Wissenschaftler, sondern Propagandisten aus dem Oberkommando der Wehrmacht. Sie hatten tatsächlich vor, einen Sammelband der letzten Stalingrad-Briefe herauszugeben, um dem Volk den Durchhaltewillen und die Nibelungentreue der deutschen Soldaten vor Augen zu führen. Die Drucklegung des fertigen Buches wurde von Propagandaminister Joseph Goebbels verhindert, der es als „untragbar für das deutsche Volk" einschätzte. Auch Manipulation durch eine geeignete Auswahl von Briefen und deren propagandistische Umarbeitung konnte nicht verschleiern, dass im Kessel Resignation herrschte und die Soldaten sich in ihren Briefen von ihren Frauen, ihren Verwandten und Freunden verabschiedeten. Goebbels beließ es dabei, heroische Funksprüche aus dem Kessel („Noch weht die Hakenkreuzfahne über Stalingrad") im „Völkischen Beobachter" zu veröffentlichen.

Auch der Brief des Feldwebels Helmuth Ketterer vom 14. Januar 1943 an seine „liebe gute Gretel" wäre als Propagandamaterial denkbar ungeeignet gewesen. Erst gratulierte Ketterer seiner jungen Frau zu ihrem 23. Geburtstag, beteuerte ihr seine Liebe, schrieb von Herzenswünschen wie Zimmertannen und Radios, gab ihr Ratschläge, sich mit Bauerstöchtern gut zu stellen, weil dort Lebensmittel zu beschaffen seien – und erst zum Schluss seines Briefes rückte er mit der bitteren

das Schicksal ihres ersten Mannes zu erfahren. Aus der Korrespondenz zwischen Helmuth und Margarete Ketterer sind noch 16 Briefe von ihm an seine Ehefrau und 45 an ihn gerichtete Briefe erhalten. Über 30 Schreiben von Margarete Ketterer konnten ab November 1942 nicht mehr zugestellt werden, da die angegebene Feldpostnummer nicht stimmte.

Wahrheit heraus. Schon den 56. Tag war er eingekesselt. Zwar hoffte Helmuth Ketterer auch in dieser prekären Lage noch auf den „Führer" und darauf, zu überleben – doch selbst die Aussicht auf Gefangenschaft und Tod nahm er gefasst. Daraus spricht aber weniger Kaltschnäuzigkeit im Angesicht des Todes als vielmehr die Absicht, seine Frau nicht zu beunruhigen. Daher – und vielleicht auch, weil er bis zum Schluss die Briefzensur fürchtete – erwähnte Ketterer in seinem Brief mit keinem Wort den Ernst der militärischen Lage. Am 10. Januar 1943, vier Tage bevor Helmuth Ketterer seinen Brief schrieb, waren sowjetische Verbände zur Entscheidungsschlacht angetreten und hatten binnen weniger Tage die Hälfte des eingeschlossenen Gebietes erobert. Das Ende war nahe.

Auch wenn Helmuth Ketterer seiner Frau vieles verschwieg, verstand sie die Botschaft. Rührend, fast hilflos beschwor sie in ihrem Antwortbrief vom 7. Februar 1943 die Vergangenheit und schrieb von Zukunftsplänen. Dabei war die Niederlage nun offiziell geworden. In der „Leichenrede" zum zehnten Jahrestag der nationalsozialistischen „Machtergreifung" hatte Hermann Göring am 30. Januar 1943 die Vernichtung der 6. Armee und den Tod aller bekannt gegeben, die diesem Regiment angehörten. Dabei waren zu diesem Zeitpunkt noch rund 100 000 Soldaten am Leben.

Margarete Ketterers Hoffnungen sollten sich nicht erfüllen. Am 2. Februar waren im Stalingrader Kessel die letzten Kämpfe erloschen. 90 000 deutsche Soldaten gerieten in Gefangenschaft. Die Versorgung war katastrophal, bei Frost bis –30 Grad marschierten die Gefangenenkolonnen ziellos umher. Wer es bis in die

Sammellager geschafft hatte, war noch lange nicht sicher: In den Lagern wurden die entkräfteten Gefangenen Opfer von Ruhr und Fleckfieber.

Margarete Ketterer schrieb keine Briefe mehr an ihren Mann, aber dafür viele andere, mit denen sie versuchte, etwas über ihn zu erfahren. Einige der Schreiben und Antwortschreiben sind heute noch erhalten. Vom „Arbeitsstab Stalingrad im Wehrkreiskommando III" bekam Margarete am 30. September 1943 ein Formblatt zugeschickt. Lediglich der Name des Soldaten, sein Geburtstag und Geburtsort sowie seine Einheit und Feldpostnummer waren mit Schreibmaschine eingesetzt, den Vornamen schrieben die Bürokraten des „Arbeitsstabes Stalingrad" sogar falsch, Helmut statt Helmuth. Im Schreiben wurde mitgeteilt, dass die Sowjetunion „die namentliche Bekanntgabe der in ihrer Hand befindlichen Kriegsgefangenen" ablehne und dass dies „im Widerspruch zu dem Kriegsrecht" stehe. Außerdem wurde die Ehefrau gewarnt, dass „Nachrichten, die über das Schicksal der Kriegsgefangenen umlaufen" feindliche Zweckpropaganda sein könnten. Über das Schicksal ihres Mannes erfuhr Margarete Ketterer nichts. Ein Brief, den sie am 3. April 1943 an den Türkischen Roten Halbmond abschickte und in dem sie um Informationen bat, kam wieder zurück, gleich doppelt mit dem Vermerk „Zurück an Absender!" bestempelt. Offenbar hatte der Brief Deutschland nie verlassen. Alle Nachforschungen in der Kriegs- und direkten Nachkriegszeit blieben ergebnislos.

Angehörige vermisster Soldaten leiden besonders. Die Wahrscheinlichkeit, dass der Ehemann, der Sohn, der Bruder noch lebt, ist gering. Wenn die letzte Gewissheit fehlt, gibt es aber immer noch einen Funken Hoffnung. Wann erlischt dieser Funken, wann schlägt die Hoffnung in Verzweiflung um? Wann kann endlich die Trauerarbeit beginnen? Liest man über vermisste Soldaten, findet sich oft der Hinweis, dass diese für tot erklärt wurden. Aber sind sie damit auch für ihre Angehörigen gestorben?

Tatsache ist, dass eine Todeserklärung für den Ehepartner rechtliche Sicherheit bedeutet. Sie ist notwendig, um den Nachlass zu regeln, um Versorgungsansprüche durchsetzen zu können und vielleicht auch eine neue Ehe einzugehen. Am 22. Dezember 1949 erklärte das Amtsgericht Offenbach Helmuth Ketterer für tot. Auch dieses Schreiben ist erhalten. Darin heißt es in bestem Amtsdeutsch:

> *I. Es wird festgestellt, dass der Friseur Helmuth Ketterer geb. am 2.11.1914 in Grenzhausen/ Unterwesterwaldkreis gestorben ist.*
> *II. Als Todestag wird der 1.2.1943 festgesetzt.*
> *III. Die Kosten des Verfahrens fallen dem Nachlass zur Last.*

Kein Wort des Bedauerns findet sich in der amtlichen Todeserklärung. Vielmehr zeigte sich die junge Bundesrepublik Deutschland ganz von ihrer obrigkeitsstaatlichen Seite und achtete penibel darauf, nicht auf den „Kosten des Verfahrens" sitzen zu bleiben.

Der letzte Brief, den Margarete Ketterer in der Sache ihres verschollenen Mannes erhielt, stammt vom 7. Februar 1972 – auf den Tag genau 29 Jahre zuvor hatte sie an ihr „liebes gutes Bubele" geschrieben und ihrem Mann, den sie noch am Leben wähnte, ihre Zukunftspläne geschildert. Der Absender des Schreibens von 1972 war der Suchdienst des Deutschen Roten Kreuzes. Akribisch zählte der Suchdienst auf, welche Quellen zur Nachforschung herangezogen wurden: Karteien, Heereskarten, Kriegstagebücher, Frontberichte, Berichte von Heimkehrern. Nichts davon hatte auch nur den geringsten Aufschluss darüber gegeben, was mit Helmuth Ketterer geschehen war. Das Rote Kreuz kam deshalb zu dem Schluss, dass Helmuth Ketterer „mit an Sicherheit grenzender Wahrscheinlichkeit im Kessel von Stalingrad oder bald nach einer Gefangennahme den Tod gefunden hat". Der Brief vom 14. Januar 1943 war sein letztes Lebenszeichen gewesen, danach verlor sich jede Spur.

Abschrift

Amtsgericht Offenbach a.M., den 22. Dezember 1949

4 II 236/49

Betr.: Todeserklärung des Friseurs Helmut Ketterer, geb. am 2.11.1914 in Höhr-Grenzhausen/ Unterwesterwaldkreis.

1.) Beschluss

I. Es wird festgestellt, dass der Friseur Helmuth Ketterer geb. am 2.11.1914 in Grenzhausen/Unterwesterwaldkreis gestorben ist.

II. Als Todestag wird der 1.2.1943 festgesetzt.

III. Die Kosten des Verfahrens fallen dem Nachlass zur Last.

Gründe

Die Ehefrau des Verschollenen, Anna, Margarethe Ketterer geb. Müller aus Offenbach a.Main, Tempelseestrasse 44, hat die Todeserklärung ihres Ehemannes, des Vermissten beantragt. Sie hat zur Begründung ihres Antrages folgendes glaubhaft gemacht: Der Verschollene wurde am 27.8.1939 zur ehemaligen deutschen Wehrmacht einberufen. Zuletzt gehörte er der Einheit mit der Feldpostnummer 19779 (Stab Pz Jägerabtl. 670) an. Sie erhielt von dem Verschollenen am 14.1.1943 die letzte Nachricht. Nach einer Mitteilung des Arbeitsstabes des ehemaligen Wehrkreiskommandos II in Berlin-Grunewald vom 30.9.1943 konnte über das Schicksal des Vermissten keinerlei Klarheit erbracht werden. Wie die deutsche Dienststelle für die Benachrichtigung der nächsten Angehörigen von Gefallenen der ehemaligen deutschen Wehrmacht in Berlin-Weidmannslust der Antragstellerin vom 16.8.1949 mitteilte, ist der Vermisste seit dem 15.1.1943 als vermisst zu betrachten.

Mit Rücksicht darauf und mit Rücksicht auf die lange Zeit, in der er bisher keine Nachricht an seine Angehörigen gegeben hat, ist mit einer sehr hohen Wahrscheinlichkeit zu vermuten, dass er sich nicht mehr am Leben befindet.

Er war daher gemäss §§ 1 ff. des Versch. Ges. für tot zu erklären.

Gemäss § 9 Abs. 2 des Versch. Ges. wurde der 1.2.1943 als Todestag festgesetzt, da mit Rücksicht auf den Vermisstentag dieser als der wahrscheinlichste Zeitpunkt des Todes anzusehen ist.

Die Kosten des Verfahrens fallen gemäss § 34 Abs. 2 des Versch. Ges. dem Nachlass zur Last.

gez. Stuchly Ass.

Der Beschluß ist rechtskräftig seit 14. 2. 1950
Offenbach (Main), den 15. Febr. 1950
gez. Stuchly Ass.

AMTSGERICHT OFFENBACH a.M. 6

Für die Abschrift
Justizangestellter

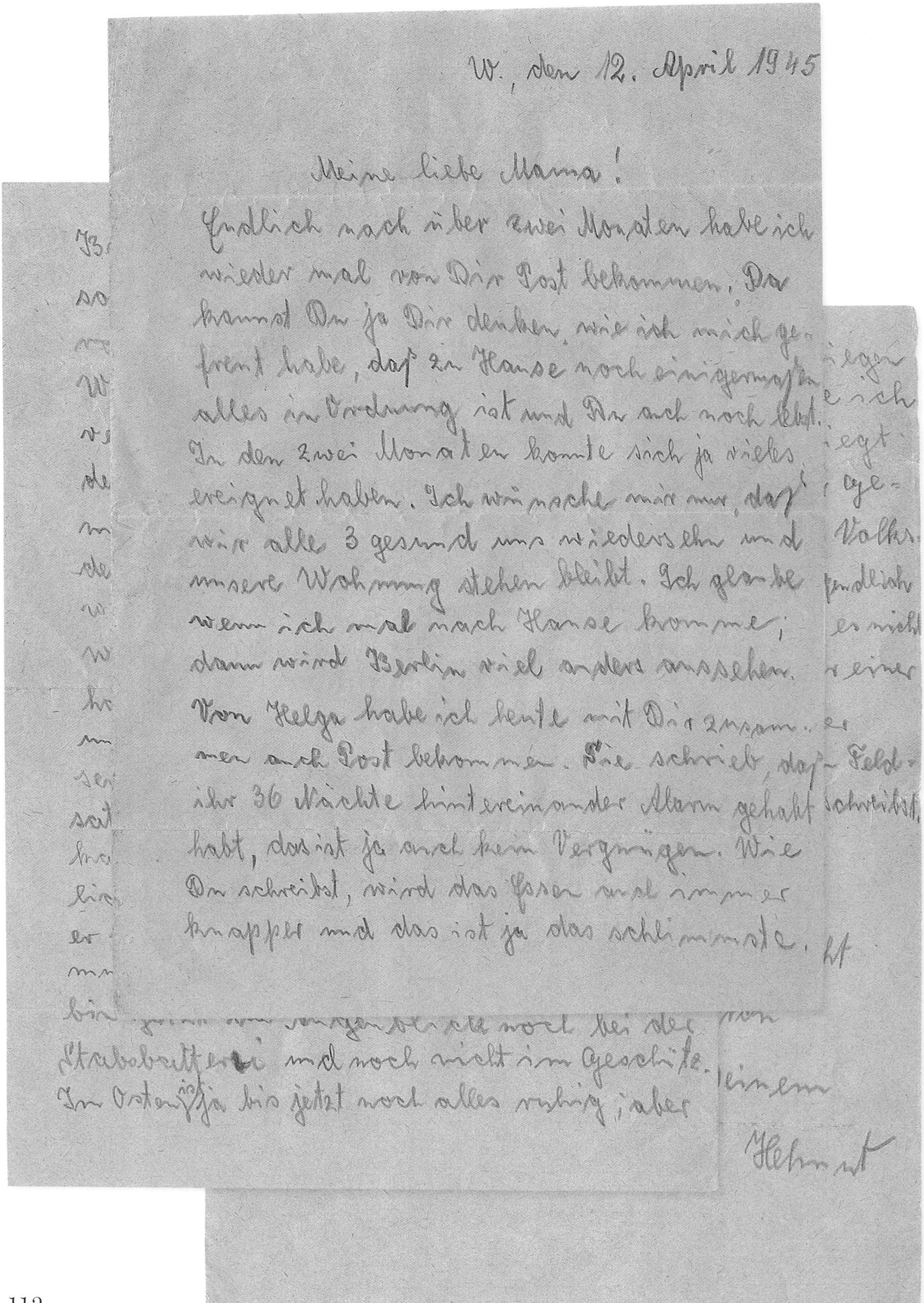
W., den 12. April 1945

Meine liebe Mama!

Endlich nach über zwei Monaten habe ich wieder mal von Dir Post bekommen. Da kannst Du ja Dir denken, wie ich mich gefreut habe, daß zu Hause noch einigermaßen alles in Ordnung ist und Du auch noch lebst. In den zwei Monaten konnte sich ja vieles ereignet haben. Ich wünsche mir nur, daß wir alle 3 gesund uns wiedersehn und unsere Wohnung stehen bleibt. Ich glaube wenn ich mal nach Hause komme, dann wird Berlin viel anders aussehen. Von Helga habe ich heute mit Dir zusammen auch Post bekommen. Sie schrieb, daß ihr 36 Nächte hintereinander Alarm gehabt habt, das ist ja auch kein Vergnügen. Wie Du schreibst, wird das Essen auch immer knapper und das ist ja das schlimmste.

Stabsbatterie und noch nicht im Geschütz. Im Osten ist ja bis jetzt noch alles ruhig; aber

Helmut

HELMUT KIND an seine Mutter

W., den 12. April 1945

Meine liebe Mama!

Endlich nach über zwei Monaten habe ich wieder mal von Dir Post bekommen. Da kannst Du ja Dir denken, wie ich mich gefreut habe, daß zu Hause noch einigermaßen alles in Ordnung ist und Du auch noch lebst. In den zwei Monaten konnte sich ja vieles ereignet haben. Ich wünsche mir nur, daß wir alle 3 gesund uns wiedersehn und unsere Wohnung stehen bleibt. Ich glaube wenn ich mal nach Hause komme; dann wird Berlin viel anders aussehen. Von Helga habe ich heute mit Dir zusammen auch Post bekommen. Sie schrieb, daß ihr 36 Nächte hintereinander Alarm gehabt habt, das ist ja auch kein Vergnügen. Wie Du schreibst, wird das Essen auch immer knapper und das ist ja das schlimmste.

Bei uns gibt es jetzt auch nicht mehr so viel zum Essen und es ist man gerade soso. Es muß ebend eine gute Wendung eintreten sonst geht es uns verdammt dreckig. Darum mach auch den Garten ruhig weiter. Vielleicht kann man ihn noch mal gebrauchen. Hast Du denn überhaupt noch Kaninchen. Hier wo wir jetzt sind, bekommt man auch hin und wieder mal ein paar Kartoffeln. Neulich habe ich auch wieder mal Puffer gegessen, und zu Hause habe ich sie nicht gerne gegesen und war nach zweien schon immer satt. Man weiß auch nicht was der Amerikaner vorhat. Er ist jedenfalls schon ziemlich weit drinn und es wird auch erzählt daß er dann weiter gegen den Russen macht. Es muß ebend bald Klarheit kommen. Ich bin jetzt im Augeblick noch bei der Stabbatteri und noch nicht im Geschütz. Im Osten ist ja bis jetzt noch alles ruhig; aber wer weiß wie lange noch. Wir liegen auch noch in Ruhe. Von Papa habe ich noch keine Post bekommen. Er liegt ja auch so ungefähr in meiner Gegend. Ist er denn eigentlich beim Volkssturm oder bei der Wehrmacht. Hoffendlich kommt er auch gesund wieder und hat es nicht so schwer: denn er ist auch nicht mehr einer der jüngsten. Sonst geht es mir immer noch gut. Es ist auch egal ob Du an Feldpostnummer 24285 oder 15018 schreibst. Es kommt alles beides an.

Nun liebe Mama sei recht herzlich gegrüßt von

Deinem

Helmut

VOLKSOPFER
Der Führer erwartet Dein Opfer
FÜR WEHRMACHT UND VOLKSSTURM
In Uniform sich zeigen kann,
und bringst uns bitte alles her!

Nur wenige Informationen liegen über **HELMUT KIND** vor. Beim Verfassen des vorliegenden Feldpostbriefs war er gerade 18 Jahre alt. Er stammte aus Berlin und wurde im Dezember 1944 als Schüler zur Wehrmacht eingezogen. Seiner Feldpostnummer nach gehörte er der Panzergrenadier-Division „Großdeutschland" an, einem Eliteverband, der ab 1943 an mehreren Schlachten an der Ostfront beteiligt war. Helmut Kind überlebte den Zweiten Weltkrieg und kehrte in der Folge nach Berlin zurück. Dort fand er seine Prophezeiung bestätigt: „Ich glaube wenn ich mal nach Hause komme; dann wird Berlin viel anders aussehen."

„Ich frage euch: Wollt ihr den totalen Krieg? Wollt ihr ihn, wenn nötig, totaler und radikaler, als wir ihn uns heute überhaupt erst vorstellen können?" So brüllte Joseph Goebbels am 18. Februar 1943 bei seiner Rede im Berliner Sportpalast. Zu dem Zeitpunkt erloschen die letzten Kämpfe im Kessel von Stalingrad, die deutsche 6. Armee hatte kapituliert, die sieggewohnten deutschen Truppen waren geschlagen. Goebbels beschwor seine Zuhörer, das Letzte zu geben. Den „totalen Krieg" aber, der die totale Mobilmachung, die totale Gleichschaltung und die totale Vernichtung des Gegners ohne Rücksicht auf irgendwelche Konventionen bedeutete, gab es längst. Deutschland hatte diesen Krieg in die halbe Welt getragen und einen Vernichtungskampf gegen die Sowjetunion geführt. Nun rückte die Front wieder näher an Deutschland heran – nicht mehr allein in Form von Fliegerangriffen, sondern auch am Boden. Nach vier Jahren kam der Krieg dort an, wo er 1939 seinen Anfang genommen hatte: in Deutschland.

In diesem totalen Krieg steckte auch Helmut Kind, der Verfasser des hier abgedruckten Briefes. Und wie herauszulesen ist, wollte Kind den Krieg nicht. Er wollte Nachrichten von seiner Familie erhalten, sich satt essen und gesund nach Hause kommen. Als er am 12. April 1945 einige Zeilen an seine Mutter schrieb, war die militärische Niederlage längst besiegelt. Der Soldat Helmut Kind befand sich in Weißkeißel, einem Dorf in der Nähe von Görlitz, während sowjetische Truppen von Osten aus Richtung Berlin vordrangen. Im Westen waren über 300 000 Soldaten der deutschen Heeresgruppe B im „Ruhrkessel" eingeschlossen. Helmut Kind war im April 1945 erst 18 Jahre alt, noch sehr jung, aber immerhin regulärer Soldat und kein Angehöriger des Volkssturms, zu dem die Nationalsozialisten ab September 1944 alle „waffenfähigen Männer von 16 bis 60 Jahren" verpflichteten. In diesem letzten Aufgebot kämpften Schuljungen neben Veteranen aus dem Ersten Weltkrieg. Während der letzten Kriegswochen rekrutierten die Nationalsozialisten sogar noch jüngere Mitglieder der Hitlerjugend, drückten ihnen Panzerfäuste in die Hand und schickten sie damit gegen russische T-34- oder amerikanische Sherman-Panzer an vorderste Front. Der Zusammenbruch des nationalsozialistischen Staates ließ sich damit nicht einmal verzögern.

Die Naziführung zeigte sich wenig beeindruckt. Im Gegenteil, das propagandistische Getöse nahm zum Kriegsende hin sogar noch zu. So schickte Anfang April 1945 Martin Bormann, Leiter der Partei-Kanzlei der NSDAP und „Sekretär des Führers", im Namen Adolf Hitlers folgende Botschaft an die Parteimitglieder:

> *Nach dem Zusammenbruch von 1918 verschrieben wir uns mit Leib und Leben dem Kampfe um die Daseinsberechtigung unseres Volkes. Jetzt ist die höchste Stunde der Bewährung gekommen. Die Gefahr erneuter Versklavung, vor der unser Volk steht, erfordert unseren letzten und höchsten Einsatz. Von jetzt an gilt: Der Kampf gegen den ins Reich eingedrungenen Gegner ist überall mit aller Unnachgiebigkeit und Unerbittlichkeit zu führen. Gauleiter, Kreisleiter und sonstige politische Leiter und Gliederungsführer kämpfen in ihrem Gau und Kreis, siegen oder fallen. Ein Hundsfott, wer seinen vom Feind angegriffenen Gau ohne ausdrücklichen Befehl verlässt, wer nicht bis zum letzten Atemzuge kämpft; er wird als Fahnenflüchtiger geächtet und behandelt. Reißt hoch die Herzen und überwindet alle Schwächen! Jetzt gilt nur noch eine Parole: Siegen oder fallen! Es lebe Deutschland! Es lebe Adolf Hitler!*

Im Brief von Helmut Kind an seine „liebe Mama" dagegen gibt es keine heroischen Töne. Hier heißt es lapidar: „Es muß ebend eine gute Wendung eintreten sonst geht es uns verdammt dreckig."

Damit steht Helmut Kinds Brief in einer Reihe vieler Feldpostbriefe aus den letzten Kriegstagen, die heute noch erhalten sind und vom Berliner Museum für Kommunikation ausgewertet wurden. Anfangs, das zeigt die Sammlung deutlich, herrschte durchaus große Kriegsbegeisterung. Die deutschen Truppen eilten von Sieg zu Sieg, was die Lieben in der Heimat nicht nur aus der „Wochenschau" erfahren sollten, sondern auch per Brief. Ab 1943 aber spricht aus den Briefen häufig Resignation, die sich im weiteren Verlauf des Krieges vertieft. Bis in die letzten Kriegswochen flackerte bei den Soldaten jedoch immer noch Hoffnung auf, dass der „Führer" die versprochenen Wunderwaffen hervorzaubern könnte. Oder dass die Amerikaner sich gegen die Sowjetunion wenden würden. Diesen naiven Wunschgedanken hegte nicht nur der 18-jährige Helmut Kind. Auch der Großverbrecher Heinrich Himmler, als „Reichsführer-SS" und Chef der deutschen Polizei einer der Hauptverantwortlichen für den Holocaust, hatte die irrwitzige Vorstellung, wenige Wochen vor Kriegsende mit den westlichen Alliierten einen Sonderfrieden aushandeln zu können, um anschließend Seite an Seite mit den Amerikanern und Briten gegen die Sowjetunion zu marschieren.

Ebenso groß wie die Hoffnung vieler deutscher Soldaten im Zweiten Weltkrieg, dass am Ende alles irgendwie noch gut werden könnte, ist übrigens auch ihr Vertrauen in die Institution Feldpost. Auch dies belegt die Sammlung der Museumsstiftung für Kommunikation. Da schrieb zum Beispiel am 8. Mai 1945, dem Tag der deutschen Kapitulation, ein Soldat namens Alfred Schulz einen Brief an seine Freundin. Darin steht:

> *Meine Feldpost Nr. ist 47018 A Du kannst ja mal einen Versuchsbrief loslassen aber so wie ich gehört habe, haben die Kamerad seid Januar noch keine Post erhalten. So nun schönen Gruß und bleibe gesund bis zum Wiedersehen ein Küßchen, Alfred.*

Dann schlug die Stunde null.

PRIMOSTEN, 04. 02. 1996

- 22.30 Uhr -

Hallo meine liebe Cristina,

Zum Abschluss eines sehr arbeitsreichen Tages will ich Dir noch ein paar Zeilen schreiben, (die Dich hoffentlich erreichen, bevor ich wieder zu Hause bin).

Heute war ich im Norden des Landes (ZADAR und BENKOVAC), um hier die Feldpostorganisation aufzubauen.

Dabei kam ich durch Gegenden, in denen noch vor wenigen Wochen und Monaten Krieg war. Kilometerweit kein Mensch und Tier, Dörfer, in denen es keine heilen Häuser mehr gibt, alles kaputt!

Es ist schon sehr beeindruckend, das einmal direkt zu sehen, vielleicht sind die Bilder auch etwas geworden.

Von der festen Straße darf man sich nicht wegbegeben, weil das ganze Gebiet, durch das ich heute streckenweise fuhr, noch mit Minen belegt ist, keiner weiß, was das alles soll.

Ich werde Dich mehr schätzen, wenn ich zurück bin, als ich eigentlich wollte.

Für jetzt und für heute abend ist Schluss, mal sehen, was die nächsten Tage noch bringen.

Ich liebe Dich,

Dein Armin

ORTWIN HAHNE an seine Frau Erika

Primosten, 01.02.1996
– 22.30 Uhr –

Hallo meine liebe Erika,

zum Abschluß eines sehr arbeitsreichen Tages will ich Dir noch ein paar Zeilen schreiben, (die Dich hoffentlich erreichen, bevor ich wieder „zu Hause" bin).

Heute war ich im Norden des Landes (Zadar und Benkowac), um hier die Feldpostorganisation aufzubauen.

Dabei kam ich durch Gegenden, in denen noch vor wenigen Wochen und Monaten Krieg war. Kilometerweit kein Mensch und Tier, Dörfer, in denen es keine heilen Häuser mehr gibt, alles kaputt!

Es ist schon sehr beeindruckend, das einmal direkt zu sehen, vielleicht sind die Bilder auch etwas geworden. Von der festen Straße darf man sich nicht wegbegeben, weil das ganze Gebiet, durch das ich heute streckenweise fuhr, noch mit Minen belegt ist, keiner weiß, was das alles soll.

Ich werde doch mehr erzählen, wenn ich zurückbin, als ich eigentlich wollte.

Für jetzt und für heute abend ist Schluß, mal sehen, was die nächsten Tage noch bringen.

Ich liebe Dich,

Dein Ortwin

Der größte Feind des Nachfolgers ist der Vorgänger" – so beginnt Ortwin Hahne, wenn er von seiner früheren Arbeit als Feldpostbeauftragter berichtet. Dabei spielt er nicht etwa auf seinen eigenen Vorgänger an: Es gab nämlich keinen. Ortwin Hahne hat für die Post wie für die Bundeswehr Pionierarbeit geleistet. Ab 1980 hat er die Strukturen aufgebaut, mit denen die Bundeswehr bei Einsätzen bis heute arbeitet. Natürlich ist der Spruch mit dem „Feind des Nachfolgers" nicht ganz ernst gemeint. Wer mit Ortwin Hahne spricht, gewinnt eher den Eindruck, dass er die Arbeit seiner Nachfolger mit Wohlwollen aus der Distanz verfolgt. Doch etwas Wahres ist sicher auch daran; schließlich waren es große Fußstapfen, die der Pionier Hahne seinen Nachfolgern hinterließ, als er 2003 in den Ruhestand ging.

Im Deutschland der Nachkriegszeit gab es jahrzehntelang keine Feldposteinrichtungen. Selbst der Begriff „Feldpost" wurde nur noch historisch verwendet, wenn über die Weltkriege gesprochen wurde. Die Arbeitsgruppe, in der Ortwin Hahne an einer neuen Postkonzeption für die Bundeswehr arbeitete, musste deshalb bei null anfangen. Die Gruppe definierte Schnittstellen und Arbeitsprozesse zwischen Post und Bundeswehr, um einen verlässlichen, effizienten Service aufzubauen. Anfang der 1980er Jahre wurde die Feldpost in zahlreichen Testläufen erprobt – zunächst allerdings nur in Wehrübungen, weil die Bundeswehr zu dieser Zeit noch nicht in internationalen Einsätzen engagiert war. Doch schon wenig später zeigte sich, dass der Neuaufbau der Poststrukturen zum richtigen Zeitpunkt kam: 1992 entsandte die Bundeswehr im Rahmen der UN-Mission UNTAC (United Nations Transitional Authority in Cambodia) eine Sanitätseinheit für den Betrieb eines Krankenhauses in Kambodscha. Die Soldaten, die in Phnom Penh stationiert waren, profitierten nun von der sorgfältigen Planung der Arbeitsgruppe um Hahne – und der Kambodscha-Einsatz war zugleich ein Testlauf unter realen Bedingungen.

ORTWIN HAHNE wurde am 11. September 1941 in Swinemünde (heute Świnoujście, Polen) geboren. Nach dem Abitur begann er ein Theologiestudium in Kiel, brach jedoch nach einigen Semestern ab. Da Hahne bereits als Schüler und Werkstudent bei der Deutschen Bundespost gearbeitet hatte, absolvierte er in verschiedenen schleswig-holsteinischen Postämtern eine Ausbildung für den gehobenen Verwaltungsdienst. Anschließend war er in verschiedenen Funktionen bei der Post tätig, unter anderem in der Oberpostdirektion Kiel und vertretungsweise im Postministerium. Mitte der 1980er Jahre wechselte er als Abteilungsleiter zum Postamt Schleswig. Später ging er ins Bundespostministerium nach Bonn, wo er für alle Belange der Daseinsvorsorge zuständig war, sich aber gemäß dem gesetzlichen Auftrag der Bundespost auch um die Organisation von Maßnahmen für den Kriegs-, Krisen- oder Katastrophenfall kümmerte. Mit der Privatisierung der Post wechselte Hahne in die Generaldirektion Post, bei der er bis zum Ruhestand 2003 tätig war.

Parallel zu seinem Werdegang bei der Post war Hahne von 1980 an für die Postversorgung der Bundeswehr zuständig. Im Rang eines Oberstleutnants entwickelte er mit einer Arbeitsgemeinschaft ein neues Konzept für die Feldpost, die 1987 in ihrer heutigen Form eingeführt wurde. In seiner Funktion als erster Feldpostbeauftragter war Hahne an Wehrübungen beteiligt. Als sich die Bundeswehr in den 1990er Jahren schrittweise zur Einsatzarmee entwickelte, sorgte Hahne dafür, dass die Feldpostvorschriften der neuen Situation entsprachen.

Ab 1994 reiste Ortwin Hahne immer wieder zu Auslandseinsätzen auf den Balkan, wo er die Organisation der Feldpost vor Ort betreute. 2011 veröffentlichte er das Buch „Die Feldpost der Bundeswehr. Chronologische Darstellung der Entwicklung der Feldpostversorgung der Bundeswehr bis 2002", eine umfangreiche Systematik der rechtlichen und betrieblichen Zusammenhänge bei Post und Bundeswehr. Ortwin Hahne ist verheiratet; er und seine Frau Erika Hahne haben eine erwachsene Tochter.

ORTWIN HAHNE an seine Frau Erika

SFOR
СФОР
DATE EXPIRES
FEB
SFOR
СФОР
NAME
HAHNE, ORTWIN
STATUS
LIEUTENANT COLONEL GEA

Es stellte sich heraus, dass Hahne und seine Mitstreiter gute Arbeit geleistet hatten. Zurücklehnen konnten sie sich deshalb nicht. Die Strukturen der Bundeswehr veränderten sich stetig, und die Richtlinien und Prozesse der Feldpost befanden sich dadurch in einem ständigen Anpassungsprozess, den Hahne verantwortlich betreute. Damit nicht genug: 1995 trat das Postumwandlungsgesetz in Kraft. Aus der ehemaligen Deutschen Bundespost wurden drei private Unternehmen: die Deutsche Post AG, die Deutsche Telekom AG und die Deutsche Postbank AG.

Die Privatisierung der Post hatte auch für Hahnes Arbeit Konsequenzen. War die Deutsche Bundespost zuvor ein staatliches Unternehmen gewesen, das einem eigenen Ministerium unterstellt war, so hatte die Bundeswehr mit der Deutschen Post AG nun einen Partner, der zwar nach wie vor engen gesetzlichen Vorgaben gerecht werden musste, aber zugleich den Gesetzen der Privatwirtschaft unterlag – also schlicht Geld verdienen musste. Damit standen sich nicht mehr zwei staatliche Institutionen gegenüber, sondern eine Armee und ein profitorientiertes Unternehmen. Für die Feldpost war elementar, dass sie eine kostengünstige Dienstleistung für die Soldaten bleiben sollte. Die vertraglichen Grundlagen der Kooperation von Bundeswehr und Deutscher Post AG mussten also neu verhandelt werden. Zudem hatte die Privatisierung der Post auch personalrechtliche Konsequenzen: Bis dato waren die Feldpostmitarbeiter zum weit überwiegenden Teil Postbeamte des mittleren Dienstes, die während ihrer Einsätze den Status von Reservisten hatten. Das Beamtenrecht sah einen solchen Wechsel vor. Doch bei der Deutschen Post AG wurden keine neuen Beamtenstellen mehr geschaffen, sodass Regelungen notwendig wurden, die auch für Tarifkräfte der Post, also Angestellte und Arbeiter, die nötigen Voraussetzungen für Feldposteinsätze schufen.

Neben Post und Bundeswehr spielte eine weitere staatliche Stelle beim Wiederaufbau der Feldpost eine wichtige Rolle: der Zoll. Schließlich werden über die Feldpost nicht nur Briefe und Postkarten verschickt, sondern auch jede Menge Päckchen und Pakete. Darunter sind Pakete von Angehörigen, die Süßigkeiten, Bücher oder kleine Geschenke ins Einsatzland schicken, aber auch Souvenirs, die Soldaten in die Heimat versenden. Aber bei grenzüberschreitenden Warensendungen gibt es jede Menge Stolperfallen – und riskante Verlockungen, gerade weil Güter wie Zigaretten, Alkohol, Schmuck oder Kunsthandwerk im Einsatzland oft echte Schnäppchen sind. Gemeinsam mit der Oberfinanzdirektion München erarbeitete Ortwin Hahne Kataloge für die jeweiligen Länder, die in den Militärbasen ausgehängt wurden. Darin fanden die Soldaten genaue Angaben über zollfreie Mengen, die Verzollungskosten einzelner Warengruppen sowie über Güter, deren Ausfuhr gänzlich verboten war. So sollten Bundeswehrmitglieder vor unangenehmen Überraschungen geschützt werden – schließlich wird bei der Feldpost, genau wie im normalen internationalen Postwesen, jede Sendung vor der Zustellung dem Zoll vorgeführt.

Natürlich verhindert auch die gründlichste Information nicht, dass der eine oder andere der Versuchung erliegt. Genauso wie immer wieder Touristen am Flughafen bei dem Versuch ertappt werden, Urlaubsmitbringsel zollfrei ins Land zu schmuggeln, gab und gibt es bei der Bundeswehr solche Einzelfälle. Für die Soldaten haben diese Vergehen Konsequenzen, die bis hin zu Disziplinarverfahren reichen können. Umso wichtiger war es, dass die zollrechtlichen Regularien beim Aufbau der Feldpost genauestens geprüft und festgeschrieben wurden. Das Zollrecht wurde für Ortwin Hahne ein Nebenkriegsschauplatz, auf dem er und seine Kollegen einige Scharmützel zu bestehen hatten, bevor die neue Feldpost ihre Arbeit aufnehmen konnte.

Als schließlich alle rechtlichen und vertraglichen Fragen geklärt waren und die Feldpost ihre ersten Tests unter realen Bedingungen durchlaufen hatte, begann für Ortwin Hahne die Arbeit vor Ort. Ab 1994 war er häufig auf dem Balkan unterwegs, um die Einrichtung von

Feldpoststationen in den Einsatzgebieten der Bundeswehr vorzubereiten und zu betreuen. Wie oft er im Einsatz war, kann Hahne heute nicht mehr genau sagen, ein Dutzend Mal aber mindestens. Drei- bis viermal im Jahr ging er für 10 bis 14 Tage als Oberstleutnant der Reserve ins Ausland. Gefährlich wurde es für ihn zum Glück nie. Bei seinen Einsätzen nutzte Hahne selbst die Institution, die er geschaffen hatte. Auch wenn er nur kurz unterwegs war, hielt er den Kontakt zu seiner Familie und Freunden mit Feldpostbriefen aufrecht. Dabei lernte er auch den emotionalen Wert dieses Austauschs schätzen.

Den Brief aus Primošten im heutigen Kroatien an seine Frau, die Hahne seine „zivile Regierung" nennt, schrieb er 1996. Da waren die kriegerischen Auseinandersetzungen in diesem Teil des ehemaligen Jugoslawiens bereits vorbei. Zurückgeblieben war eine Zerstörung von gewaltigem Ausmaß. Auf seinen zahlreichen Fahrten durch die ehemaligen jugoslawischen Republiken machte Hahne eindrucksvolle Bilder von dem kriegsgeschundenen Land, wie das auf Seite 122. Im Gegensatz zu den Feldpostmitarbeitern vor Ort war Hahne nicht nur in einer Militärbasis beschäftigt: Als Koordinator musste er ständig reisen, von Kroatien ging es etwa wenig später weiter nach Mazedonien. Schließlich musste überall da, wo die Bundeswehr neue Lager errichtete, auch eine Feldpost aufgebaut werden. Ortwin Hahne ist froh über diese Erfahrungen. Wenn heute in einer Runde die Rede auf den Jugoslawien- oder den Kosovokrieg kommt, kann er auf eigene Erfahrungen zurückgreifen.

Seit 2003 ist Ortwin Hahne im Ruhestand und verfolgt die Entwicklung der Feldpost nur noch von außen. Seit er und andere die moderne Postversorgung der Truppen im Einsatz aufgebaut haben, hat sich viel verändert. Internet und Mobiltelefonie eroberten damals noch lange nicht den privaten Raum. Das Schreiben von Briefen war für die Einsatzkräfte noch die einzige Möglichkeit, mit Angehörigen und Freunden zu Hause zu kommunizieren. Heute, im Zeitalter der digitalen Kommunikation, in dem eine E-Mail vom anderen Ende der Welt in Sekundenbruchteilen beim Empfänger ankommt, erschließt sich die Bedeutung der Post für die im Ausland stationierten Soldaten nicht mehr sofort. Doch E-Mail und Handy zum Trotz ist die Feldpost bis heute von großem Wert für die Soldatinnen und Soldaten, die bei Bundeswehreinsätzen in anderen Ländern stationiert sind. Nicht nur, weil Päckchen und Pakete mit der Feldpost kommen, sondern auch, weil ein handgeschriebener Brief oder eine persönliche Grußkarte Gefühle ganz anders vermittelt und durch keine E-Mail zu ersetzen ist.

Heute werden Bundeswehrsoldaten im Kosovo, in Usbekistan und Afghanistan über acht Feldpostämter in ein- und abgehender Richtung mit Post versorgt. Koordiniert von der Feldpostleitstelle im hessischen Pfungstadt (siehe Abbildung auf Seite 125) wurden 2011 um die 2000 Tonnen Feldpost bearbeitet, darunter 1,1 Millionen Briefe und etwa 270 000 Frachtsendungen. Die Feldpost funktioniert – und sie funktioniert heute noch im Wesentlichen auf Grundlage der Strukturen, die Ortwin Hahne mit seinem Team vor Jahrzehnten geschaffen hat. Das Klischee vom Vorgänger als größtem Feind des Nachfolgers hat Hahne damit selbst widerlegt.

ORTWIN HAHNE an seine Frau Erika

Rajlovac, 23.10.97

Liebe Eltern,

es ist jetzt abends, 19h, gerade habe ich Euren Brief bekommen und mich riesig über die lieben Zeilen und das köstliche, bebilderte Howle-Gedicht gefreut! Zuhause ist es schon schön, Post zu bekommen, aber hier ist es unvergleichlich!! Hier muß ich die Highlights (also die schönen Erlebnisse) immer gut einteilen, sonst kommt doch noch der Lagerkoller über einen.
Ansonsten geht es mir aber stimmungsmäßig ganz gut, viel besser, als ich es mir hätte gedacht. Derzeit plagt mich der erste Lagerschnupfen, kein Wunder eigentlich. Hier ist es abends und nachts wirklich schweinekalt, am schlimmsten ist es, nachts aus dem warmen Bett in den Clocontainer laufen zu müssen, manchmal liege ich lange wach und versuche zu „verleben", natürlich funktioniert das nicht! Brrr! Oder auch nach dem Duschen mit nassen Haaren wieder raus zu müssen. Ich glaube, am meisten vermisse ich ein warmes Clo und eine Badewanne.
Dennoch geht es uns hier vom Komfort her noch ganz gut. Am Sonntag war ich in Sarajevo gewesen, die Zerstörung dieser Stadt durch den Krieg macht einfach sprachlos. In der Altstadt wird schon viel restauriert, Läden sind geöffnet, Straßencafés etc. Aber

Ihr Lieben, nochmals Danke für den lieben Brief, es tut einfach gut! Ganz liebe Grüße an Euch und Wolfgang und bis bald,

Eure Beate

BEATE BUCHNER an ihre Eltern

Rajlovac, 23.10.97

Liebe Eltern,

es ist jetzt abends, 19 h, gerade habe ich Euren Brief bekommen und mich riesig über die lieben Zeilen und das köstliche, bebilderte Mohrle-Gedicht gefreut! Zuhause ist es schon schön, Post zu bekommen, aber hier ist es unvergleichlich!! Man muß sich die Highlights (also die schönen Erlebnisse) immer gut einteilen, sonst kommt doch noch der Lagerkoller über einen.

Ansonsten geht es mir aber stimmungsmäßig ganz gut, viel besser, als ich es mir hätte gedacht. Derzeit plagt mich der erste Lagerschnupfen, kein Wunder eigentlich. Hier ist es abends und nachts wirklich schweinekalt, am schlimmsten ist es, nachts aus dem warmen Bett in den Clocontainer laufen zu müssen, manchmal liege ich lange wach und versuche, zu „verheben", natürlich funktioniert das nicht! Brrr! Oder auch nach dem Duschen mit nassen Haaren wieder raus zu müssen. Ich glaube, am meisten vermisse ich ein warmes Clo und eine Badewanne.

Dennoch geht es uns hier vom Komfort her noch ganz gut. Am Sonntag war ich in Sarajevo gewesen, die Zerstörung dieser Stadt durch den Krieg macht einfach sprachlos. In der Altstadt wird schon viel restauriert, Läden sind geöffnet, Straßencafés etc. Aber die Vororte gleichen schlimmsten Slums. Und an jeder Straßenecke militärische Präsenz. Da ich in unserer Gruppe die einzige Frau war und man auch bei anderen Ländern (außer den USA) keine Frauen in Uniform sieht, kam ich mir ein bißchen wie auf dem Präsentierteller vor, weil ich sowohl von Soldaten als auch Zivilisten dauernd fotografiert wurde.

Wir saßen dann in einem Straßencafé, da fragte ein älterer Herr, ob er sich zu mir setzen dürfte. Es war der ehemalige Postminister Schwarz-Schilling, jetzt mit offiziellem UN-Mandat betraut. Wir haben uns dann etwas unterhalten, er war noch stark getroffen vom Tod seines engsten Mitarbeiters bei dem Hubschrauberabsturz hier Mitte September.

Die Arbeitsbelastung hält sich in Grenzen, aber der HNO-Arzt hat in der Statistik täglich die meisten Patienten. Verständigungsprobleme gibt es kaum, mit Englisch oder Französisch kommt man fast immer durch. Die Freizeit nutze ich viel zum Lesen, es gibt hier auch jede Menge Freizeitangebote, aber es ist auch ganz schön, sich manchmal zurückziehen zu können. Zur Zeit lese ich die Poenichen-Trilogie, wunderbar geschrieben.

Ihr seht also, ich schlage mich ganz wacker durch, durchhängen tut jeder mal, aber es gibt hier so liebe Kollegen, wenn man dann beim gemeinsamen Cappucino sitzt, geht es wieder.

Ihr Lieben, nochmals Danke für den lieben Brief, es tut einfach gut! Ganz liebe Grüße an Euch und Wolfgang und bis bald,

Eure Beate

Manche Menschen wissen schon in jungen Jahren, dass sie zur Bundeswehr gehen wollen. Andere landen später dort als Quereinsteiger. Und für wieder andere ergibt sich die Bundeswehrlaufbahn mehr oder weniger zufällig. Beate Buchner gehört zur dritten Kategorie. Als sie Ende der 1980er Jahre ihr Medizinexamen in der Tasche hatte, war die Arbeitsmarktsituation für junge Ärzte äußerst angespannt. Die geburtenstarken Jahrgänge drängten aus den Universitäten an die Krankenhäuser. Die junge Medizinerin schrieb, wie so viele ihrer Altersgenossen, Dutzende Bewerbungen – dass sie gern im Umkreis von Frankfurt am Main bleiben wollte, machte die Suche nicht einfacher.

Mit der Bundeswehr hatte Beate Buchner zuvor nie etwas zu tun gehabt. Nicht einmal ihre beiden Brüder waren beim „Bund" gewesen. Als sich die Chance auf eine Stelle als Assistenzärztin am Bundeswehrkrankenhaus Gießen ergab, zögerte sie jedoch nicht. Auf den ersten

DR. BEATE BUCHNER wurde am 25. Dezember 1961 in Northeim in Niedersachsen geboren. 1964 zog sie mit ihrer Familie in die Rheinebene in ein Dorf zwischen Karlsruhe und Rastatt. Nach dem Abitur studierte sie in Ulm und Frankfurt am Main Medizin; nach dem Examen fand sie 1989 eine Stelle als Ärztin bei der Bundeswehr und begann zunächst am Bundeswehrkrankenhaus in Gießen ihre Ausbildung als HNO-Fachärztin, die sie an der Berliner Charité vollendete.

Heute arbeitet Beate Buchner als Oberärztin in der HNO-Abteilung des Berliner Bundeswehrkrankenhauses. Ihren ersten Auslandseinsatz erlebte sie im Oktober 1997 in Sarajevo. Dort lernte sie ihren Lebensgefährten kennen, der als Apotheker und Lebensmittelchemiker bei der Bundeswehr beschäftigt ist. Weitere Einsätze in den Jahren 1999, 2001 und 2003 in Bosnien und im Kosovo folgten. Im Herbst 2013 arbeitet sie erneut für einige Wochen im Kosovo. Beate Buchner lebt mit ihrem Lebensgefährten und einer gemeinsamen Tochter in Berlin.

DR. BUCHNER

Blick macht es auch keinen Unterschied, ob man als Ärztin an einem kommunalen oder kirchlichen Krankenhaus arbeitet oder bei der Bundeswehr. Zwar dienen die Bundeswehrkrankenhäuser in erster Linie der medizinischen Versorgung von Soldatinnen und Soldaten. Daneben sind sie aber ganz normale Krankenhäuser, in die Patienten zur Therapie oder für operative Eingriffe eingewiesen werden können. Die Krankenhäuser der Bundeswehr, von denen es heute noch fünf in Deutschland gibt, gehen außerdem Kooperationen mit anderen Kliniken ein. Einer solchen Kooperation hatte Beate Buchner es zu verdanken, dass sie einen Teil ihrer HNO-Facharztausbildung an der wesentlich größeren Berliner Charité absolvieren konnte.

Der größte Unterschied zwischen einem normalen Klinikum und einem Bundeswehrkrankenhaus besteht für die Mitarbeiter darin, dass sie nicht nur Krankenpfleger oder Ärzte, sondern auch Soldaten sind. Auf ihre tägliche Arbeit im Krankenhaus wirkt sich das nicht merklich aus. Doch die Ärztinnen und Ärzte und das Pflegepersonal werden auch außerhalb Deutschlands gebraucht, dort, wo die Bundeswehr im Einsatz ist. Im Jahr 1997 hatte Beate Buchner, die heute als Oberfeldärztin tätig ist – dies entspricht dem Rang eines Oberstleutnants –, ihren ersten Einsatz im Feldlazarett in Sarajevo.

Feldlazarett: Das klingt für den Laien nach einem großen Zelt, in dem sich Feldbett an Feldbett reiht und bei dürftiger Beleuchtung medizinische Notversorgung geleistet wird. Mit der Wirklichkeit hat dieses Schreckensbild nichts zu tun. Beate Buchner vergleicht die Feldlazarette der Bundeswehr von ihrer technischen und personellen Ausstattung her mit Kreiskrankenhäusern: Es sind vollständig eingerichtete Kliniken mit deutschem Versorgungsstandard und allen üblichen Fachabteilungen, in denen die meisten Behandlungen jederzeit durchgeführt werden können. Die Aufgaben und Herausforderungen des medizinischen Personals sind je nach Einsatzort sehr unterschiedlich. Als Beate Buchner 1997 nach Sarajevo kam, war der Bürgerkrieg bereits vorbei, die Situation hatte sich merklich entspannt. Dennoch waren die medizinischen Mitarbeiter, wie alle Soldaten, für den Ernstfall vorbereitet.

Vor dem Einsatz absolvierte Beate Buchner eine Ausbildung, in der die Soldaten auf spezielle Gefahren im Einsatzland vorbereitet werden. Und sie nahm an etlichen Übungen teil, in denen Notfalleinsätze simuliert wurden. Denn selbst in befriedeten Regionen kann es zu Auseinandersetzungen oder zu Unfällen mit Schwerverletzten kommen. Dann ist das Feldlazarett eine Notfallambulanz; Ärzte und Pfleger müssen sofort zur Stelle sein und wissen, was zu tun ist. Beate Buchner hatte in ihren bisherigen vier Einsätzen in Bosnien und im Kosovo immer Glück: Ihre Arbeit beschränkte sich auf die medizinische Versorgung kranker Soldaten und den humanitären Einsatz. Neben ihrer eigentlichen Aufgabe leisten die Bundeswehrärztinnen und -ärzte in den Einsatzregionen nämlich auch einen wertvollen Beitrag zur medizinischen Versorgung der Zivilbevölkerung, die alles andere als ausreichend ist.

Wenn Beate Buchner heute an ihren ersten Einsatz zurückdenkt, ist es das Ausmaß der Zerstörung, das sich besonders in ihr Gedächtnis gebrannt hat. Der Krieg war zwar vorbei und der Wiederaufbau hatte begonnen, doch die Spuren des blutigen Konflikts waren noch überall zu sehen. Sarajevo war in weiten Teilen ein Trümmerfeld. Der Hass zwischen den Menschen war nicht überwunden und die humanitäre Katastrophe noch lange nicht bewältigt. Beate Buchner hatte die Fernsehbilder der Olympischen Winterspiele in Sarajevo von 1984 noch im Kopf, als sie zum ersten Mal in der Stadt war. Aber aus den einstigen Sportstätten waren im Bürgerkrieg teilweise Hinrichtungsstätten geworden. Viele Gebäude lagen in Schutt und Asche, die Hauswände in den Wohngebieten waren von Einschusslöchern übersät – Nachbarn, die zuvor jahrzehntelang in Frieden miteinander gelebt hatten, waren hier plötzlich mit Schusswaffen aufeinander losgegangen. Der unbegreifliche Hass, der diesen Krieg befeuert hatte, war noch zu spüren. Fast jeder Ort, den Beate Buchner in Sarajevo sah, war ein ehemaliger Kriegsschauplatz: Die Schnellstraße, an der links und rechts die Scharfschützen gelauert hatten. Der winzige Marktplatz, auf dem viele Menschen beim Einkaufen den Tod fanden, als eine Rakete einschlug. Die olympische Bobbahn, auf der noch die Brandspuren von Flammenwerfern zu sehen waren. Für die damals 35-Jährige waren die Fußmärsche durch die Ruinen von Sarajevo beeindruckende und bedrückende Erfahrungen, wie sie den Eltern auch in ihrem Brief berichtet.

Verglichen damit war der tägliche Dienst im Lazarett eher entspannt. Nicht immer war viel zu tun, wie es ebenfalls im Brief steht. Die Zeit zwischen zwei Patienten vertrieb Beate Buchner sich mit Sport oder Lesen. Mehr als die Arbeitsbelastung zehrte die Kälte an der jungen Ärztin, aber aus ihrem Brief und einigen anderen, die erhalten sind, lässt sich ablesen, dass sie mit dem Alltag im Feldlazarett gut zurechtkam. Das Briefeschreiben war dabei ein wichtiger Faktor – für sie ebenso wie für ihre Eltern. In ihren Briefen konnte sie ihre Erlebnisse aufarbeiten und sich für eine Weile zurückziehen. In einem Bundeswehrcamp, in dem man damit leben muss, dass man nie richtig für sich allein ist, und in dem der Lagerkoller droht, sind solche Rückzugsmomente wichtig.

1997 war die Ärztin Beate Buchner als Frau in Bundeswehruniform noch ein exotischer Anblick. Im Brief an ihre Eltern berichtet sie, wie sie auf der Straße immer wieder fotografiert wurde. Heute fallen Soldatinnen längst nicht mehr auf; Frauen sind inzwischen in allen Karrierezweigen der Bundeswehr selbstverständlich, im medizinischen Bereich ist das Geschlechterverhältnis ausgeglichen – 1997 war das noch anders. Schwierigkeiten, sich zu behaupten, hatte die Ärztin aber auch damals nicht. Die ersten Wochen in Bosnien haben ihr, sagt sie heute, sogar dabei geholfen, selbstbewusster an ihre Arbeit heranzugehen. Denn egal wie gut organisiert ein Feldlazarett ist – im Vergleich zu den eingespielten Abläufen im Großkrankenhaus muss hier immer wieder improvisiert werden, und eigenständiges Arbeiten wird auch von jungen Ärzten verlangt. Dafür sind die Wege kürzer, die Teams kleiner und die Zusammenarbeit zwischen den Fachgebieten ist viel enger. Auch das hat Beate Buchner schätzen gelernt.

Nachdem sie 2004 eine Tochter zur Welt gebracht hatte, war Beate Buchner einige Jahre nicht mehr im Ausland, die Einsätze haben Kolleginnen und Kollegen übernommen. Im Herbst 2013 kehrt sie nach einer langen Pause zurück in den Kosovo. Angst hat sie keine, im Feldlager der Bundeswehr – damit hat sie ihre Eltern schon bei ihrem ersten Einsatz beruhigt – fühlt sie sich sicherer als im Berliner Straßenverkehr. Natürlich weiß sie, dass es nicht überall so ungefährlich ist. Ihr Lebensgefährte hat einige Einsätze in Afghanistan hinter sich; dort ist die Gefährdungssituation eine ganz andere. Doch Beate Buchner bereut nicht, dass sie diesen Berufsweg eingeschlagen hat. Sie schätzt die Gemeinschaft vor Ort, die Arbeit im Lazarett und die Abwechslung vom Krankenhausalltag in der HNO-Abteilung in Berlin. Auch wenn ihre Einsätze jetzt selten länger als vier Wochen dauern, ist jeder Auslandseinsatz für Beate Buchner ein spannender Blick über den Tellerrand – als Ärztin und Soldatin, aber auch ganz einfach als Mensch.

Kurzbrief an Angehörige (Heimat)

☒ Liebe ☐ Lieber ☐ Meine Liebe ☐ Mein Lieber ☐ Hallo

Eltern
Name oder Kurzbezeichnung)

☐ Danke für ☐ Vielen Dank für ☐ Herzlichen Dank für
☒ Ganz herzlichen Dank für

☐ Karte ☒ Brief ☐ Päckchen
☒ Packet ☐ Anruf ☐ Besuch
☐ Fax ☐ ....sonstiges

☐ Mir ☒ Uns ☐ Der Staffel ☐ Dem Zug ☐ Der Gruppe

geht es
☐ besonders Gut ☒ sehr gut ☐ gut
☐ nicht so gut ☐ schlecht ☐ lausig

Das Wetter ist
☐ schön ☒ durchwachsen
☐ fies ☐ besch......

und das Essen ist
☒ gut ☐ solala ☐ genießbar
☐ noch genießbar ☐ ungenießbar ☐ sch........

Ich bin
☒ guten Mutes ☐ fröhlich ☐ nicht so fröhlich
☐ gelangweilt ☐ verärgert ☐ knurrig
☐ stink sauer ☐ sonstiges

und möchte
☐ sofort ☐ am liebsten ☐ gerne
☐ so schnell nicht ☐ wenn´s denn sein muß
☐ gar nicht mehr ☐ sowieso nicht nach Hau

Hier gibt es

☒ nichts Neues ☐ nichts interessantes
☒ viel Arbeit ☐ manchmal zu tun
☐ nichts zu tun ☐ gar nichts zu tun
☐ viel Freizeit ☒ keine Freizeit

☐ Grüße ☐ viele Grüße ☒ Herzliche Grüße
☐ Liebe Grüße ☐ gar keine Grüße
☐ du kannst mich mal.........................
Details wo

☐ Dein ☐ Ihr ☒ Euer

Sohn OFw Gunter Völker
Name, DstGrd ober Amtsbezeichnung

zutreffendes ankreuzen

Ist doch ein Super Brief oder? ☺
Aber Spaß beiseite. Mir geht es gut. Ich hoffe
Dein Trip nach Holland war schön.
Hier gibts viel Arbeit. Naja bin ja auch
nicht zum Urlaub machen hier.
Bis zum nächsten Brief

Raum für persönliches

SanForm 08/15 Dieser Vordruck ist auf dem Nachschubwege anzufordern

GUNTER VÖLKER an seine Eltern

Ist doch ein super Brief oder?
Aber Spaß beiseite. Mir geht es gut. Ich hoffe Dein Trip nach Holland war schön.
Hier gibts viel Arbeit. Naja bin ja auch nicht zum Urlaubmachen hier.

Bis zum nächsten Brief

Gunter

Jeder Feldpostbrief ist ein Zeitdokument. Die Museumsstiftung Post und Telekommunikation besitzt die umfassendste Feldpost-Briefsammlung Deutschlands. Rund 90 000 Briefe aus mehreren Jahrhunderten lagern in den Beständen. Daran untersuchen Historiker, Politologen und Sozialwissenschaftler unter anderem die Anlässe, die Soldaten zum Schreiben hatten, und die in den Briefen behandelten Themen. Traditionell ist der wichtigste Schreibanlass, der Familie ein Lebenszeichen zu geben und den Angehörigen zu versichern, dass es einem gut geht. Ein weiteres Motiv ist der Wunsch, wenigstens per Brief am Alltagsleben der Familie teilzuhaben. In patriarchalischen Zeiten dienten nicht wenige Briefe dazu, in das Familienleben hineinzuregieren. Von Kampfhandlungen berichten Soldaten nur selten – einerseits, um die eigene aktive Rolle im Krieg nicht vor den Angehörigen auszubreiten, und andererseits, um die Lieben in der Heimat zu schonen. Dafür ist zu allen Zeiten schon ausführlich das Lagerleben beschrieben worden; das Wetter ist ebenfalls ein beliebtes Thema. Außerdem greifen Soldaten in ihren Briefen hin und wieder Medienereignisse auf – als Zeichen, dass das „normale" gesellschaftliche Leben nicht komplett an ihnen vorbeigeht. Und oftmals wird die Zeit nach dem Einsatz beschworen. Es gibt viele Soldatenbriefe, in denen die Verfasser Absatz für Absatz die gesamte Themenbreite abhandeln.

GUNTER VÖLKER wurde am 8. März 1964 in Thüringen geboren. Nach der Schule machte er eine Kochausbildung und arbeitete in der Gastronomie. 1989 beteiligte er sich an Demonstrationen gegen die DDR-Regierung und stellte einen Ausreiseantrag, der nicht nur abgelehnt wurde, sondern im November 1989, wenige Tage vor dem Fall der Mauer, noch zu Völkers Einberufung in die Nationale Volksarmee führte. So kam Völker als Koch zum Militär. Gunter Völker wurde Bundeswehrsoldat und diente von 1998 bis 2002 erst bei der Stabilisation Force (SFOR) in Bosnien-Herzegowina, anschließend bei der Kosovo Force (KFOR).

2003 wurde Völker als Hauptfeldwebel in die Reserve entlassen und eröffnete in Kabul ein deutsches Restaurant. 2005 folgte ein zweites Restaurant in Erbil im Nordirak. Im Jahr 2007 schloss Völker aus Sicherheitsgründen den Betrieb in Afghanistan. Gunter Völker ist an einem Hotelprojekt in Thailand beteiligt und bereitet derzeit die Eröffnung eines deutschen Restaurants an der Ostküste Sri Lankas vor.

Bei aller Individualität sind quer durch die Jahrhunderte also wiederkehrende Muster in der Feldpost erkennbar, Muster, die der Oberfeldwebel Gunter Völker 1998 in seinem lustigen Ankreuzbrief aus Bosnien-Herzegowina aufgriff: „Uns geht es sehr gut", „Das Wetter ist durchwachsen", „Hier gibt es viel Arbeit". Dann folgt ein weiteres Thema, das in vielen Feldpostbriefen vorkommt: das Essen. Dass die Beköstigung eine entscheidende Bedeutung hat, war dem Verpflegungsgruppenführer Völker klar. Essen dient nicht nur dazu, dass die Soldaten physisch bei Kräften bleiben. Es ist ein Stück Normalität in einer Extremsituation. Essen und Trinken hält Leib und Seele zusammen. Oder, militärisch-zackig: Ohne Mampf kein Kampf.

Gunter Völker war überzeugter Soldat – und Koch mit Leib und Seele. Er wusste, wie wichtig das Essen war, wenn er den Eltern in einem anderen Schreiben stolz berichtete, was er seinen Kameraden täglich auftischte: „5 Sorten Fleisch, 3 Sorten Soße, 5 Sorten Gemüse, 4 verschiedene Aufläufe, 2 Suppen, 4–5 Sättigungsbeilagen". Es ging ihm darum, seine Schützlinge nach einem Einsatz nicht nur körperlich aufzupäppeln, sondern auch mental aufzurichten. „Wenn die Jungs vom Einsatz ins Camp zurückkamen, gab es für sie nur zwei wichtige Dinge: den Griff ins Postfach und ein gutes Essen", sagt Völker. „Ich habe immer darauf geachtet, dass das Essen schön aussieht und dass auf den Tischen ein paar Blümchen stehen, auch wenn die nur aus Plastik waren. Die Ansprüche der Soldaten sind nicht hoch, aber auch bei ihnen isst das Auge mit."

Mentale Unterstützung durch ein bisschen Gemütlichkeit – das brauchten die Bundeswehrsoldaten im Balkaneinsatz dringend. Zwar war der „Schießkrieg", wie Völker es ausdrückt, vorbei. Aber die Soldaten der NATO-Schutztruppe in Bosnien-Herzegowina wurden auf Schritt und Tritt Zeugen der Bürgerkriegsgräuel, und im Einsatz kam es immer wieder zu gefährlichen Situationen. Wenn die Sicherheitslage es zuließ, verließ der Etappensoldat Völker hin und wieder das Camp, um einzukaufen oder Hilfsgüter zu verteilen. Selbst wenn ihn diese Ausflüge nicht auf unsicheres Terrain führten, war die Bedrohung für ihn spürbar.

Völker sorgte dafür, dass seine Küchensoldaten auch hin und wieder das Lager verließen, um Besorgungen zu erledigen. Für Einsatzsoldaten ist das Camp eine Zufluchtsstätte, für Etappensoldaten kann es aber auch zum Gefängnis werden. „Man darf die Jungs nicht ein halbes Jahr lang einsperren, die kriegen einen Lagerkoller. Außerdem müssen sie sehen, wie es draußen zugeht. Sonst begreifen sie weder die Gefühlslage der Einsatzsoldaten noch den Sinn des Einsatzes", erklärt Gunter Völker.

Von 1997 bis 2002 war Völker fast ununterbrochen auf dem Balkan. Aber nicht nur das macht seinen Lebenslauf besonders. Im Jahr 2003 stieg Gunter Völker aus der Bundeswehr aus und suchte sich, damals 38 Jahre alt, einen Job im Zivilleben. Schon im Balkaneinsatz hatte er in sich hineingehorcht, wo sein wahres Talent lag. Es war natürlich das Kochen – Kochen unter besonderen Umständen, am liebsten für Gäste, denen bei einer Kohlroulade oder einem Teller Königsberger Klopse die Augen übergehen, weil sie damit ein Stück Heimat verbinden. In Deutschland funktioniert so etwas nicht. Also eröffnete Völker – „einmal Vagabund, immer Vagabund" – 2003 ein Restaurant in der afghanischen Hauptstadt Kabul. Die Sicherheitslage war gut, Konkurrenz vor Ort so gut wie nicht vorhanden. Völkers „Deutscher Hof International" wurde zu einem Anlaufpunkt für europäische Diplomaten, Journalisten, Wirtschaftsvertreter, Entwicklungshelfer und NGO-Mitarbeiter. Wobei Letztere, wie Völker erklärt, „nur so lange blieben, wie die Kameras liefen". Nicht nur die „Expat"-Szene Kabuls ließ sich im Restaurant regelmäßig mit Hausmannskost und deutschem Bier verwöhnen, auch so mancher Afghane steckte seine Nase in die Wirtsstube und kam gerne wieder. Selbstverständlich gab es eine Karte für Muslime, mit Gerichten ohne Schweinefleisch und mit alkoholfreien Getränken.

Völker investierte, schulte einheimische Küchenhelfer, der „Deutsche Hof International" in Kabul entwickelte sich zu einem mittelständischen Betrieb. 2005 allerdings verschlechterte sich die Situation in Afghanistan. In der Hauptstadt Kabul wurde es immer gefährlicher. Gunter Völker reagierte darauf und eröffnete im Irak, in der kurdischen Stadt Erbil, ein zweites Restaurant. Der „Deutsche Hof" in Kabul lief weiter, und Gunter Völker pendelte zwischen Stammhaus und Ableger hin und her. Prekär wurde die Lage in Afghanistan im Jahr 2007, als die beiden deutschen Ingenieure Rüdiger Diedrich und Rudolf

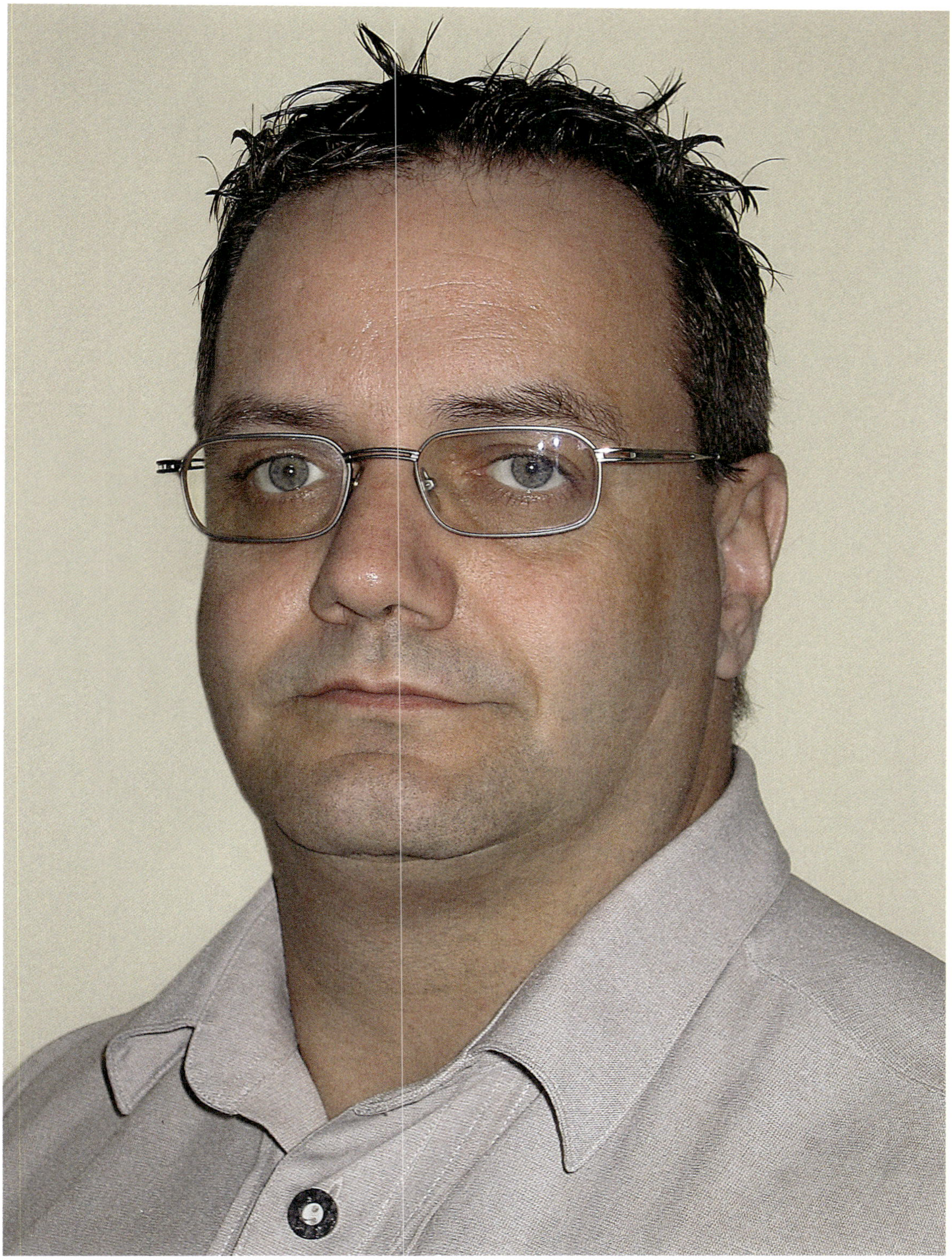

Oberfeldwebel
Gunter Völker
GECONSFOR(L)
Pi-/FldLgrBetrKp
Feldpost Rajlovac
76727 Germersheim
5.Kontingent GECONSFOR(L)
Österreich
Italien
Ungarn
Rumänien
Primosten
Albanien
Griechenland
Feldpost
GECONSFOR (L)
Familie
Manfred & Hella Horn

Feldpostamt
Rajlovac 1
GECONSFOR (L)
FELDPOSTAMT 730
Rajlovac
(2.) 22.4.98

Blechschmidt von den Taliban verschleppt wurden. Rüdiger Diedrich wurde kaltblütig erschossen, weil er bei dem von den Entführern geforderten Marschtempo nicht mithalten konnte. Rudolf Blechschmidt, mit dem Völker befreundet war, kam nach fast drei Monaten Geiselhaft frei. Diese Entführung war für Völker ein Warnsignal. Er schloss sein Restaurant in Kabul, ließ sämtliches Inventar zurück und konzentrierte sich auf den „Deutschen Hof" in Erbil.

In Erbil kehren wieder viele europäische „Expats" bei Gunter Völker ein; zahlungskräftige Gäste aus der Ölbranche sind gern gesehen. Die Europäer machen aber nur die Hälfte der Kunden aus – die anderen sind Einheimische, worauf Völker besonders stolz ist. In der Küche steht er nur noch in Ausnahmefällen, zum Beispiel, wenn es darum geht, eine neue Karte anzukochen. Insgesamt 16 Mitarbeiterinnen und Mitarbeiter beschäftigt der „Deutsche Hof" in Erbil. Die Restaurantmiete ist ungefähr so hoch wie in Deutschland, und Völker zahlt anständige Löhne. Ein Teller Königsberger Klopse kostet bei ihm umgerechnet nicht ganz 9 Euro. Das deutsche Bier ist dafür mit 5 Euro teurer als hierzulande. Im Restaurant mit seinen 260 Sitzplätzen herrscht jeden Tag Hochbetrieb, für Völker bleibt einiges hängen. „Aber Vorsicht", sagt der Gastronom, „davon gehen noch Steuern ab. Der Irak ist keine Steueroase, die Steuersätze sind vergleichbar mit denen in Deutschland."

Mit deutscher Gemütlichkeit und Essen wie bei Muttern hat Gunter Völker im Nahen und Mittleren Osten eine Marktnische besetzt. In der Heimat arbeiten möchte er nicht mehr. Er besucht aber regelmäßig seine Mutter in Thüringen, macht eine Woche Urlaub im Sauerland oder besucht Fortbildungen: „Ich will ja nicht von der Entwicklung in der Gastronomie abgehängt werden." Einmal im Jahr begibt er sich sogar auf „Autotour" und fährt die fast 4000 Kilometer lange Strecke vom Nordirak nach Thüringen selbst. Auf dem Rückweg hat er seinen Wagen dann vollgepackt mit Dingen, die sich über die Entfernung nur schwer auftreiben lassen.

Auch wenn die Geschäfte in Erbil blühen: Die Erfahrung mit Kabul hat gezeigt, dass es besser ist, mehrgleisig zu fahren. Deshalb hat Gunter Völker zusammen mit einem Geschäftspartner ein Hotel in Thailand übernommen und bereitet momentan die Eröffnung eines weiteren Restaurants in Sri Lanka vor. Nicht im sicheren Süden, sondern im ehemaligen Bürgerkriegsgebiet an der Ostküste der Insel. Dort gibt es viele, die Lust auf Zwiebelrostbraten mit Spätzle oder ein vegetarisches Gericht aus Deutschland haben, einen Reisauflauf vielleicht, mit Apfelmus. Mit Sri Lanka lässt Gunter Völker es langsam angehen. Krisengebiete gibt es überall auf der Welt, aber weitere Expansionspläne verfolgt er nicht. Der Ex-Soldat Völker will kein Krisengewinnler sein, sondern ein seriöser Geschäftsmann, der in seinem überschaubaren Einflussbereich für Normalität sorgt. Schon in Völkers Bundeswehrküche auf dem Balkan waren Serben, Kroaten, Bosnier und Kosovaren als zivile Hilfskräfte beschäftigt – und vertrugen sich. Ein ähnliches Bild zeigt sich im „Deutschen Hof" in Erbil. Dort kommen orthodoxe irakische Christen, Muslime, Hindus, Buddhisten, Katholiken, Jesiden und Protestanten miteinander klar. Vielleicht, weil Essen verbindet.

②

solute Minengefahr in unserer Region in den Wald und sammeln das zusammen, was andere vielleicht noch nicht entdeckt haben oder nicht mehr mitnehmen konnten. An der Grenze zu Albanien (ca. 15 km entfernt) sind erst wieder gestern 3 Tote, ganz offensichtlich Minenopfer und vermutlich Holzsammler,

Dragash, 7. 10. 1999
19^20 Uhr

①

Hallo Eltern!

Nun, lange hats gedauert, bis ich die entsprechende Muse dazu habe, einen Brief an Euch zu schreiben. Ich mach mir jetzt mal überhaupt keine Gedanken wie ich mit dem Brief anfange und über was ich alles schreiben soll, sondern schreib ganz einfach drauf los.
Die ganze Aktion "Kosovo" hat ja eigentlich angefangen, als wir uns am Di., 14.9.99 zu Hause verabschiedet haben. Dir jetzt aber jede Kleinigkeit meines bisherigen Abenteuers zu schreiben, würde den Rahmen sprengen und für Stichpunkte bin ich nicht der Typ. Vielleicht merkst Du, daß ich selbst nicht genau weiß, wo ich nun anfangen soll, weil ich zuviel Eindrücke gewonnen habe und jeden Tag tatsächlich unzählige dazu kommen.

... und vor allem Holz. Holz kostet hier alles ein Vermögen, es ist viel teurer als zu Hause in Deutschland. 1 Ster Holz kostet hier sage und schreibe 60,- DM! Und weil sich das viele nicht leisten können, gehen sie trotz ab-

Dragash, 7.10.1999
19.20 Uhr

Hallo Eltern!

Nun, lange hats gedauert, bis ich die entsprechende Muse dazu habe, einen Brief an Euch zu schreiben. Ich mach mir jetzt mal überhaupt keine Gedanken wie ich mit dem Brief anfange und über was ich alles schreiben soll, sondern schreib ganz einfach drauf los.

Die ganze Aktion „Kosovo" hat ja eigentlich angefangen, als wir uns am Di., 14.9.99 zu Hause verabschiedet haben. Dir jetzt aber jede Kleinigkeit meines bisherigen Abenteuers zu schreiben, würde den Rahmen sprengen und für Stichpunkte bin ich nicht der Typ. Vielleicht merkst Du, daß ich selbst nicht genau weiß, wo ich nun anfangen soll, weil ich zuviel Eindrücke gewonnen habe und jeden Tag tatsächlich unzählige dazu kommen. […]

Viele Menschen hier haben furchtbare Angst vor dem Winter, der dem heutigen Tag nach zu urteilen, unmittelbar vor der Türe steht. Ich habe auch Angst davor, weil ich mit Temperaturen von bis zu –30 °C auch nicht klarkomme. […]

Ja, der WINTER! Gestern hatten wir noch +22 °C und heute war der erste wirklich kalte Tag. Also buchstäblich von heute auf morgen kam der Temperatursturz und die Berge um uns herum sind mit abscheulichen grauen Wolken behangen, als würde es jeden Moment losgehen mit dem Schneetreiben. Die Menschen schauen, daß sie Lebensmittel für den Winter (Mehl, Nudeln, Reis etc.) ergattern und vor allem Holz. Holz kostet hier ein Vermögen, es ist viel teurer als zu Hause in Deutschland. 1 Ster Holz kostet hier sage und schreibe 60,– DM! Und weil sich das viele nicht leisten können, gehen sie trotz absoluter Minengefahr in unserer Region in den Wald und sammeln das zusammen, was andere vielleicht noch nicht entdeckt haben oder nicht mehr mitnehmen konnten. An der Grenze zu Albanien (ca. 15 km entfernt) sind erst wieder gestern 3 Tote, ganz offensichtlich Minenopfer und vermutlich Holzsammler, tot geborgen worden. Kürzlich bin ich erst ca. 2 km von der albanischen Grenze entfernt auf einer Anhöhe gestanden und habe mit meinem Fernglas nach Albanien geschaut. Dort sind sämtliche Berge gänzlich kahlgeschlagen. Und weil die „richtigen" Albaner keinen Wald mehr haben, kommen sie reihenweise zum Holzdiebstahl in den Kosovo und dort reihenweise durch Minen um.

Viele hier tun so als ob und als hätten sie Geld und Vermögen und den gleichen Standard wie wir, aber tatsächlich haben sie überhaupt nichts und müssen froh sein, wenn sie genug zum Überleben haben. So leid sie mir aber tun, so blöd und gefährlich sind sie auch. Die können Dir keine auch noch so einfache Frage beantworten, manchmal ist es echt zum Verzweifeln. [...] Die sind hier wirklich ausnahmslos dumm, extrem dumm. Und gefährlich deshalb, weil sie durch den Krieg verroht sind, furchtbare Riten (Blutrache) und überlieferte Gebräuche haben und wiederum gesagt furchtbar dumm sind. Mit Dummen kann man alles machen, weil sie selbst nicht denken, nicht denken können, alles, aber nicht Gescheites.

Gestern waren wir beim Kommandanten der hiesigen UÇK-Einheit. Dazu muß ich sagen, daß es die UÇK offiziell nicht mehr gibt. Sie wurde von der KFOR zu recht verboten; da sie ihren Sinn nach Kriegsende verloren hat. Die UÇK-Kämpfer sind aber die Dümmsten und können noch nicht einmal das verstehen, daß der Krieg zu Ende ist. Also haben sie sich umbenannt in KLA (= Albanisch) und heißt auf Englisch KPC (Kosovo Procetion [Protection] Corps) und das heißt auf Deutsch Corps zur Sicherung Kosovos. Sie haben zwar nach wie vor keine Aufgabe, springen aber in Uniformen und erlaubtermaßen in ihrem Camp mit Waffen herum. Wenn du dann mitten in diesem Haufen absolut geisteskranker Typen sitzt, dann läuft dir die Gänsehaut den Buckel rauf und runter. [...] [Der Kommandant sagte] z. B., daß er uns ein Massengrab im Goran-Gebiet (die Gorans sind zurückgebliebene Serben, oder besser gesagt mit den Serben durch gemeinsame Geschichte und Sprache eng verwandt und mußten deswegen im Krieg von der serbischen Armee nichts befürchten) nur dann zeigt, wenn er eine Waffe von uns bekommt; hat er dann aber eine Waffe, kann er überall hin und er ist unschlagbar. Er hat ja keine Waffe mehr, der Arme, weil er sich ja absolut daran gehalten hat, sämtliche Waffen bis zum 19.9.99 abzugeben. Dabei hat das Arschloch noch ein Waffenarsenal größer als S. [der Heimatort der Eltern]. Dia deand Buabala [schwäbisch, gemeint: sie führen sich auf wie pubertierende Jungs] und das [ist] furchtbar gefährlich, weil die Idioten auch nachts ausrücken und zurückgebliebene Serben teils bestialisch ermorden. Und wir stehen dazwischen und sollen das ab dem 15.10. verhindern, toll gell. Manchmal komm ich mir schon vor wie in einem schlechten Film [...].

Heute habe ich, nach 12 Tagen Aufenthalt in der Polizeistation, meine Wohnung, ein ganzes Haus, bezogen. Dabei gabs auch mehrere Komplikationen. Zunächst wollten wir ja zu siebt in ein Haus ziehen, aber das ist ein Ding der Unmöglichkeit, noch nicht mal wegen der Größe des Hauses, sondern vielmehr weil sich dann herausstellt, daß man mit den anderen doch nicht so besonders auskommt, wie man das vielleicht zunächst angenommen hat. Dann waren wir 4 und jetzt bin ich zusammen mit C. S., einem 28jährigen Niederbayern [...], in das Haus gezogen. Miete pro Nase 150,– DM mit Fernseher, Küche, sauberes Bad und jeder hat sein eigenes Schlafzimmer. Das Putzmädchen bekommt ca. 75 DM/Monat für 8 x Saubermachen und Wäsche machen.

Man schätzt hier die kleinen, bei uns alltäglichen Dinge, wie warmes Wasser zum Duschen (nicht so wichtig), Strom und Schwarzbrot. APROPOS Schwarzbrot –> dazu etwas ganz Wichtiges. Der C. (ein Kearndlgfuatarter [niederbayerisch, gemeint: Körnerfresser]) und ich sind letzte Woche nach Prizren (35 km entfernt) gefahren und in die Bundeswehrkaserne zum Telefonieren gegangen. Und dann haben wir uns gefragt, ob es auffallen würde, wenn wir dort auch in den Speisesaal gehen würden, um mal wieder etwas Gutes Gesundes zu essen, zumal wir beide schon ziemlich abgenommen haben. Gesagt getan – keine Probleme, weil man sich im Ausland und dann auch noch im Kosovo unter Landsleuten bestens versteht, ja sogar verbrüdert. Wir sind wirklich herzlichst und zuvorkommend aufgenommen worden. Und dann das Essen! Suppe, Schwarzbrot, gute Nudeln, Gulasch (ich ohne Fleisch) Salate, Kuchen, Butter und Nachspeisen! Wie im Schlaraffenland.

[...] Ich komme am 19.10.99 um 20.45 Uhr am Militärflughafen Lagerlechfeld an. Ruf aber vorher nochmals an.

Schluß: Sonst gehts mir wirklich gut, vermiß die Heimat und Euch natürlich sehr. Was Du über K. geschrieben hast, war mal wieder Scheiße, aber es ist müßig, mich darüber auszulassen. Liebe Grüße an alle (Katzen, Geschwister inkl.)

Euer T.

P.S.: Alkoholkonsum = Null (1 Liter Bier!) Mehr dann zu Hause.

T. P. an seine Eltern

Vertreter der Kosovo-Befreiungsarmee (UÇK) haben einen Vertrag über eine zukünftige Friedensregelung vorerst platzen lassen. Nach einer nächtlichen Marathonsitzung in Pristina lehnte die UÇK-Führung am Montagmorgen die Unterzeichnung eines Dokumentes ab, in dem die Umwandlung der Organisation in ein ziviles Korps festgeschrieben werden sollte. Die Friedenstruppe KFOR verlängerte die Frist zur Entwaffnung der UÇK um 48 Stunden auf Mitternacht am Dienstag." So schrieb es der „Tagesspiegel" in seiner Ausgabe vom 20. September 1999.

„Weder der Uno-Verwaltungsapparat Unmik funktioniert, noch lassen sich die einstigen UÇK-Guerrillas mit ihrer neuen Rolle als Katastrophen-Korps zur Behebung von Brand- und Unwetterschäden abspeisen. Während das Auswahlverfahren für die 3000 Korps-Mitglieder noch läuft, spazieren bereits 15 000 UÇK-‚Befreier' in neuen Tarnuniformen durchs Land, ein dem früheren UÇK-Emblem nachempfundenes Abzeichen am Arm. Die Waffenarsenale sind dank der offenen Grenzen zu Albanien wieder aufgefüllt." Dieses Stimmungsbild gab der „Spiegel" am 20. Dezember 1999 wieder.

Das ist die übliche Sprache der Medien – sachlich, neutral, politisch korrekt. Anders formulierte es der 29-jährige Kriminaloberkommissar T. P. In Berichten an Vorgesetzte sprach sicher auch er von einer unklaren Sicherheitslage, von Gefährdungspotenzialen und davon, dass die Entwaffnung der UÇK nur schleppend vorankomme. In seinem privaten Brief an die Eltern aber, geschrieben am 7. Oktober 1999, ließ sich T. P. anders aus. Nur anderthalb Flugstunden von seiner Heimat im süddeutschen Raum entfernt, fand er sich in einer anderen Welt wieder, in der Konflikte mit Waffengewalt ausgetragen wurden, in der Clans das Sagen hatten, mit Sturmgewehren behängte Halbwüchsige sich als Helden aufspielten und frierende Holzsammler von Minen zerrissen wurden. Der Polizist begegnete einem Miliz-Kommandeur, und der wollte ihm die Massengräber, in denen Angehörige verfeindeter Ethnien verscharrt lagen,

T. P. wurde 1970 in einer Kleinstadt in Bayerisch-Schwaben geboren. Nach der mittleren Reife ergriff er, mehr aus einer Laune heraus denn aus Überzeugung, den Polizeiberuf. Nach der Polizeiausbildung im mittleren Dienst und ersten Dienstjahren ließ er sich für ein Jahr beurlauben, in dem er sein Fachabitur nachholte. Anschließend absolvierte er die Polizeiausbildung im gehobenen Dienst. Aus Abenteuerlust und auch, weil er den Dienst in den anonymen Großstadtrevieren Münchens als belastend empfand, ging er im September 1999 für ein Jahr als Polizist in den Kosovo.

Zurück in Deutschland arbeitete T. P. wieder in München. Erst nach einiger Zeit gelang es ihm, aus der ungeliebten Großstadt zurück in die Heimatregion versetzt zu werden. 2003 heiratete er eine Polizeibeamtin. Die beiden gründeten eine Familie und bekamen drei Kinder. Ende 2007 erkrankte T. P. mit 37 Jahren an Darmkrebs. Nach vier Jahren Leidenszeit starb er Ende 2011 zu Hause im Kreis seiner Familie. Wenige Wochen vor seinem Tod rief T. P. den Kameraden C., mit dem er im Kosovo die Wohnung geteilt hatte, an sein Sterbebett. Da sein Kehlkopf von Metastasen angegriffen war, konnte T. P. in den letzten Tagen seines Lebens nicht mehr sprechen. Den letzten Brief an die Eltern schrieb er wenige Tage vor seinem Tod. Auf Wunsch der Hinterbliebenen wurde sein Schreiben in diesem Buch anonymisiert.

nur zeigen, wenn er dafür mit einer legalen Waffe entlohnt würde.

Die von T. P. im Brief angesprochenen Minenopfer gab es tatsächlich, oft waren es Kinder, die von den eigenen Eltern zum Holzsammeln in die verminten Wälder geschickt wurden. Auch die Massengräber sind belegt. Dass die großen illegalen Waffenarsenale der UÇK-Nachfolgeorganisation KPC existierten, ist ebenfalls historisch verbürgt. T. P. erfand in seinem Brief an die Eltern nichts dazu und dramatisierte die Lage in der Region nicht. Der Kosovo-Krieg war schmutzig, die direkte Nachkriegszeit war chaotisch. Zwischen Anfang 1998 und März 1999 bekriegten sich zunächst Kämpfer der UÇK auf der einen und jugoslawisches Militär, serbische Polizeieinheiten und paramilitärische Einheiten auf der anderen Seite. Im März 1999 griff die NATO dann mit massiven Luftschlägen in den Bürgerkrieg ein; die Luftwaffe der Bundeswehr flog die ersten Angriffe seit ihrer Gründung. Hunderttausende Menschen waren auf der Flucht. Anfangs wurden hauptsächlich Kosovo-Albaner von den Serben vertrieben. Erstarkt durch das Eingreifen der NATO, nahmen die Kosovo-Albaner später Rache und vertrieben die Serben. Mitunter trugen die Clans der Kosovo-Albaner auch untereinander bewaffnete Streitigkeiten aus, etwa wenn es um die Verteilung der Beute ging – also darum, welcher Clan nach den „ethnischen

Säuberungen" welches ehemals serbische Dorf beziehen durfte. Der Kriegszustand endete offiziell am 24. Juni 1999, doch auch nach der Stationierung internationaler KFOR-Truppen im Bürgerkriegsland und nachdem die UNMIK (United Nations Interim Administration Mission in Kosovo) als Übergangsverwaltung installiert worden war, brodelte der Konflikt weiter.

In seinem Brief hat T. P. knapp vier Monate nach Kriegsende objektivierbare zeitgeschichtliche Ereignisse aus seiner subjektiven Perspektive wiedergegeben. Dennoch bleibt der Brief problematisch. Er zeichnet nicht nur das Bild eines Bürgerkriegslandes, das auf der Landkarte zwar in Europa liegt, in dem die europäischen Werte einer Zivilgesellschaft aber gänzlich zu fehlen scheinen. Das Schreiben offenbart auch fragwürdige Ansichten seines Verfassers, wenn dieser schon nach drei Wochen Einsatzzeit im Kosovo zum Schluss kommt, „die hier" seien „wirklich ausnahmslos dumm, extrem dumm. Und gefährlich". Ist es nicht auch extrem dumm, sich zu solch undifferenzierten Behauptungen hinreißen zu lassen? Vielleicht entstehen derartige Vergröberungen unter dem Eindruck von Situationen, die als lebensbedrohlich empfunden werden. Vielleicht ist dies ein ganz natürlicher Schutzreflex. Womöglich wollte sich ein deutscher Ordnungshüter hier, im Brief an die Eltern, nur seine Überforderung und Verzweiflung von der Seele schreiben angesichts des Chaos, das ihn umgab.

Im Kosovo der Nachkriegszeit waren Hunderte deutsche Polizisten und Tausende Bundeswehrsoldaten im Einsatz. Die Mission ist bis heute nicht abgeschlossen. Viele Polizisten und Soldaten haben Ähnliches erlebt wie T. P., auch sie standen oft ohnmächtig vor einer verwirrenden Lage. Wie haben sie darauf reagiert? Haben auch sie in ähnlicher Weise vergröbert wie T. P.? Wie haben die Kriegswirren ihre Ansichten verändert? Durch die Veröffentlichung wird das Private politisch. Der Brief des Polizisten T. P. wirft in dieser Hinsicht mehr Fragen auf, als er Antworten liefert.

T. P. ging freiwillig in den Kosovo, wie die anderen deutschen Polizisten dort. Die Beziehung zu seiner Freundin K. („Was Du über K. geschrieben hast, war mal wieder Scheiße") ging bereits in den ersten Wochen des Einsatzes in die Brüche. Wohl auch deshalb verlängerte T. P. den ursprünglich auf ein halbes Jahr angesetzten Aufenthalt um ein weiteres halbes Jahr. Die meiste Zeit war er als Liaison Officer (Verbindungsoffizier) tätig. Seine Aufgabe bestand darin, dienstliche Kontakte zur UÇK-Nachfolgeorganisation KPC zu halten, illegale Aktivitäten der Miliz aufzudecken und nach Möglichkeit zu unterbinden. T. P. war eine Art Aufpasser – und natürlich stand er vor einer Wand des Schweigens. In dieser heiklen Rolle kann T. P. kein unsensibler Dummkopf gewesen sein, auch wenn er seine Worte im Brief an die Eltern nicht besonders klug und sensibel gewählt hat.

T. P.s Einstellung zu den Kosovaren, dies zeigen weitere Briefe aus Dragash und Prizren, veränderte sich im Laufe des Einsatzes. Allerdings blieben Ressentiments gegenüber den Kosovaren im Allgemeinen und dem KPC im Besonderen bestehen. Mit Bundeswehrsoldaten und UNMIK-Polizisten aus vielen anderen Nationen hingegen freundete T. P. sich rasch an und pflegte diese Freundschaften auch nach seiner Rückkehr in die Heimat. Im Kosovo benötigte T. P. kaum Geld, bezog aber zusätzlich zum Gehalt eine Gefahrenzulage. Hinterher nahm er ausgiebig Urlaub, reiste um die Welt und gab sein Geld mit vollen Händen aus. Die Lebensgier hatte ihn gepackt. Es sollte einige Zeit dauern, bis er im beruflichen wie privaten Alltag wieder Fuß fasste. Schon vor seinem Kosovo-Einsatz hatte Gewaltkriminalität ihn abgestoßen, danach reagierte er noch sensibler auf tätliche Auseinandersetzungen. Deshalb suchte er sich eine ruhige Landdienststelle und kümmerte sich dort bevorzugt um die Bearbeitung von Verkehrsunfällen. Wenn er Freunden und Verwandten davon berichtete, dass er im Dienst doch zu einer Diskothekenschlägerei oder einem Fall von häuslicher Gewalt gerufen worden war, schloss er oft mit dem Satz: „Wir sind doch hier nicht im Kosovo."

Prizren, 11.01.01

Liebe Schatz!

Ich hatte zwar gesagt, daß ich es nicht mehr schaffe, dir zu schreiben, aber jetzt muß ich doch noch ran. Mach dir keine Sorgen, aber heute bin ich richtig down, wirklich fertig. Ihr fehlt mir so wahnsinnig, ich muß jetzt kämpfen, nicht in Tränen auszubrechen. Verrückt, nicht? Aber es tut fast körperlich weh, so stark ist meine Sehnsucht nach meiner Familie und meinem Zuhause. Und es ist noch so lange hin... Vielleicht hängt das aber damit zusammen, daß wir in Aussicht haben, zu viert (!) auf ca 20 m² gepfercht zu werden, die Aussicht ist nicht so schön und hat nicht gerade zur Stimmungssteigerung beigetragen. Du siehst, die Befindlichkeit wechselt täglich, irgendwie besorgniserregend, findest du nicht? Aber jetzt habe ich dich wahrscheinlich wieder zu sehr belastet, aber ich wollte immer ehrlich sein und so geht's mir halt heute und jetzt.

Dienstlich war heute *nix* los, aber ich mußte einfach schreiben. Du fehlst mir so, ich kann es kaum ausdrücken, wie sehr mich dieser Gedanke quält. Das liegt vielleicht an euren lieben Gedanken und Briefen, die ihr mir immer schickt. Ich hör' jetzt auf, es kommt eh nichts Schönes dabei raus...

Ich liebe dich

Dein Jo

JOACHIM SCHWARZ an seine Frau Katrin

Prizren, 11.01.01

Lieber Schatz!

Ich hatte zwar gesagt, daß ich es nicht mehr schaffe, dir zu schreiben, aber jetzt muß ich doch noch ran. Mach dir keine Sorgen, aber heute bin ich richtig down, wirklich fertig. Ihr fehlt mir so wahnsinnig, ich muß jetzt kämpfen, nicht in Tränen auszubrechen. Verrückt, nicht? Aber es tut fast körperlich weh, so stark ist meine Sehnsucht nach meiner Familie und meinem Zuhause. Und es ist noch so lange hin ... Vielleicht hängt das aber damit zusammen, daß wir in Aussicht haben, zu viert (!) auf ca 20 m² gepfercht zu werden, die Aussicht ist nicht so schön und hat nicht gerade zur Stimmungssteigerung beigetragen. Du siehst, die Befindlichkeit wechselt täglich, irgendwie besorgniserregend, findest du nicht? Aber jetzt habe ich dich wahrscheinlich wieder zu sehr belastet, aber ich wollte immer ehrlich sein und so geht's mir halt heute und jetzt.

Dienstlich war heute nix los, aber ich mußte einfach schreiben. Du fehlst mir so, ich kann es kaum ausdrücken, wie sehr mich dieser Gedanke quält. Das liegt vielleicht an euren lieben Gedanken und Briefen, die ihr mir immer schickt. Ich hör' jetzt auf, es kommt eh nichts Schönes dabei raus ...

Ich liebe Dich

Dein Jo

Feldpost ist nicht gleich Feldpost: Briefe vom selben Einsatzort und aus derselben Zeit können ganz unterschiedliche Botschaften transportieren. Wie jeder andere Brief ist auch ein Soldatenbrief ein Zeugnis individueller Erfahrungen und Eindrücke. Während manche Soldaten ihren Angehörigen detailliert über ihre Arbeit und die Ereignisse des Tages berichten, beschreiben andere lieber ihre Gefühlswelt, berichten von Ängsten und Sorgen oder Momenten der Freude und des Stolzes. Der Brief, den Joachim Schwarz

JOACHIM SCHWARZ wurde am 27. Oktober 1962 im niedersächsischen Zeven geboren. Sein Abitur machte er 1982 in Brunssum in den Niederlanden an der AFCENT (Allied Forces Central Europe) International School, die heute AFNORTH (Allied Forces North Europe) International School heißt. Die Schule ist ein Angebot für die Kinder von NATO-Angehörigen, die in der Nähe stationiert sind. Nach dem Schulabschluss trat Joachim Schwarz als Artillerist in Idar-Oberstein in die Bundeswehr ein. 1985 wurde er zum Offizier befördert. Es folgten mehrere Versetzungen, unter anderem nach Gießen und Dülmen in Westfalen, wo er stellvertretender Bataillonskommandeur wurde.

2001 aus dem Kosovo an seine Frau schrieb, gehört zur zweiten Kategorie: Er ist ein Dokument der Sehnsucht.

An diesem Tag, kurz nach dem Jahreswechsel, hatte Schwarz den Blues – so nennt er die Tiefpunkte, die er während seines Auslandseinsatzes immer wieder erlebte. Mit schonungsloser Offenheit schrieb sich der Stabsoffizier seinen Kummer von der Seele. Der Brief ist eine Momentaufnahme. Wie Joachim Schwarz beschreiben viele Soldaten ihre Auslandseinsätze als ein ständiges Auf und Ab, als Wechselbad der Gefühle. Tiefs gehören ebenso dazu wie Erfolgserlebnisse. Die Stimmung der Soldaten hängt von vielen Faktoren ab, von der Lage vor Ort etwa. Schlimme Ereignisse und anstrengende Einsätze hinterlassen natürlich ihre Spuren. Die alltägliche Gefahr, die Konfrontation mit dem Tod, das Gefühl, immer auf der Hut sein zu müssen, weil zu viel Vertrauensseligkeit lebensgefährlich sein kann – all das zehrt an den Nerven und drückt die Stimmung. Doch auch die ruhigen Tage, an denen nichts passiert, an denen die Soldaten in ihrer Basis zum Nichtstun verurteilt sind, schlagen aufs Gemüt. Dann vergeht die Zeit unendlich langsam, und die Sehnsucht nach dem Leben und den Lieben zu Hause wächst.

Ein solcher Tag war der 11. Januar 2001 für Joachim Schwarz. Es gab wenig zu tun, die Stunden zogen sich zäh wie Kaugummi dahin, und die Erinnerung an das Weihnachtsfest und die Silvesternacht weit weg von daheim war noch frisch. Erst im Juni 2001 würde Schwarz seine Frau und die vier Kinder wiedersehen. So dringend war der Wunsch, bei der Familie zu Hause zu sein, dass es „fast körperlich weh" tat. Im Rückblick schildert Joachim Schwarz das Getrenntsein von den Menschen, die einem am wichtigsten sind, als den belastendsten Aspekt seines Auslandseinsatzes. Sechs Monate dauerte sein Einsatz, ein halbes Jahr, in dem er noch deutlicher als zuvor erkannte, welche Rolle seine Familie in seinem Leben spielte. Die meisten Soldaten, die solche Einsätze absolviert haben, machen diese Erfahrungen: das Gefühl der Einsamkeit, die ständige Sehnsucht und drückendes Heimweh.

Im November 2000 ging Schwarz als Stabsoffizier nach Prizren im Kosovo, wo er für die Betreuung luftgestützter unbemannter Aufklärungssysteme verantwortlich war. Unter anderem wegen seiner Englischkenntnisse wurde er darüber hinaus auch in mehreren anderen Bereichen eingesetzt. Im Juni 2001 kehrte Schwarz zurück, wurde erneut nach Idar-Oberstein versetzt und übernahm verschiedene Tätigkeiten an der dortigen Artillerieschule. Seit 2010 ist Joachim Schwarz Leiter der Zentralen Ausbildungseinrichtung Streitkräftegemeinsame Taktische Feuerunterstützung (ZA STF). Gemeinsam mit seiner Frau hat er vier Kinder.

KATRIN SCHWARZ kam am 23. März 1964 in Berlin zur Welt. Nach dem Abitur 1983 in Friedberg (Hessen) absolvierte sie ein duales Studium zur Diplomverwaltungswirtin, das im Rahmen einer Ausbildung am Landratsamt Wetteraukreis in Friedberg stattfand. In den darauffolgenden Jahren zog sie aufgrund der Versetzungen ihres Mannes mehrfach um. Sie arbeitete mit einigen Kindererziehungspausen unter anderem im Tourismus, im sozialen Bereich und als Büroleiterin.

Seit dem Jahr 2000 betreut Katrin Schwarz Familien von Soldaten im Auslandseinsatz, unter anderem als ehrenamtliche Mitarbeiterin in den Familienbetreuungszentren der Bundeswehr, wo sie sich auch um die Ausbildung der Mitarbeiter kümmert. Gemeinsam mit ihrem Mann startete Katrin Schwarz 2000 die Website *http://frauzufrau.de*; außerdem gehört sie dem „Runden Tisch Solidarität mit Soldaten" an. 2011 gab sie das Buch „Ich kämpf' mich zu dir durch, mein Schatz. Briefe von der Heimatfront" heraus. Katrin Schwarz lebt mit ihrer Familie in Idar-Oberstein.

Aber es gibt auch noch die andere Seite, die manchmal vergessen wird: die Einsamkeit, die Überlastung und die Sorgen der Angehörigen zu Hause. Wenn Bundeswehrangehörige in einen Auslandseinsatz ziehen, lassen sie fast immer Menschen zurück, die sie vermissen und deren Leben sich in diesem Moment ebenso gravierend verändert wie das der Soldaten. Da sind die Eltern junger Soldaten, die sich um ihr Kind sorgen. Da sind Freundinnen, die Angst davor haben, dass ihre Beziehung die lange Trennung vielleicht nicht übersteht. Da sind Ehefrauen, die plötzlich allein mit allen Herausforderungen des Alltags zurechtkommen müssen, und Kinder, die einige Monate lang ohne Vater aufwachsen. Wenn sich Angehörige in einer solchen Situation Freunden anvertrauen, sind die Reaktionen oft hilflos oder sogar schroff. Die Gesellschaft hat noch nicht recht gelernt, damit umzugehen, dass es längst wieder Soldaten gibt, die in den Krieg ziehen – und Menschen, die zu Hause direkt davon betroffen sind.

Als klar war, dass Joachim Schwarz für einige Monate in den Kosovo gehen würde, wollte sich seine Frau Katrin so gut wie möglich auf die Zeit der Trennung vorbereiten. Sie erkundigte sich, welche Hilfsangebote es für die Frauen und Angehörigen von Soldaten gab. Eines davon war die Familienbetreuung der Bundeswehr, die sich um die Angehörigen von Soldaten in Auslandseinsätzen kümmert. Doch so gut die Betreuung durch die Bundeswehr auch sein mochte, Katrin Schwarz fehlte ein entscheidender Aspekt: Es gab keine Plattform, auf der sich betroffene Frauen und andere Angehörige untereinander auf informellem Weg austauschen und gegenseitig unterstützen konnten. Diese Lücke ließ Katrin Schwarz keine Ruhe, und sie entwickelte eine Idee. Warum nicht selbst ein solches Netzwerk aufbauen, in dem Betroffene miteinander in Kontakt treten, ihre Erfahrungen teilen, sich helfen und beraten konnten? Gemeinsam mit ihrem Mann spann sie die Idee weiter. Schließlich entstand der Plan, eine Internetseite einzurichten – im Jahr 2000, als das Internet für viele Leute tatsächlich noch Neuland war. Joachim Schwarz, von jeher technikaffin, half, die Seite aufzubauen, und drei Tage vor Beginn seines Kosovoeinsatzes ging sie unter der Adresse *http://frauzufrau.de* an den Start. Zunächst war dort noch nicht viel mehr zu finden als ein paar allgemeine Informationen für Frauen von Soldaten im Auslandseinsatz und ein Gästebuch. Die Verbreitung des Angebots gestaltete sich zäher, als Katrin Schwarz erwartet hatte. Offizielle Stellen, die sie um Unterstützung bei der Bewerbung der Plattform bat, zögerten zunächst, weil sie nicht recht wussten, wie sie das Angebot einschätzen sollten.

Doch es zeigte sich, dass Katrin Schwarz einen Nerv getroffen hatte. Über das Gästebuch meldeten sich bald Betroffene, die das neue Netzwerk zu schätzen wussten. Die ersten Diskussionen entstanden, die ersten Fragen gingen ein. Katrin Schwarz merkte an den Rückmeldungen, dass sie auf dem richtigen Weg war, und begann schnell, das Angebot zu erweitern. Ein Forum kam dazu, später ein Chat. Heute ist die Seite ein zentraler Anlaufpunkt im Internet für Frauen, deren Männer im Auslandseinsatz sind – Frauen, die sich zuvor mit ihren Ängsten, Sorgen und Alltagsproblemen oft allein gequält haben.

Die Nutzerinnen und Nutzer der Seite kommen mit ganz unterschiedlichen Anliegen. Unter ihnen sind Frauen, die während des Auslandseinsatzes ihres Mannes Zuspruch von anderen Betroffenen suchen oder erfahren möchten, wie andere diese Zeit bewältigt haben. Manche versuchen herauszufinden, ob es „normal" ist, Angst zu haben – und was sie dagegen tun können. Manche suchen einfach Trost, weil sie schwer unter der Trennung und der Angst um ihren Mann leiden. Einige Frauen haben Schwierigkeiten, den Alltag allein zu bewältigen. Andere treibt die Sorge um, ob der Einsatz ihren Mann verändert und ob ihre Beziehung dadurch beeinträchtigt wird. Aber es gibt auch diejenigen, deren Männer schon lange wieder zurück sind, die sich aber weiter regelmäßig in Forum und Chat tummeln, um anderen Frauen als Kummerkasten und Ratgeberin zur Seite zu stehen. Die gegenseitige Unterstützung der Betroffenen ist das Erfolgsgeheimnis der Website.

Katrin Schwarz betreibt das Projekt nun seit dreizehn Jahren mit großem Engagement. Sie ist immer noch täglich selbst auf der Internetseite unterwegs, sieht nach, ob sich in den Foren Trolle herumtreiben, die versuchen, Diskussionen zu stören, oder ob jemand besondere Hilfe braucht, die über das Internet allein nicht zu leisten ist. Joachim Schwarz unterstützt seine Frau in allen technischen Belangen. Heute ist das Angebot weithin bekannt und anerkannt. Katrin Schwarz arbeitet mit der Familienbetreuung der Bundeswehr zusammen, hat dort

schon Vorträge über die Situation von Soldatenfamilien gehalten und sich ehrenamtlich in der Betreuung engagiert. Mit ihrer Website ist sie Partnerin im „Netzwerk der Hilfe" der Bundeswehr, und im Sommer 2013 war sie mit einem Infostand beim Tag der offenen Tür im Verteidigungsministerium vertreten.

Unter den vielen Projekten, die Katrin Schwarz im Umfeld von *frauzufrau.de* entwickelt hat, sticht eines ganz besonders hervor: Im Jahr 2011 erschien ihr Buch „Ich kämpf' mich zu dir durch, mein Schatz. Briefe von der Heimatfront". Darin hat Katrin Schwarz der „anderen" Feldpost ein Denkmal gesetzt. Der Band versammelt Briefe aus den Jahren 2000 bis 2010, die Frauen, Freundinnen, Schwestern oder Mütter von Soldaten im Einsatz geschrieben haben. Als Katrin Schwarz die Idee zu dem Buch hatte, war ihre Hoffnung, dass sie damit den

Menschen, die hinter den Soldaten stehen, mehr Aufmerksamkeit verschaffen könnte. Über ihre Internetseite startete sie einen Aufruf, ihr Briefe zur Verfügung zu stellen. Mit der überwältigenden Resonanz, die sie erhielt, hätte sie selbst nicht gerechnet. Über 200 Briefe wurden ihr zugeschickt, die meisten kopiert oder eingescannt, einige sogar im Original. Obwohl es sich um sehr persönliche, teils intime Botschaften handelte, wollten viele Frauen Katrin Schwarz' Anliegen unterstützen, einmal diejenigen in den Vordergrund zu rücken, die oft vergessen werden – die Frauen hinter den Soldaten, die selbst meist mit dem Beruf ihres Mannes nichts zu tun haben und die dennoch unmittelbar davon betroffen sind.

Buldern, den 22.03.01

Hi Papa!

Wie geht es dir? Mir gut. Heute musste Anna-Lena die ~~Deuts~~ Deutscharbeit nachschreiben. Das war toll, denn wir durften machen was wir wollen. Mit Englisch klappd es jetzt ganz gut. In der Schule waren wir heute im Computerraum. Maren und ich haben beim Englisch-spiel 18 von 18 möglichen Punkten erreicht. Weisst du, das ich in Musik eine eins habe?
Gestern war hier ein Schneetreiben bzw. -sturm. Das war kein schöner Heimweg von der Schule.
Noch eine Frage:
Man darf doch spielen was man will, oder?
Mama meint man darf nicht alles spielen was man will.

Das wars für heute,

deine MAREIKE

P.S.: Schreib so schnell wie möglich zurück!
P.P.S.: Ich freue mich wenn du zurück kommst!

I don't wanna close my eyes
I don't wanna fall asleep
'Cause I'd miss you, baby
And I don't want to miss a thing

„I Don't Want to Miss a Thing“: Die Rockballade von Aerosmith lief im Radio, als der Vater von Mareike W. an einem Septembermorgen im Jahr 2000 aufbrach. Mareike

MAREIKE W. wurde 1990 geboren. Ihr Vater ist Berufssoldat; von September 2000 bis Mai 2001 hatte er einen Einsatz im Kosovo. Nach dem Abitur ist Mareike W. zur Polizei gegangen. Auf ihren Wunsch bleibt ihre Identität in diesem Buch geheim.

war damals zehn Jahre alt. Heute, dreizehn Jahre später, erinnert sie sich noch sehr genau daran, wie es war, als der Vater fortging. Es gab keine lange Abschiedsszene, alles ging ganz schnell, im Hintergrund spielte das Lied im Radio. Als der Vater weg war, musste sie zur Schule. Das Lied ging ihr dabei nicht mehr aus dem Kopf, auf dem Schulweg summte sie es vor sich hin. Den Text hat sie damals noch nicht verstanden, auch wenn sie Monate später, im März 2001, wie sie an den Vater schrieb, im Englischspiel „18 von 18 möglichen Punkten" erreichte. Wohl aber spürte sie, dass es in dem Lied um etwas Trauriges geht, um Trennung und darum, einen Moment festhalten zu wollen. „I Don't Want to Miss a Thing" von Aerosmith, ausgerechnet ein Song aus dem Soundtrack des Films „Armageddon". Der Name Armageddon stammt aus der Bibel. In der Offenbarung des Johannes heißt so der Berg, an dem am jüngsten Tag eine entscheidende Schlacht stattfindet. Mareikes Vater zog in keinen biblischen Kampf, wohl aber ging er in ein Krisengebiet. Sein Einsatzziel als Berufssoldat der Bundeswehr war der Kosovo.

Das Lied läuft heute noch in vielen Radiosendern. Mareike W. hat es oft gehört, es hat sie noch viele Male an den Abschiedsschmerz erinnert. Später – der Vater war längst heil zurückgekommen – wurde ihr auch die Symbolik klar, die der Rocksong bei all seinem Kitsch und Pathos in dem Moment entfaltet hatte, als ihr Vater fortging.

Als Mareike W. ihren Brief auf dem hübschen Wendy-Briefpapier verfasste, war sie noch ein Kind. Stolz schrieb sie von guten Noten und schulischen Erfolgen, akribisch malte sie Blümchen, schrieb vom Wetter. Damit signalisierte sie dem Vater, dass in ihrer Welt alles in Ordnung war. Der Vater war weg, aber zumindest durch Briefe erreichbar. Er konnte gefragt werden und Anteil am Familienleben nehmen. Viele Briefe gingen in dem halben Jahr, in dem der Vater im Kosovo-Einsatz war, hin und her. Wenn der Vater an die ganze Familie schrieb, wurden seine Briefe laut vorgelesen. Wenn er sich direkt an seine Frau oder eines der Kinder wandte, behielten die Empfänger den Inhalt der persönlichen Zeilen für sich. An speziellen Tagen verfassten die Mutter und ihre drei Kinder Briefe an den Vater: Dann wurde geschrieben, gemalt und alles zusammen in einen großen Umschlag gesteckt. Zudem gab es spontane Briefe, wenn zu Hause etwas passiert war, was der Vater unbedingt wissen sollte.

Was der Vater im Kosovo erlebt hat? Darüber steht in seinen Briefen an die Tochter nichts. „Er wollte wohl seine Erlebnisse von uns Kindern fernhalten", sagt Mareike W. heute. „Jedenfalls würde das zu meinem Vater passen." Für die Kinder schien es so, als wäre der Vater auf einer langen Urlaubsreise. „Was hätten wir schon davon gehabt, wenn wir mehr über die Gefährdung gewusst hätten?", fragt Mareike W. „Wir Kinder hätten das ohnehin nicht einschätzen können." Vielleicht ist das kein schlechter Umgang mit der ernsten Situation.

Nach der Rückkehr des Vaters im Mai 2001 gab es keine Eingewöhnungsschwierigkeiten, nur ernster sei er gewesen. Auch anschließend wurde wenig über den Einsatz gesprochen. „Er hat von sich aus nicht darüber geredet, wir haben nicht nachgefragt", sagt Mareike W. „Ich hatte auch nie das Bedürfnis, mit meinem Vater darüber zu sprechen." Nur einmal erzählte er ihr eine Episode aus dem Kosovo: dass er unter einer Gruppe von Kindern eine Tüte Gummibärchen aufgeteilt habe. Ein andermal zeigte er seiner Tochter Fotos aus dem Einsatzgebiet, auf denen vermüllte Straßen zu sehen waren. Mehr nicht. Mehr sei auch nicht nötig, sagt Mareike W. Ihr genügt es, einige wenige, dafür aber intensive Erinnerungen an das halbe Jahr zu haben, in dem der Vater weg war. Die Briefe aus der Zeit sind alle erhalten, jeder Empfänger hütet sie für sich. Ausgetauscht wurden sie später nicht mehr, das Kapitel ist zumindest für Mareike W. abgeschlossen. Wenn sie heute Nachrichten aus dem Kosovo liest oder sieht, denkt sie manchmal an ihren Vater. Dass dreizehn Jahre nach seinem Einsatz noch immer Truppen im Land nötig sind, um den Frieden zu wahren, befremdet sie. In ihrer persönlichen Erinnerung verbindet sie zwei klebrig-süße Dinge mit der Zeit des Vaters im Kosovo: Gummibärchen und eine Rockballade.

Prizren, 18.10.01

Sehr geehrter Herr Professor,

die Tour geht langsam zu Ende. Es wird mein letzter Einsatz, vielleicht auch mein letztes Dienstjahr sein.
Nächstes Jahr wird sehr wahrscheinlich das neue Personalstrukturgesetz greifen, und ich hoffe einer der ersten Frühpensionäre zu sein.
Trotz der alles in allem aufregenden und vielleicht auch erfolgreichen Monate im Kosovo, ist es höchste Zeit nach Hause zurückzukehren.
„Sechs Monate im Einsatz ist zu lange. Nur Entwurzelte oder Menschen die Geld nötig haben – vielleicht ein paar wenige, die aus einer gewissen Leidenschaft als Soldat oder Wissenschaftler sich aus der Heimat abmelden – würden alle zwei Jahre für Monate in den Einsatz gehen.
Ein halbes Jahr im Einsatz heißt weg von der Familie, vom Verein, von Freunden, aus der gewohnten Umgebung, fern von lebens- und liebenswerten Dingen.
Ich spüre, wie ich daheim fremd werde.
Und noch etwas spüre ich. Ich merke, daß mein soldatisches Selbstverständnis langsam Risse kriegt. Um mich herum im Feldlager, nimmt die Disziplinlosigkeit gravierend zu. Immer mehr Vorgesetzte – keine Dienstgradgruppe ausgenommen – tolerieren undiszipliniertes Verhalten. Kaum jemand der dem Alkoholmißbrauch, der Wasserverschwendung, dem abweisenden Auftreten und vor allem dem gräßlichen „Asylantenverhalten" Einhalt gebietet.
Die Tage und Wochen des Kontingentwechsels sind in der Mehrzahl ein orgastisches „Saufen und Gegröhle.
Keiner der Vorgesetzten wird noch Herr über diese Auswüchse. Schlimmer noch, viele machen mit.
„So bin ich denn öfter einige und einsame Einzelkämpfer gewesen, wenn ich des Nachts die kahlköpfigen Muskelmänner zur Ruhe gemahnt.
Die drohende Haltung derer hat mich nicht abgeschreckt, sondern eher herausgefordert. Mein Befehl zur Herausgabe der ID-Card hat viele zur Räson gebracht; in der Masse hat sich nichts geändert.

P.S. Vielleicht ist für Sie auch ein zweimonatiger Aufenthalt im Kosovo, im Vergleich zu '99, interessant. Ihre Ansicht darüber würde mich sehr interessieren.

Mit den besten Wünschen, Ihr W. Wilke

WOLFGANG WILHELM an Horst Schuh

Prizren, 18.11.01

Sehr geehrter Herr Professor,

die Tour geht langsam zu Ende. Es wird mein letzter Einsatz, vielleicht auch mein letztes Dienstjahr sein.
Nächstes Jahr wird sehr wahrscheinlich das neue Personalstrukturgesetz greifen, und ich hoffe einer der ersten Frühpensionäre zu sein.
Trotz der alles in allem aufregenden und vielleicht auch erfolgreichen Monate im Kosovo, ist es höchste Zeit nach Hause zurückzukehren.
Sechs Monate im Einsatz ist zu lange. Nur Entwurzelte oder Menschen die Geld nötig haben – vielleicht ein paar wenige, die aus einer gewissen Leidenschaft als Soldat oder Wissenschaftler sich aus der Heimat abmelden – werden alle zwei Jahre für Monate in den Einsatz gehen.
Ein halbes Jahr im Einsatz heißt weg von der Familie, vom Verein, von Freunden, aus der gewohnten Umgebung, fern von lebens- und liebenswerten Dingen.
Ich spüre, wie ich daheim fremd werde.
Und noch etwas spüre ich. Ich merke, das mein soldatisches Selbstverständnis langsam Risse kriegt. Um mich herum im Feldlager, nimmt die Disziplinlosigkeit gravierend zu. Immer mehr Vorgesetzte – keine Dienstgradgruppe ausgenommen – tolerieren undiszipliniertes Verhalten. Kaum jemand der dem Alkoholmißbrauch, der Wasserverschwendung, dem abweisenden Auftreten und vor allem dem gräßlichen „Abfliegerverhalten“ Einhalt gebietet.
Die Tage und Wochen des Kontingentwechsels sind in der Mehrzahl ein orgiastisches Saufen und Gegröhle.
Keiner der Vorgesetzten wird noch Herr über diese Auswüchse. Schlimmer noch, viele machen mit.
So bin ich denn öfter einziger und mutiger Einzelkämpfer gewesen, wenn ich des Nachts die kahlköpfigen Muskelmänner zur Ruhe gemahnte. Die drohende Haltung derer hat mich nicht abgeschreckt, sondern eher herausgefordert. Mein Befehl zur Herausgabe der ID-Card hat viele zur Räson gebracht; in der Masse hat sich nichts geändert.
Die Feldlager beherbergen keine „Pioniere“ wie vor zwei Jahren mehr. Die Masse bestimmt, ausgerichtet nach ihren Bedürfnissen.
Das Verwaltende hat ebenfalls breiten Raum eingenommen. Was machbar sein soll, wird zunehmend von der Abteilung Verwaltung bestimmt. Verfügbare Geldmittel sind ein wichtiges Regulativ geworden.

Zunehmend, so behaupte ich, wird eine Personalauswahl für den Einsatz getroffen, die in erster Linie am Bedarf und nicht immer an der Qualität ausgerichtet ist.
Wie Sie also lesen, bin ich in mancher Hinsicht von meinem Ideal des Soldaten eines demokratischen Staates etwas abgerückt worden.
Das heißt nicht, dass ich am Sinn des Einsatzes zweifele. Aber ich mag nicht mehr.
Vielleicht – wahrscheinlich ist es so – muß erst einige Zeit vergehen, um das Erlebte richtig verarbeiten zu können und die positiven Elemente in den Vordergrund zu rücken.
Und wieder habe ich als Vertrauensperson einige menschliche Schicksale erlebt. Das Ende einer 23-jährigen Ehe, Homosexualität, Streit und Alkoholismus. Mir scheint, es ist mir kaum noch etwas fremd bezüglich menschlicher Unvollkommenheit. Schade nur, dass manchmal mit zweierlei Maß gemessen wird.
Meine sechs Monate gehen zu Ende. Ich freue mich auf die Heimkehr, auf das Leben in der Oberpfalz – meine Heimat.
Ihnen, Herr Professor, wünsche ich am Ende meines Briefes noch alles Gute. Vor allem gratuliere ich Ihnen zum 60. Geburtstag; noch nachträglich herzlichen Glückwunsch, Glück und Gesundheit.
Ihre Anliegen bezüglich des Kosovoaufenthaltes liegen m. E. bei OTL U. in sehr guten Händen. Ich arbeite mit ihm gerne zusammen. Seine ruhige und überlegte Handlungsweise beeindrucken mich.
Leider kann ich mich um Hilfsprojekte, auch jene aus vergangenen Tagen nicht mehr kümmern. Aber ich weiß, das OTL U. sich um das Kindergartenprojekt kümmert und auch unser GS mit von der Party ist.
Ich grüße Sie ganz herzlich, melde meine Mission (fast) beendet und hoffe auf ein Wiedersehen, irgendwo. In der Oberpfalz, in Rothenstadt, sind Sie als mein Gast immer herzlich willkommen.

P. S. Vielleicht ist für Sie auch ein zweimonatiger Aufenthalt im Kosovo, im Vergleich zu '99, interessant. Ihre Ansicht darüber würde mich sehr interessieren.

Mit den besten Wünschen,
Ihr W. Wilhelm

WOLFGANG WILHELM an Horst Schuh

Wolfgang Wilhelm war 2001 zum zweiten Mal für sechs Monate im Kosovo. Er war Chief Engineer und als solcher am Feldlager der Bundeswehr bei Prizren für den Aufbau der Infrastruktur zuständig. Die Beseitigung von Minen, der Bau von Straßen oder die Aufbereitung des Trinkwassers: Alles, was dafür notwendig war, dass die Bundeswehr ihr Feldlager unterhalten konnte, fiel in Wilhelms Aufgabenbereich. Den Bundeswehrpsychologen Horst Schuh, an den er diesen Brief schrieb, hatte er bei einem vorigen Einsatz 1999 kennengelernt. Dass sich die beiden Männer verstanden und über den Einsatz hinaus in Verbindung blieben, lag nicht zuletzt daran, dass Wilhelm in beiden Einsätzen Sprecher der Vertrauensleute im Lager war. Vertrauensleute der Bundeswehr werden von den Soldaten selbst gewählt. Sie vertreten die Interessen der Soldaten und werden angehört, wenn Disziplinarmaßnahmen angeordnet werden. Sie sind aber auch Ansprechpartner in allen Problemlagen oder, wie Wolfgang Wilhelm sagt: Ratgeber, Beichtvater und Psychologe in einer Person. Und das ehrenamtlich, neben ihren eigentlichen Aufgaben. Mit dem Bundeswehrpsychologen Schuh hatte Wilhelm also von Beginn an viele Anknüpfungspunkte. Wohl auch deshalb schrieb er ihm im November 2001, kurz bevor er nach Deutschland zurückkehrte.

Aus seinem Brief spricht viel Ernüchterung. Nicht angesichts der Sinnhaftigkeit des Einsatzes selbst, auch nicht in erster Linie angesichts der Entbehrungen und Strapazen. Als lang gedienter Soldat wusste der damals 51-Jährige genau, worauf er sich einließ. Was Wilhelm bedrückte, war das Verhalten vieler junger Soldaten. Er erlebte regelmäßige Saufgelage, Wasserverschwendung, Respektlosigkeiten gegenüber Vorgesetzten. Und das besonders enervierende „Abfliegerverhalten“: Soldaten, die sich bereits auf ihren Rückflug vorbereiteten, erinnerten sich daran bei jeder Gelegenheit mit dem gebrüllten Ruf „Abflieger!“. Bisweilen ertönten die Schlachtgesänge im Feldlager stunden-, wenn nicht nächtelang. Wolfgang

WOLFGANG WILHELM wurde am 18. Juni 1949 als Sohn eines Maurerpoliers im saarländischen Gronig geboren. Nach der mittleren Reife und einer Maurerlehre studierte er einige Semester an der Ingenieurschule in Trier. 1973 trat Wilhelm als Offiziersanwärter in die Bundeswehr ein. Er schloss eine Ausbildung zum Pionieroffizier ab und war zunächst vorwiegend in Bayern tätig, unter anderem als Kompaniechef und Bataillonskommandeur, Inspektionschef und stellvertretender Kommandeur der Heeresunteroffizierschule.

Als stellvertretender Kommandeur einer Pionierbrigade war Wilhelm zweimal im Stab des deutschen Kontingents der Bundeswehr im Kosovo: 1999 als Verantwortlicher für zivil-militärische Zusammenarbeit und 2001 als Chief Engineer. Zudem engagierte er sich dort ehrenamtlich als Vertrauensperson der Offiziere und Sprecher der Vertrauensleute. Wolfgang Wilhelm wurde mehrfach als ehrenamtlicher Richter ans Truppendienstgericht berufen. Nach seinem zweiten Kosovo-Einsatz arbeitete er bis zu seiner Pensionierung als Pionieroffizier und Dezernatsleiter in der Division Spezielle Operationen in Regensburg. Wolfgang Wilhelm ist verheiratet, hat zwei erwachsene Kinder und wohnt in Weiden in der Oberpfalz.

Wilhelm bezeichnete die Phasen der Kontingentwechsel deshalb als „in der Mehrzahl ein orgiastisches Saufen und Gegröhle". Noch schlimmer als das Verhalten der jungen Soldaten waren für Wilhelm jedoch die Reaktionen mancher Führungskräfte: Unter den Vorgesetzten gab es auch solche, die dem Treiben lange, manchmal zu lange zusahen und wenig unternahmen, um die jungen Männer zur Ordnung zu rufen. Und die dann, wenn sie es schließlich taten, manchmal feststellen mussten, dass sie ihre Autorität zumindest teilweise eingebüßt hatten.

Wolfgang Wilhelm konnte und wollte den direkten Vorgesetzten die Disziplinierung der Truppe nicht abnehmen, wollte dem Treiben aber auch nicht tatenlos zusehen und fand ein probates Mittel: Er entzog Soldaten, die zu weit gegangen waren, ihre ID-Karte. Diese Karte ist für Soldaten im Auslandseinsatz elementar, ohne sie dürfen sie das Feldlager nicht verlassen – können dann also ihren Dienst auch nicht ausüben. In so einem Fall blieb den Betreffenden nichts anderes übrig, als am nächsten Morgen beim Vorgesetzten anzutreten und zu berichten, was vorgefallen war. Sein resolutes Vorgehen zeigte immer wieder Erfolg, doch das grundlegende Problem konnte Wilhelm damit nicht lösen. Selbst wenn er in seinem Brief berichtete, dass er viele „zur Räson gebracht" habe, glich sein Vorgehen doch einem Kampf gegen Windmühlen; „in der Masse" habe sich nichts geändert, schrieb er resigniert.

Nun muss man eines bedenken, und auch Wolfgang Wilhelm betont dies, wenn man ihn heute auf seinen Brief anspricht: Bei einem Auslandseinsatz leben unzählige junge Männer auf engstem Raum zusammen – 24 Stunden am Tag, für mindestens einige Wochen. Die Dienste sind hart und nicht selten gefährlich, bei extremen klimatischen Verhältnissen teils strapaziös, und einen richtigen Feierabend gibt es nicht. Das Feldlager ist über Wochen oder Monate gleichzeitig Arbeitsplatz, Wohnung und Gemeinschaftszentrum. Auch im zivilen Leben ist es eine Tatsache, dass junge Menschen, vor allem junge Männer, gerne über die Stränge schlagen. Dass der Alkohol abends

HORST SCHUH wurde 1941 in Trier geboren. Im Zivilberuf arbeitete er als Dozent an einer Akademie der Bundeswehr und als Professor an der Fachhochschule des Bundes für öffentliche Verwaltung. Seine Lehr- und Forschungsbereiche sind Psychologie, Kommunikation und Politische Ideengeschichte. Als Reserveoffizier (zuletzt Oberst der Reserve) absolvierte Schuh zahlreiche Wehrübungen in Führungs- und Stabsverwendungen. Von 1999 bis 2005 wurde er als Offizier im Stabe und Truppenpsychologe auf dem Balkan und in Afghanistan eingesetzt; bei seinem Einsatz 1999 lernte er Wolfgang Wilhelm kennen. Heute kümmert Horst Schuh sich ehrenamtlich um traumatisierte Reservisten und ist im Kriseninterventionsdienst des Deutschen Roten Kreuzes aktiv.

nicht in Maßen, sondern in Massen genossen wird. Dass es dann laut wird. In einem Bundeswehrlager, fern von zu Hause, mit schmalem Freizeitangebot und wenig Möglichkeiten, sich zurückzuziehen, nimmt eine solche Feierlaune eher zu als ab, und der Alkohol gewinnt als schnelles Mittel zur Entspannung an Bedeutung. Es ist also nicht unbedingt überraschend, wenn Dutzende junge Männer sich in einer solchen Situation abends nicht alle mit einem guten Buch auf ihr Feldbett zurückziehen. Auch Wolfgang Wilhelm wollte nicht als Moralapostel verstanden werden, als er sich über das Verhalten einiger Kameraden beklagte.

Doch wenn „Partylaune" und die mit ihr verbundene Disziplinlosigkeit zum Dauerzustand wird, ist das für eine Armee hochproblematisch. Jedes Heer ist auf Gedeih und Verderb darauf angewiesen, dass die elementaren Mechanismen von Gehorsam, Disziplin und gegenseitigem Respekt funktionieren. Wenn junge Rekruten sich von ihren Vorgesetzten nicht mehr zur Mäßigung rufen lassen oder Vorgesetzte ihren Soldaten kein gutes Vorbild sind, entwickelt sich schnell eine bedrohliche Dynamik für ein Gebilde wie ein Bundeswehrkontingent, das von festen Hierarchien geprägt ist. Oder anders gesagt: Für Bundeswehrtruppen im Ausland ist nahezu nichts so kritisch wie Ausbrüche von Anarchie. Und das nicht nur, weil die Funktionsfähigkeit der Truppen von ihrer inneren Organisation abhängt. Es geht vor allem darum, im Ausland kein schlechtes Bild abzugeben. Zu den Aufgaben der Führungskräfte gehört es, ihre Soldaten für den Umgang mit anderen Menschen, fremden Ländern und Kulturen zu sensibilisieren. Die Schlagzeilen über deutsche Soldaten, die sich üble Scherze mit den Gebeinen Verstorbener in Afghanistan erlaubt haben, sind nicht vergessen, und der Bundeswehr ist sehr daran gelegen, dass sich solche Vorkommnisse nicht wiederholen.

Wolfgang Wilhelm zweifelte nicht am Sinn des Kosovo-Einsatzes. Der politische Auftrag, die Region zu stabilisieren, rechtfertigte für ihn den Einsatz selbst – aber niemals schlechtes Benehmen oder respektloses Verhalten, auch nicht gegenüber der Zivilbevölkerung. Dabei war Wilhelm über die Maßen konsequent. Als es darum ging, Land für den Aufbau des Feldlagers zu beschlagnahmen, wie es bei solchen Einsätzen üblich ist, hatte er die Idee, den Eigentümern, in der Regel Kleinbauern, eine finanzielle Entschädigung zu zahlen. Per Satellitentelefon ermittelte er über einen befreundeten Landwirt aus Deutschland die durchschnittlichen Ertragswerte von Weizen, Mais und Kartoffeln und berechnete daraus pro Quadratmeter einen finanziellen Ausgleich. Den erhielten die Besitzer der Grundstücke, auf denen die Bundeswehr ihr Lager errichtete. Um große Summen ging es hier nicht. Und oft war die größte Schwierigkeit, in dem vom Krieg gebeutelten Land mit seiner nur rudimentären Verwaltung herauszufinden, wem ein Feld überhaupt gehörte. Aber für die Menschen, die ihr Land hergaben, war es eine wichtige Geste. Hier kamen keine Besatzer, hier kamen Menschen, denen ein partnerschaftlicher Umgang wichtig war. Solche vermeintlichen Kleinigkeiten machen für Wolfgang Wilhelm einen großen Unterschied: Sie sind ein Ausdruck von Respekt vor anderen Menschen, und Respekt war für Wilhelm während seiner aktiven Zeit bei der Bundeswehr ein wesentlicher Bestandteil seines soldatischen Selbstverständnisses. Deshalb hat er auch nie weggesehen, wenn er den Eindruck hatte, dass Kameraden es am nötigen Respekt mangeln ließen.

Kabul Camp Warhouse, den 01.07.04

Meine liebe Inge,

ich weiß noch nicht wie lange der Brief mit der Post gehen wird. Deshalb möchte ich Dir jetzt schon alles Gute zum Geburtstag wünschen. Ich werde ganz viel an Dich denken (obwohl ich sowieso auch sonst immer an Dich denken muß). Feiert schön.
Ich habe Dir ein par Bilder beigelegt. Wenn ich mich eingearbeitet habe, werde ich sicherlich mehr Zeit haben und dann will ich Dir öfter schreiben.
Die ganzen Eindrücke müssen sich erst „setzen". Zur Zeit bin ich doch noch ein bisschen nervös, weil ich noch nicht weis, was mich noch alles erwartet. Ich hoffe, das ich die Anforderungen bewältigen kann.
Der Tagesablauf und alles drum und dran ist zur Zeit nicht einfach für mich, aber ich glaube, dass es vielen so gehen wird. Es ist ja auch erst eine Woche um.
Die Abende sind total blöd. Jetzt merke ich besonders, wie schön es mit Dir ist.
Aber ich will nicht jammern, die Zeit wird vorbeigehen.
Die Hitze wird immer größer. Der ewige Staub und die graue Umgebung wirken nicht aufmunternd. Heute war ich in den Bergdörfern und bei den Nomaden. Es sind liebe Menschen die gerne ihr Leben in Ruhe mit der Natur und Allah verbringen wollen. Ich hatte unseren Sprachmittler mit und wir haben lange Gespräche mit den Männern geführt. Es hat mich alles sehr traurig gestimmt, will diese einfache Menschen nicht in Ruhe gelassen werden. Sie sind glücklich mit ihren für uns entbehrungsreichen Leben. Sie können nicht lesen und schreiben, es gibt kein Datum nur Tage. So arm und doch so gastfreundlich. Mir war schlecht in den Behausungen, aber ein Glas Tee und etwas Fladenbrot habe ich mir runtergezwungen. Für uns alles unmöglich wie im Mittelalter, als ob die Zeit Jahrhunderte stehen geblieben ist. Aber sie sind so glücklich. Überall liegen Munition und es stehen Panzer und Fahrzeuge aus dem 25 Jahre dauernden Krieg herum. Es ist grauenhaft. Man muss schon starke Nerven haben. Die Taliban und andere Banden geben keine Ruhe. Sie pressen die Menschen ihr bisschen Hab und Gut ab und schlachten die Menschen wie Tiere ab. Jeden Tag sind Vorfälle und man muss wirklich aufpassen, dass man nicht zu spät aus den Bergen ist. Ich habe schon viele Bilder gemacht, um das zu zeigen was man nicht beschreiben und sich nicht vorstellen kann. Es ist alles so gewaltig schön und doch so erdrückend. Kein Land indem wir leben könnten.
Aber man muss die Gedanken verdrängen und das Elend nicht zu sehr an sein Herz lassen.
So mein Liebling, vielleicht freust Du Dich über die Bilder. Bestelle allen Grüße.
Ich drücke Dich ganz doll und ich habe Dich ganz doll lieb.

Du hast es ja auch nicht so einfach und bist stark.

Viele Küsse

Dein Werner + Ehemann!

WERNER GRABOLLE an seine Frau Ingeborg

Kabul Camp Warhouse, den 01.07.04

Meine liebe Inge,

ich weiß noch nicht wie lange der Brief mit der Post gehen wird. Deshalb möchte ich Dir jetzt schon alles Gute zum Geburtstag wünschen. Ich werde ganz viel an Dich denken (obwohl ich sowieso auch sonst immer an Dich denken muß). Feiert schön.
Ich habe Dir ein par Bilder beigelegt. Wenn ich mich eingearbeitet habe, werde ich sicherlich mehr Zeit haben und dann will ich Dir öfter schreiben.

Die ganzen Eindrücke müssen sich erst „setzen“. Zur Zeit bin ich doch noch ein bisschen nervös, weil ich noch nicht weis, was mich noch alles erwartet. Ich hoffe, das ich die Anforderungen bewältigen kann.

Der Tagesablauf und alles drum und dran ist zur Zeit nicht einfach für mich, aber ich glaube, dass es vielen so gehen wird. Es ist ja auch erst eine Woche um.

Die Abende sind total blöd. Jetzt merke ich besonders, wie schön es mit Dir ist. Aber ich will nicht jammern, die Zeit wird vorbeigehen.

Die Hitze wird immer größer. Der ewige Staub und die graue Umgebung wirken nicht aufmunternd. Heute war ich in den Bergdörfern und bei den Nomaden. Es sind liebe Menschen die gerne ihr Leben in Ruhe mit der Natur und Allah verbringen wollen. Ich hatte unseren Sprachmittler mit und wir haben lange Gespräche mit den Männern geführt. Es hat mich alles sehr traurig gestimmt, weil diese einfachen Menschen nicht in Ruhe gelassen werden. Sie sind glücklich mit ihren für uns entbehrungsreichen Leben. Sie können nicht lesen und schreiben, es gibt kein Datum nur Tage. So arm und doch so gastfreundlich. Mir war schlecht in den Behausungen, aber ein Glas Tee und etwas Fladenbrot habe ich mir runtergezwungen. Für uns alles unmöglich wie im Mittelalter, als ob die Zeit Jahrhunderte stehen geblieben ist. Aber sie sind so glücklich. Überall liegen Munition und es stehen Panzer und Fahrzeuge aus dem 25 Jahre dauernden Krieg herum. Es ist grauenhaft. Man muss schon starke Nerven haben. Die Taliban und andere Banden geben keine Ruhe. Sie pressen die Menschen ihr bisschen Hab und Gut ab und schlachten die Menschen wie Tiere ab. Jeden Tag sind Vorfälle und man muss wirklich aufpassen, dass man nicht zu spät aus den Bergen ist. Ich habe schon viele Bilder gemacht, um das zu zeigen was man nicht beschreiben und sich nicht vorstellen kann. Es ist alles so gewaltig schön und doch so erdrückend. Kein Land indem wir leben könnten.

Aber man muss die Gedanken verdrängen und das Elend nicht zu sehr an sein Herz lassen. So mein Liebling, vielleicht freust Du Dich über die Bilder. Bestelle allen Grüße. Ich drücke Dich ganz doll und ich habe Dich ganz doll lieb.

Du hast es ja auch nicht so einfach und bist stark.

Viele Küsse
Dein Werner + Ehemann!

Als Oberstleutnant Werner Grabolle diesen Brief schrieb, hatte seine Zeit in Kabul gerade erst angefangen. Der Spezialist für Kampfmittelbeseitigung und Kampfmittelbedrohung hatte zuvor im Logistikamt der Bundeswehr in St. Augustin bei Bonn gearbeitet und sich unter anderem darum gekümmert, die Voraussetzungen für eine sichere Lagerung von Munition und Waffen bei Auslandseinsätzen zu schaffen. Im Juni 2004 war er nach Afghanistan aufgebrochen, nicht als Teil einer deutschen Truppe, sondern einzeln entsandt als Verantwortlicher für Kampfmittelbeseitigung und Kampfmittelbedrohung. Er war Teil der Multinationalen Brigade Kabul (KMNB) in der Militärbasis Camp Warehouse, der Soldaten aus mehr als 20 Nationen angehörten.

Wieder hatte er es also mit Waffen zu tun – doch seine Aufgabe war ungleich schwieriger und gefährlicher

WERNER GRABOLLE wurde am 14. Februar 1948 in Schönebeck (Elbe), heute Sachsen-Anhalt, geboren – rund ein Jahr, bevor die DDR gegründet wurde. Er erlebte eine weitgehend typische Kindheit in der DDR: bei den Jungen Pionieren und in der FDJ, später als Fallschirmspringer bei der Gesellschaft für Sport und Technik (GST), einer Massenorganisation, in der Jugendliche sportliche und technische Aktivitäten erlernen und ausüben konnten. Eines der Ziele der GST war, junge Männer für die militärische Laufbahn zu gewinnen. Tatsächlich entschied sich Werner Grabolle für eine Karriere beim Militär und studierte ab 1967 an der Offiziershochschule der NVA. Zugleich machte er eine Ausbildung zum Artillerieoffizier. 1970 erhielt er den ersten Offiziersdienstgrad des Leutnants. Es folgten weitere militärische Stationen als Feuerzugführer einer Granatwerferbatterie, Batteriechef einer Panzerjägerbatterie und Ausbilder. Werner Grabolle wurde Stabschef eines Truppenübungsplatzes und weiter bis zum Oberstleutnant befördert.

Nach der Wende kümmerte er sich um die Restrukturierung der Truppen, die nun in die Bundeswehr eingegliedert waren. Diese Übergangsphase nahm Werner

GRABOLLE
ISAF

als vorher. Damit sich die internationalen Truppen in Afghanistan so sicher wie möglich bewegen konnten, war es wichtig, Straßen und unwegsame Marschrouten abzusichern. Afghanistan ist ein vom Krieg gezeichnetes Land: Seit über 30 Jahren toben hier kriegerische Auseinandersetzungen, und bis heute ist Frieden nicht in Sicht. Zu den Folgen der jahrzehntelangen Kämpfe zählen auch nicht explodierte Minen und Sprengkörper, die nahezu über das ganze Land verteilt sind. Die Hilfsorganisation Handicap International geht allein von etwa 10 Millionen Minen aus, die eine massive Bedrohung für Zivilbevölkerung und Einsatzkräfte darstellen. Die Minen sind wortwörtlich tickende Zeitbomben. Dazu kommen unzählige Blindgänger aus vergangenen Auseinandersetzungen. Werner Grabolle war während seiner Afghanistan-Zeit dafür verantwortlich, dass diese gefährlichen Hinterlassenschaften aufgespürt und unschädlich gemacht wurden.

Viele Länder der Welt leiden unter solch einem Erbe des Krieges. Blindgänger und Minen bleiben eine ständige Bedrohung und machen oft jahrzehntelang ganze Regionen zur Gefahrenzone. Immer wieder kommen Menschen durch Minen oder Blindgänger ums Leben oder werden zu Invaliden, selbst wenn der militärische Konflikt lange vorbei ist. Umso schwieriger sind die Arbeitsbedingungen der Kampfmittelbeseitiger in Afghanistan: Hier herrscht immer noch Krieg. Zu den Gefahren des Aufspürens und Entschärfens kommen für die Einsatzkräfte die alltäglichen Bedrohungen durch Anschläge und Angriffe.

Neben der Beseitigung alter Kampfmittel hatte Werner Grabolle einen zweiten Aufgabenbereich: die Abwehr von Gefahren durch nicht industrielle Kampfmittel, genannt Kampfmittelbedrohung. Gemeint sind Autobomben, Rohrbomben, Sprengfallen, Sprengstoffgürtel für Selbstmordattentate – kurz: selbst gebaute Mordwerkzeuge, von denen es in Afghanistan viele gab und gibt. Bei der Entschärfung von Blindgängern wie bei der Verhinderung von Anschlägen war es Grabolles

Aufgabe, die Einsätze in die Wege zu leiten und zu koordinieren. Die logistische Arbeit, die hinter einer solchen Aufgabe steckt, ist gigantisch und ähnelt der einer Feuerwehr- oder Rettungsleitstelle: Sobald die Nachricht über einen entdeckten Sprengsatz oder die Information über einen möglichen Anschlag vorliegt, müssen die Einsatzkräfte innerhalb von 15 Minuten einsatzbereit sein und ausrücken. Im Gegensatz zur Feuerwehr macht sich ein Einsatztrupp in Afghanistan allerdings unter schwersten Bedingungen auf den Weg: Afghanistan besteht zu über 90 Prozent aus Berglandschaft, befestigte Straßen gibt es kaum, ebenso fehlt es an verlässlichen Karten – ohne geländegängige Fahrzeuge und GPS funktioniert dort nichts. Dazu kommt die ständige Gefahr eines Angriffs. Deshalb gehören zu einem Einsatzteam neben den

Grabolle als tief greifende persönliche Erfahrung wahr. Das Hinterfragen der eigenen Vergangenheit in einer Diktatur, die neuen Eindrücke durch die anders geprägten Soldaten aus dem Westen, das Fußfassen in einer neuen Gesellschaft mit neuen Freiheiten und Anforderungen machten die Wendejahre zu einer äußerst intensiven Zeit. Im Frühjahr 1991 übergab Werner Grabolle seine Dienstgeschäfte als Kommandant an einen Stabsoffizier aus dem Westen und wurde vorübergehend dessen Stellvertreter. Es folgten Lehrgänge und Fortbildungen in der Bundeswehr.

Werner Grabolle wurde als Berufssoldat übernommen, spezialisierte sich auf das Fachgebiet Kampfmittelbeseitigung (Explosive Ordnance Disposal, EOD) und Kampfmittelbedrohung (Improvised Explosive Devices, IED) und lernte im Sprachenamt der Bundeswehr Englisch. Als Spezialist für EOD und IED ging er 2004 für 9 Monate und 2005 für 4 Monate nach Afghanistan. Anschließend war er bis zu seiner Pensionierung 2006 Kommandant eines Truppenübungsplatzes. Auch im Ruhestand blieb Werner Grabolle der Bundeswehr verbunden. Bis 2013 arbeitete er als aktiver Reservist als Beauftragter der Bundeswehr für die Zivil-Militärische Zusammenarbeit und als Leiter eines Kreisverbindungskommandos.

INGEBORG GRABOLLE, geborene Wille, kam am 13. Juli 1948 in Magdeburg zur Welt. Sie wuchs auf einem Bauernhof in Randau-Calenberge bei Magdeburg auf, der bis zur Zwangseingliederung in eine Landwirtschaftliche Produktionsgenossenschaft von ihren Eltern eigenständig bewirtschaftet wurde. Nach dem Schulabschluss machte sie eine Ausbildung zur Buchhalterin in der Landwirtschaft. 1968 lernte sie ihren späteren Mann Werner während seines Urlaubs bei einem Ostertanz in Schönebeck (Elbe) kennen. Sie heirateten im Mai 1971. Im Oktober 1971 kam Sohn Mirko zur Welt, 1972 bezog das Ehepaar die erste gemeinsame Wohnung in Teltow bei Berlin. Im Juni 1976 wurde die Tochter Katja geboren. Ingeborg Grabolle arbeitete weiterhin als Buchhalterin, wechselte aufgrund der häufigen Versetzungen ihres Mannes jedoch mehrfach die Arbeitsstelle. Ingeborg Grabolle und ihr Mann leben heute in Klietz.

Entschärfungsexperten auch Soldaten, die den Trupp absichern, und ein mobiler Ärztetrupp, der im Notfall sofort helfen kann.

Werner Grabolle war Ermittler, Manager, Logistiker und Soldat in einem. Er fuhr immer wieder durch das Land, hörte sich bei den Einwohnern um, fragte nach möglichen Anschlägen, sammelte Informationen über Blindgänger, organisierte Einsätze und dokumentierte sie nachträglich. Einmal in der Woche gab er über die interne Radiostation einen Lagebericht ab, um die Truppen über Gefahrenschwerpunkte zu informieren. Aber er nahm auch selbst an vielen Einsätzen teil, rückte mit der Truppe aus und war in brenzligen Situationen vor Ort. Aus seinem Brief ist nichts über seine konkrete Arbeit und die alltägliche Bedrohung herauszulesen, auch nicht aus späteren Briefen, die er seiner Frau schrieb. Das hatte natürlich damit zu tun, dass er sie nicht beunruhigen wollte. Aber es hing auch mit der öffentlichen Wahrnehmung des Afghanistan-Einsatzes zusammen: 2004 durfte der Krieg noch nicht Krieg genannt werden, und der Staat war darauf bedacht, dass nicht zu viele negative Schlagzeilen nach Deutschland drangen. Das war auch den Truppen in Afghanistan bekannt. Entsprechend vorsichtig äußerten sich die Soldaten in ihren Briefen und am Telefon. Es war eine heikle Situation – vor Ort herrschte ein Krieg, den es offiziell nicht gab.

In den neun Monaten, die Werner Grabolle zunächst in Kabul verbrachte, war das politische Klima immer wieder durch besondere Ereignisse aufgeheizt. So fiel etwa die erste Präsidentschaftswahl nach dem Sturz des Taliban-Regimes in diese Zeit. Wenn die Stimmung hochkochte, war die Gefahr der Anschläge auf internationale Streitkräfte, afghanische Polizei, Politiker oder Zivilbevölkerung noch höher als sonst. Die immerwährende Bedrohung bedeutete auch: Feste Arbeitszeiten oder gar Freizeit gab es nicht. Jederzeit konnte das Telefon klingeln oder eine Nachricht über einen möglichen Anschlag eingehen. Werner Grabolle war in ständiger Bereitschaft. Entspannung fand er beim gelegentlichen

Chorsingen – „es ist doch ein bisschen Abwechslung und die Gedanken sind beim Singen freier", schrieb er seiner Frau in einem späteren Brief. Doch für solche Aktivitäten gab es selten Freiraum. Oft sah Grabolle selbst das Lager lange Zeit nicht: Wochenlang waren er und seine Teams unterwegs, um weiter entfernte Gebiete zu erkunden und abzusichern – in einem Land, das so gut wie keine Infrastruktur hat, in dem es an den meisten Orten keinen Strom, kein fließendes Wasser und schon gar keine Hotels gibt.

Auf Werner Grabolles Schulterklappen und den Einsatzfahrzeugen stand das Kürzel EOD (Explosive Ordnance Disposal), das für Kampfmittelbeseitigung steht. Viele Afghanen kannten dieses Kürzel – das half, Vertrauen zu schaffen, Kontakte herzustellen, Netzwerke zu knüpfen. Viele Menschen wussten: Hier kommt jemand, der uns helfen kann. Tatsächlich half Grabolle inoffiziell oft mehr, als er musste. Seine Ärztetrupps behandelten unterwegs Menschen in den Dörfern, sein Team hatte Schulhefte und Stifte für die Schulen dabei oder Süßigkeiten für die Kinder. Grabolle hielt Vorträge, um die Menschen für die Bedrohung durch Blindgänger zu sensibilisieren, und half mit Rat und Tat Entwicklungshelfern, denen er unterwegs begegnete. Umgekehrt lernte er viele Afghanen kennen, die ihm offen und freundlich gegenübertraten und ihn bei seiner Arbeit unterstützten.

Doch die Lage in Afghanistan war und ist hochgradig kompliziert. Der Einfluss der Taliban war 2004 schon wieder immens; viele Menschen kooperierten tagsüber mit den Streitkräften – und hielten sich in der Nacht aus Angst an die Taliban. Während der Schutz vor Anschlägen und das Beseitigen von Blindgängern wichtige Hilfeleistungen für die Zivilbevölkerung darstellten, war Grabolles Arbeit den Taliban ein Dorn im Auge. Deshalb waren ständige Wachsamkeit und Sensibilität überlebenswichtig. Erreichte Grabolles Team ein Dorf, in dem keiner sein Haus verließ, um die Truppe zu begrüßen, war der schnelle Rückzug die einzig richtige Wahl. Kommunizierte Grabolle über einen afghanischen Dolmetscher mit einem Dorfoberhaupt, galt es, die Reaktion des Gegenübers genau zu beobachten – hatte der Dolmetscher präzise weitergegeben, was der Oberstleutnant gesagt hatte, oder verfolgte er eigene Interessen? Misstrauen war ein ständiger Begleiter.

Umso wichtiger waren die Bindung nach Hause, der Rückhalt der Familie. Telefonate gestalteten sich schwierig, weil die Verbindung chronisch instabil und die Gebühren extrem hoch waren. Die Feldpost war das verlässlichste Instrument, um mit der Heimat in Verbindung zu bleiben. Für Camp Warehouse war die Deutsche Post verantwortlich, weil die Logistik in deutscher Hand war. Briefe, Postkarten und Pakete kamen aus allen Ländern und wurden in alle Länder geschickt, die das Camp vertrat: nach Spanien, Kanada, Italien, in die USA. Die Feldpostmitarbeiter arbeiteten oft rund um die Uhr, um die großen Postmengen für die fast 3000 Menschen auf der Militärbasis zu bewältigen – und das fast ausschließlich in Handarbeit. Aus Angst vor Sprengstoffanschlägen und um Drogenschmuggel zu verhindern, wurden Spürhunde eingesetzt; kein Brief, kein Paket durfte ungeprüft passieren. Für die Soldaten war die Ankunft der Post aus dem Heimatland ein Höhepunkt im Kriegsalltag. Wenn aufgrund technischer Schwierigkeiten zwei oder drei Wochen lang keine Post in Kabul ankam, sank die Stimmung dagegen auf den Tiefpunkt.

Im März 2005 wurde Werner Grabolle durch einen Nachfolger abgelöst und kehrte nach Deutschland zurück. Von November 2005 bis März 2006 hatte er einen zweiten Einsatz in Kabul, diesmal als deutscher Leiter Kampfmittelbeseitigung/Kampfmittelbedrohung. Nach insgesamt dreizehn Monaten in Afghanistan war er froh, wohlbehalten nach Hause zu kommen und seine Familie wiederzusehen. Doch neben Freude und Erleichterung brachte er auch neue Perspektiven mit. Seine Erfahrungen in einem der ärmsten Länder der Welt hatten seine Sicht auf den westlichen Wohlstand verändert, der nicht mehr so selbstverständlich schien wie zuvor. Die Zusammenarbeit mit Soldaten aus vielen Nationen hatte seinen Horizont erweitert. Er hatte in den afghanischen Dörfern ein Gesellschaftsmodell kennengelernt, in dem die Großfamilie noch den Dreh- und Angelpunkt des Lebens darstellt. Und er hatte einen differenzierten Blick auf den Islam werfen können – als sinnstiftendes Regelwerk für einen Alltag unter schwierigsten Bedingungen, aber auch als Waffe fundamentalistischer Terroristen.

Neben den Spuren, die Afghanistan bei Werner Grabolle hinterlassen hat, gibt es auch die Spuren, die er in Afghanistan hinterließ. Die Hilfe und Unterstützung, die er und seine Teams der Bevölkerung zukommen ließen, waren in der hochkomplizierten Gemengelage am Hindukusch mehr als ein Tropfen auf den heißen Stein. Für das Land, dessen Schicksal bis heute völlig ungewiss scheint, war seine Arbeit ein wichtiger Baustein für ein späteres Leben in Frieden.

eingegangen
18.5.06

'Tach Heimatschatz!!!

Na ihr 2 (4 mit Katzen) wie geht's euch? Mir geht's gut. Die Hälfte hab ich ja schon geschafft. Am 15. ist Bergfest. Papa kennt das bestimmt. Langsam wird es immer wärmer hier. Wir erreichen hier langsam die 40°C Marke. Ich schwitze wie ein Schwein und hab dadurch auch schon tierisch abgenommen. Also Mama, wenn ich wiederkomme, brauch ich was vernüftiges zu Essen. Achso... Essen genau... ich brauch Fruchtzwerge. Egal ob sie schon schlecht sind, wenn sie hier ankommen. Soll 'nen Gag werden zum Geburtstag von unserem Gruppenführer. Also einfach schicken, nicht fragen ☺

Ein trauriges Ereignis überschattete die Woche. Bestimmt kam mittlerweile auch in den Nachrichten etwas. 2 Italiener wurden bei einem Anschlag getötet, ein weiterer hat beide Beine verloren. Wir erwiesen ihnen die letzte Ehre indem es einen großen Appell gab, der sich durchs ganze Lager zog. Ich stand an der Schranke und salutierte als sie vorbeifuhren. Ich hoffe, ich muss niemals vor Alu-kisten mit Bundesflagge salutieren. Das hat mir schon gereicht.

Ich sende euch meine Ernennungsurkunde und mal wieder 'nen T-Shirt. Das könnt ihr zu dem anderen "Kram" packen. Die Urkunde könnt ihr gleichzeitig als Nachweis nutzen; einfach kopieren. Okay, das war's auch schon. Schraf an. Hab euch lieb

Christian

CHRISTIAN SZAFRAN an seine Eltern

'Tach Heimatschutz!!!

Na ihr 2 (4 mit Katzen) wie geht's euch? Mir geht's gut. Die Hälfte hab ich ja schon geschafft. Am 15. ist Bergfest. Papa kennt das bestimmt. Langsam wird es immer wärmer hier. Wir erreichen hier langsam die 40 °C Marke. Ich schwitze wie ein Schwein und hab dadurch auch schon tierisch abgenommen. Also Mama, wenn ich wiederkomme, brauch ich was vernünftiges zu Essen. Achso ... Essen genau ... ich brauch Fruchtzwerge. Egal ob sie schon schlecht sind, wenn sie hier ankommen. Soll 'nen Gag werden zum Geburtstag von unserem Gruppenführer. Also einfach schicken, nicht fragen

Ein trauriges Ereignis überschattete die Woche. Bestimmt kam mittlerweile auch in den Nachrichten etwas. 2 Italiener wurden bei einem Anschlag getötet, ein weiterer hat beide Beine verloren. Wir erwiesen ihnen die letzte Ehre indem es einen großen Appell gab, der sich durchs ganze Lager zog. Ich stand an der Schranke und salutierte als sie vorbeifuhren. Ich hoffe, ich muss niemals vor Alu-Kisten mit Bundesflagge salutieren. Das hat mir schon gereicht.

Ich sende euch meine Ernennungsurkunde und mal wieder 'nen T-Shirt. Das könnt ihr zu dem anderen „Kram" packen. Die Urkunde könnt ihr gleichzeitig als Nachweis nutzen; einfach kopieren. Okay, das war's auch schon. Ich ruf an.

Hab euch lieb

Christian

CHRISTIAN SZAFRAN an seine Eltern

Mit 20 Jahren ist das Leben für die meisten Menschen besonders spannend: die erste eigene Wohnung, der erste richtige Job oder die ersten Semester an der Uni, ein freiwilliges soziales Jahr oder ein Auslandsaufenthalt. Noch ist es mehr Abenteuer als Belastung, die Verantwortung für das eigene Leben zu übernehmen, und auch wenn das Geld meist knapp ist, sind die Freiheiten groß. In keinem Alter sind die Möglichkeiten so vielfältig und ist die Zukunft zugleich so offen. Es ist eine Zeit der Orientierung und des Übergangs von der Jugend ins Erwachsenenalter, eine Phase des Ausprobierens und Sich-selbst-Findens. Für viele Menschen sind diese Lehr- und Wanderjahre im Rückblick die freieste Zeit ihres Lebens.

Bei Christian Szafran war das anders. Als er sich mit zwanzig entschied, zur Bundeswehr zu gehen, tauschte er die Freiheit gegen einen Job, der für einen jungen Menschen mit erheblichen Einschränkungen und viel Verantwortung verbunden ist – nicht nur für sich selbst, sondern auch für andere. 2005 war die Wehrpflicht noch nicht ausgesetzt, Szafran war also zunächst einer von vielen jungen Männern, die 9 Monate lang ihren Pflichtdienst bei der Bundeswehr ableisteten. Doch im Gegensatz zu anderen wollte er mehr. Direkt nach der Grundausbildung meldete er sich freiwillig für einen Einsatz in Afghanistan und verlängerte seine Dienstzeit auf 23 Monate. Während seine Altersgenossen Partys und Nachtleben genossen, feierte er seinen 21. Geburtstag als Alarmposten auf dem Dach eines Hauses auf dem Truppenübungsplatz. Wenige Wochen später saß er im Flugzeug Richtung Afghanistan, auf dem Weg zu einem Auslandsaufenthalt, der wenig mit einem Au-pair-Job in Paris oder einer Backpacker-Reise durch die USA gemeinsam hatte – selbst wenn die Motive ähnlich waren: Auch bei Christian Szafran waren es Abenteuerlust und die Neugier auf eine fremde Kultur, die ihn in die Ferne trieben. Anders als viele seiner Kameraden nutzte Szafran jede Gelegenheit, sich über das ferne Land zu informieren, von dem er bis dato nicht einmal gewusst hatte, wo genau es lag. Er verschlang

CHRISTIAN SZAFRAN kam am 14. September 1984 im Westteil Berlins zur Welt. Sein Vater war Zeitsoldat, seine Mutter arbeitete in einem Krankenhaus. Nach der Wende nahm Szafrans Familie Besucher aus Spremberg in Brandenburg bei sich auf, zu denen bis heute freundschaftliche Bande bestehen. Nach der Grundschulzeit in Spandau besuchte Szafran eine Gesamtschule, die er 2001 mit der mittleren Reife abschloss. Schon früh wollte Szafran zur Bundeswehr gehen, doch der Wehrdienstberater empfahl ihm, zunächst eine Berufsausbildung abzuschließen. Deshalb machte Szafran zunächst eine Lehre beim Grünflächenamt in Spandau.

Am 1. April 2005 trat Christian Szafran seinen Wehrdienst an und meldete sich kurz darauf freiwillig für den Einsatz in Afghanistan. Bis 2009 nahm er an drei Afghanistan-Einsätzen teil. Nach seiner Rückkehr und einer kurzen Station im Luftwaffenmuseum der Bundeswehr begann Szafran eine Ausbildung zum Rettungsassistenten. Er schloss erfolgreich mit dem Staatsexamen ab und befindet sich derzeit in seinem Berufsanerkennungsjahr bei der Feuerwehr in Potsdam.

Seine Eltern, **ROMAN UND DAGMAR SZAFRAN**, sind seit 1984 verheiratet. Der aus Schleswig-Holstein stammende Vater diente von 1975 bis 1987 als Zeitsoldat bei der Bundeswehr. Er war bei der Marine in verschiedenen Dienstposten beschäftigt, zuletzt war er Oberbootsmann. Seit 1987 lebt die Familie in Berlin. Roman Szafran arbeitete zunächst bei der Deutschen Post und absolvierte ab 1991 eine Ausbildung zum Justizvollzugsbeamten. Heute arbeitet er im offenen Strafvollzug in Berlin.

die Informationsbroschüren des Auswärtigen Amtes und las sich in die Geschichte und Kultur Afghanistans ein. Er wollte wissen, wie die Menschen dort lebten, wollte einen Einblick bekommen in die Welt, die für einige Monate seine zweite Heimat werden würde. Trotz der intensiven Vorbereitung in Deutschland war es eine Reise ins Ungewisse: Was ihn in Afghanistan wirklich erwartete, wusste der 21-Jährige nicht.

Ab 2006 war Szafran in der internationalen Militärbasis Camp Warehouse in Kabul stationiert. Verglichen mit späteren Jahren war es in Afghanistan noch verhältnismäßig ruhig; Szafrans Aufgaben bestanden hauptsächlich aus Patrouillengängen und Sicherungseinsätzen beim Bau von Schulen und anderen Einrichtungen. In der Wahrnehmung vieler Menschen zu Hause war der Afghanistan-Einsatz eine friedenssichernde Wiederaufbauaktion, von einem Krieg wagte noch keiner zu sprechen. Dabei war es schon in diesen Jahren alles andere als friedlich am Hindukusch. Seit der internationale Einsatz begonnen hatte, gab es immer wieder Kampfhandlungen und Anschläge, wenn auch nicht in der Intensität der späteren Jahre. Christian Szafran war noch nicht lange in Kabul stationiert, als er den ersten schrecklichen Vorfall miterlebte: Zwei italienische Soldaten starben bei einem Anschlag, einem weiteren riss es beide Beine weg. Zum ersten Mal in seinem Leben war Szafran so unmittelbar mit dem Tod konfrontiert. Auf diesen ersten Eindruck und die Gefühle, die er hervorruft, kann man sich nicht vorbereiten. Das wird auch in den Zeilen deutlich, die Szafran seiner Familie, seinem „Heimatschutz", schrieb. An dem Tag, an dem den Gefallenen mit einem Appell die letzte Ehre erwiesen wurde, hatte er Wachdienst. Bis heute erinnert sich Christian Szafran an die Gänsehaut, die der Anblick der mit Flaggen bedeckten Alusärge bei ihm auslöste.

Wer sich mit 21 Jahren solchen Erlebnissen stellen muss, braucht eine stabile psychische Konstitution – und Menschen, denen er vertraut und auf die er sich verlassen kann. Für Szafran waren diese Menschen seine Eltern, Geschwister und Freunde zu Hause. Der Briefwechsel mit den Eltern war auch ein Weg, die Ereignisse des Tages am Abend zu rekapitulieren und zu verarbeiten. Christian Szafran war und ist ein leidenschaftlicher Briefeschreiber. Gerade in seinem emotional oft aufreibenden ersten Auslandseinsatz lernte er Papier und Stift schätzen – weil sie, im Gegensatz zum Telefon, geduldig sind. Weil man sich für einen Brief Zeit nehmen muss, weil man reflektiert, während man schreibt, und einmal Geschriebenes korrigieren kann. Manches harte Wort, das er unter dem Druck extremer Situationen geschrieben hatte, fand sich im abgeschickten Brief nicht mehr wieder. Zugleich dokumentieren Christian Szafrans Briefe heute für ihn auch seine Zeit in Afghanistan, zusammen mit etlichen Gigabytes an Fotos, die er dort aufgenommen hat.

Rückhalt in der Familie ist für Soldaten im Einsatz extrem wichtig – auch um zu wissen, dass man nach der Heimkehr wieder Halt im Alltag findet. Doch Christian Szafrans Bezugspersonen waren weit weg. In Afghanistan bestand die Familie aus den Kameraden der Einheit. Die gemeinsamen Erfahrungen schweißten zusammen und verhinderten das Gefühl von Einsamkeit. Daneben hatte Christian Szafran aber noch jemanden, der ihm die Zeit in Afghanistan erleichterte. Sein Zugführer wurde als Lehrer, Ansprechpartner und Vorbild Szafrans wichtigste Bezugsperson. Der junge Soldat vergleicht die Rolle des Zugführers heute mit der eines Ersatzvaters, der ihm beibrachte, wie er sich richtig verhielt, und der ihm das Ideal des verantwortungsbewussten Soldaten vorlebte. Viele der Fähigkeiten und Kompetenzen, die Christian Szafran im Lauf der Zeit entwickelt hat, rechnet er diesem Menschen an. Allerdings war Szafran das Talent für den Beruf sicher zu einem Gutteil in die Wiege gelegt: Schließlich war schon sein Vater Roman Soldat.

Als Christian Szafrans Afghanistan-Einsatz im Juli 2006 vorüber war, hatte er so reichlich Eindrücke gesammelt wie in keinem Lebensabschnitt zuvor. Jeder weiß, dass sauberes Trinkwasser und eine funktionierende Infrastruktur in vielen Ländern der Welt nicht selbstverständlich sind. Wer das, wie Christian Szafran, aber selbst vor Ort erlebt, erfährt dennoch einen Kulturschock – und gewinnt gleichzeitig einen neuen Blick für das westliche Leben im Wohlstand. Weitere bedeutsame Erfahrungen waren, eine völlig andere Kultur zu erleben und sich zum ersten Mal mit dem Islam auseinanderzusetzen. Da Christian Szafran Französisch und Englisch spricht, begleitete er oft die Teams, die in den afghanischen Dörfern mit den Menschen sprachen.

Und schließlich blieben die kriegstypischen Eindrücke: bedrohliche Situationen, Kämpfe, Verluste. Obwohl er einer der Jüngsten war, kam Christian Szafran erstaunlich gut zurecht. Er hatte früh gelernt, die Angst, diese gefährliche Begleiterin, im Notfall auszublenden und einen kühlen Kopf zu bewahren. Im Einsatz ist psychische Stabilität eine potenziell lebensrettende Stärke. Nach dem Krieg hilft sie, das Erlebte zu verarbeiten. Zurück in Deutschland wurde Christian Szafran schnell klar, dass dies wohl nicht sein letzter Einsatz war. Der Beruf des Soldaten mit all der Verantwortung und Loyalität, die Szafran empfand, schien auch für die Zukunft der richtige Weg für ihn zu sein. Bereits 2007 war er wieder in Afghanistan und blieb dort erneut für mehrere Monate, bis ins Jahr 2008 hinein. Christian Szafran zählte immer noch zu den jüngsten Soldaten – aber längst nicht mehr zu den Unerfahrensten. 2009 fuhr Szafran schließlich für seinen dritten und letzten Einsatz nach Afghanistan. Die Lage vor Ort war inzwischen eine andere: Die Konflikte in Afghanistan hatten sich gegenüber 2006 massiv zugespitzt.

Auch in Christian Szafrans Leben hatte sich einiges geändert. 2009 wurde er zum ersten Mal Vater und durfte für zehn Tage aus Afghanistan nach Hause reisen, um bei der Geburt dabei zu sein. Diese ganz neue Verantwortung führte letztlich auch dazu, dass Szafran nach seinem dritten Afghanistan-Einsatz nicht mehr in das umkämpfte Land zurückkehrte. Um näher bei seiner neuen Familie zu sein, ließ er sich nach Berlin versetzen. Szafran entschied sich außerdem, seine Dienstzeit als Zeitsoldat nicht mehr zu verlängern. Im März 2013 schied er, inzwischen im Dienstgrad eines Oberstabsgefreiten, aus der Bundeswehr aus.

Wer als junger Mensch so lange bei der Bundeswehr war, für den ist es nicht leicht, im zivilen Berufsleben Fuß zu fassen. Ein Bürojob reizt Christian Szafran auch heute nicht. Mit Unterstützung der Bundeswehr hat er deshalb eine Ausbildung zum Rettungsassistenten abgeschlossen und arbeitet bei der Feuerwehr. Der Beruf macht ihm Spaß. Das Medizinische liegt ihm, und der Zusammenhalt bei der Feuerwehr ist ebenso ausgeprägt wie in der Armee. Sein Freundeskreis ist immer noch nahezu derselbe, den er vor seiner Bundeswehrzeit hatte, obwohl sich die Biografien der Freunde sehr unterscheiden: Während Christian Szafran in Afghanistan war, haben die meisten anderen das gemacht, was man als 20-Jähriger eben so macht: Sie haben studiert, sind in den Beruf eingestiegen, waren auf Reisen und haben Partys gefeiert. Christian Szafran war nie neidisch auf ihre Lebensentwürfe. Er hat die Entscheidung, einige Jahre bei der Bundeswehr zu verbringen, bis heute nicht bereut. Christian Szafran ist aus dem Krieg zurückgekehrt, hat sich eine berufliche Existenz aufgebaut und ist im Zivilleben angekommen. Die Freiheiten, die sich seine Freunde vor zehn Jahren nehmen konnten, hat er nie genossen. Seine Lehr- und Wanderjahre sahen anders aus. Und doch würde er, da ist er sicher, es immer wieder genauso machen.

M-E-S 10.09.2008

Hallo mein Sonnenschein,

ich hoffe es geht dir gut. Die Fastenzeit ist hier voll im Gange und es scheint auch Alles langsamer und ruhiger zu werden. Aber ich habe mich entschieden nicht zu fasten, weil ich das bei der Hitze und der Sicherheitslage hier nicht mit meinen Gewissen vereinbaren kann. Der Gedanke, dass etwas passieren könnte und ich nicht die Kraft hätte richtig zu reagieren oder gar meine Kammeraden zu gefährden, lässt es einfach nicht zu. Aber irgendwie ist das seltsam ungewohnt, weil die lokalen afghanischen Arbeiter hier auch fasten und ich das Gefühl habe komisch beäugt zu werden. Aber wahrscheinlich bilde ich mir das auch nur ein. Das mit dem Essen klappt hier eigentlich ganz gut und es gibt auch immer ein "Moslem Menü" also ohne Schweinefleisch.
Ich habe das Gefühl, dass ich gut zugelegt habe, weil man halt nicht mehr regelmäßig zum Sport kommt.
Naja es ist ja nicht mehr so lang........

Ich vermisse dich vom ganzen Herzen und denke ständig an dich.

Ich freue mich auf dich.

In Liebe dein

Dawlt

CHAOUKI AAKIL an seine Lebensgefährtin

M-e-S 10.09.2008

Hallo mein Sonnenschein,

ich hoffe es geht dir gut. Die Fastenzeit ist hier voll im Gange und es scheint auch Alles langsamer und ruhiger zu werden. Aber ich habe mich entschieden nicht zu fasten, weil ich das bei der Hitze und der Sicherheitslage hier nicht mit meinem Gewissen vereinbaren kann. Der Gedanke, dass etwas passieren könnte und ich nicht die Kraft hätte richtig zu reagieren oder gar meine Kammeraden zu gefährden, lässt es einfach nicht zu. Aber irgendwie ist das seltsam ungewohnt, weil die lokalen afghanischen Arbeiter hier auch fasten und ich das Gefühl habe komisch beäugt zu werden. Aber wahrscheinlich bilde ich mir das auch nur ein. Das mit dem Essen klappt hier eigentlich ganz gut und es gibt auch immer ein „Moslem Menü" also ohne Schweinefleisch. Ich habe das Gefühl, dass ich gut zugelegt habe, weil man halt nicht mehr regelmäßig zum Sport kommt. Naja es ist ja nicht mehr so lang ...

Ich vermisse dich vom ganzen Herzen und denke ständig an dich.

Ich freue mich auf dich.

In Liebe dein

Chaouki

„Warum bist du hier und kämpfst gegen deine Glaubensbrüder?" Die Frage des Afghanen, eines Helfers im Bundeswehrcamp Masar-i-Scharif, saß. Chaouki Aakil, Oberfeldwebel in einem Logistikbataillon der Bundeswehr, erinnert sich noch drei Jahre später daran, wie er damals ins Grübeln geriet. Er hätte entgegnen können, dass er keinesfalls gegen seine Glaubensbrüder kämpfe. Dafür hätte er viele Argumente anführen können: dass er an einer Sicherheits- und Aufbaumission unter NATO-Führung mitwirke, dass dieser Einsatz vom Sicherheitsrat der Vereinten Nationen und damit von muslimischen Nationen legitimiert sei, dass der Einsatz unter Mitwirkung afghanischer Vertreter bei der ersten Afghanistan-Konferenz auf dem Petersberg beschlossen worden sei, dass der Einsatz notwendig sei, um das kriegsgeplagte

Land zu befrieden und vom Terror zu befreien, dass er, Chaouki Aakil, sich ganz sicher nicht wie ein Besatzer fühle, nicht als Besatzer aufführe und auch nicht als Besatzer gesehen und verstanden werden wolle – und zuletzt, dass es viele Interpretationen des Islam abseits eines traditionellen Verständnisses gebe, dass Religion niemals Gewalt legitimiere und seine Religionszugehörigkeit in diesem Zusammenhang einfach keine Rolle spiele. Aber was von alledem hätte der Afghane verstanden? Chaouki Aakil wählte daher bei seinen Erklärungen so einfache Worte wie möglich. Ob er zu seinem Gesprächspartner durchgedrungen ist oder dieser ihn für einen schlechten Moslem gehalten hat? Wer weiß.

Chaouki Aakils Eltern stammen aus Marokko. Er selbst ist in Dortmund geboren. Seine Religion ist ihm wichtig, aber für ihn ist sie Privatsache. „Natürlich habe ich bei meinem Einsatz in Afghanistan den Einheimischen nichts von meiner Religionszugehörigkeit erzählt", sagt der Oberfeldwebel. „Schon aus Sicherheitsgründen ist es wichtig, im Einsatz so wenig wie möglich von sich preiszugeben; in Gesprächen, aber auch in sozialen Medien wie Facebook. Wer zu viel von sich herauslässt, macht sich erpressbar." Doch natürlich fiel den einheimischen Hilfskräften sein Name auf: Chaouki klingt anders als Christian, und sein arabisches Aussehen machte die Menschen neugierig. Die Frage „Nun sag, wie hast du's mit der Religion?" ließ sich nicht immer vermeiden. Für Chaouki Aakil bedeutete dies einen Gewissenskonflikt. Sollte er lügen oder die Wahrheit sagen, auch um den Preis, sich in Diskussionen mit ungewissem Ausgang hineinziehen zu lassen? Im Zweifel blieb er bei der Wahrheit.

Ebenfalls ein Gewissenskonflikt für den Soldaten Aakil war der Umgang mit dem Fastengebot. Fünf Säulen kennt der Islam: das Glaubensbekenntnis, das Pflichtgebet fünfmal am Tag, die Almosenspende, das Fasten im Ramadan und die Pilgerfahrt nach Mekka. Unter diesen Hauptpflichten hat das Fasten eine große Bedeutung. Es verlangt dem Gläubigen ein besonderes Opfer ab, zugleich zeigt es Zugehörigkeit. Daher verzichten im Ramadan selbst nicht strenggläubige Muslime von Sonnenaufgang bis Sonnenuntergang auf jede Nahrungsaufnahme und jede Flüssigkeitszufuhr. Das Fastengebot kennt Ausnahmen: Schwangere und stillende Mütter, Alte und Kranke, Reisende und Menschen, die körperlich hart arbeiten müssen, dürfen das Fasten aussetzen und können es zu einer anderen Zeit nachholen. Im Ramadan 2008 war Chaouki Aakil im Afghanistan-Einsatz und befand sich damit auf einer Reise. Er war also vom Fasten befreit. Dennoch machte der Soldat sich seine Entscheidung nicht leicht. Dies zeigt auch sein Brief an seine Lebensgefährtin, in dem er sich seine Zweifel von der Seele schrieb.

Die beiden waren erst vor anderthalb Jahren ein Paar geworden. Während des Einsatzes telefonierten sie täglich, und wenn es die Datenrate zuließ, kommunizierten sie auch jeden Tag per Video-Chat. Die wichtigen Dinge aber, die vertraulichen und intimen Dinge, die Bestand haben sollten – wie eben die Gedanken um das Fasten – tauschten sie in Briefen aus. Pro Woche ein Brief, so lautete die Abmachung. Kam ein solcher Brief im Camp an, war der Tag für Chaouki Aakil ein Fest. „Im Lager gibt es kein Wochenende, jeder Tag ist Mittwoch. Man muss

CHAOUKI AAKIL wurde am 11. Juli 1982 in Dortmund geboren. Sein Vater war Anfang der 1970er Jahre nach Deutschland gekommen, die Familie später nachgezogen. Im Jahr 2003 wurde Chaouki Aakil zum Grundwehrdienst eingezogen und blieb danach als Zeitsoldat bei der Truppe. Im März 2007 lernte er seine Lebenspartnerin kennen.

Vom 1. Juli bis 15. November 2008 war Chaouki Aakil Soldat in einem Nachschubbataillon der Bundeswehr in Masar-i-Scharif. Dort arbeitete er als Personalsachbearbeiter im Rang eines Stabsunteroffiziers in der militärischen Verwaltung. Die Zeit in Afghanistan war bisher sein einziger Auslandseinsatz. Bei späteren Einsätzen seines Bataillons war er zu Lehrgängen abkommandiert und „durfte", wie er sich ausdrückt, nicht mitgehen: „Ich bin Soldat aus Überzeugung. Wenn die Kompanie in den Einsatz abfliegt und man hierbleibt, gibt einem das ein komisches Gefühl." Fast so, als wenn die muslimische Welt fastet, und man isst und trinkt, um bei Kräften zu bleiben.

CHAOUKI AAKIL an seine Lebensgefährtin

selbst dafür sorgen, dass es Wochen-Highlights gibt", sagt der Soldat. Einer dieser Höhepunkte war, wenn er einmal in der Woche mit Kameraden eine Pizzeria im Camp der Norweger besuchte, ein anderer eben, wenn ein Brief der Partnerin eintraf. Und das Größte war, wenn der Brief auch noch in einem Paket aus der Heimat steckte, zusammen mit einer Tafel der Lieblingsschokolade, die weder der „Küchenbulle" noch der Marketender im Lager hatte, oder einem Päckchen frischer Minze, aus der Chaouki Aakil so gerne seinen Tee brüht. Pfefferminze war für ihn in Afghanistan einfach nicht aufzutreiben. Das Briefeschreiben hatte für Aakil ebenfalls eine besondere Bedeutung. In der Enge des Lagers gibt es nur wenig Privatsphäre. Sich eine Zeit lang zurückzuziehen, um ungestört nachdenken und einem geliebten Menschen schreiben zu können, war für ihn ein außergewöhnlicher Moment, ein Luxus.

Kein Auslandseinsatz ist einfach, für keinen Soldaten. Denkbar kompliziert wird es aber, wenn ein deutscher Soldat muslimischen Glaubens religiöse Vorschriften gegen Sicherheitsaspekte abwägen muss. Und noch schwieriger wird es, wenn dieser Soldat in einem durch und durch islamisch geprägten Land im Einsatz ist und der Einsatz dazu dient, islamistischen Terror zu unterbinden. Chaouki Aakil hat solche Gewissenskonflikte auf seine eigene Weise verarbeitet.

Allein ist er mit diesen Konflikten nicht. Wie sich die Gesellschaft verändert, so wandelt sich die Truppe. Unter den 250 000 Soldatinnen und Soldaten der Bundeswehr gibt es heute schätzungsweise 1000 Muslime, vor allem türkisch- und arabischstämmige Männer. Sie dienen in Deutschland und bei Auslandseinsätzen; viele haben sicher Ähnliches erlebt und gedacht wie Oberfeldwebel Chaouki Aakil. Wie steht nun die Truppe zu muslimischen Kameraden? Wie reagieren andere Soldaten darauf, dass manche nur mit der Unterhose bekleidet duschen, dass manche die Einladung zu einem alkoholfreien Bier ausschlagen, weil selbst die kleine Menge Restalkohol darin mit den Glaubensgeboten nicht vereinbar ist, oder dass manche im Ramadan fasten möchten? Mokieren sich die Kameraden darüber – oder ist das eben so und geht in Ordnung?

In Afghanistan bekam Oberfeldwebel Chaouki Aakil, wie in seinem Brief steht, ein „Moslem Menü" zubereitet, ohne Schweinefleisch, ohne versteckte Bestandteile wie Schweinegelatine und selbstverständlich alkoholfrei. An Aakils heutigem Standort Unna, wo ungefähr dreißig muslimische Bundeswehrsoldaten Dienst tun, wird ihr Essen getrennt von dem der anderen gelagert und zubereitet, die Köche benutzen sogar verschiedene Messer und Schöpfkellen. Im Fastenmonat Ramadan hat die Kantine nach Sonnenuntergang extra lange auf, damit die muslimischen Kameraden in Ruhe ihr warmes Essen fassen können. Die Bundeswehr hat sich darauf eingestellt, dass es Soldaten wie Chaouki Aakil in ihren Reihen gibt. Das zeigt sich im Verhalten vieler Soldaten, aber auch im Angebot der Truppenküchen.

Reservistenverband

PRÄSIDENT
Roderich Kiesewetter MdB

Zeppelinstraße 7A
53177 Bonn

Reservistenverband, Postfach 20 14 64, 53144 Bonn

Herrn
Feldwebel Gregor Weber
Stab PRT KDZ – PAO
Feldpost
64298 Darmstadt

22. April 2013

Ihr Einsatz in Afghanistan

Sehr geehrter, lieber Herr Weber,

sehr gut erinnere ich mich noch an Ihre mitreißende Ansprache anlässlich unserer PTBS-Benefizveranstaltung in Berlin im April 2011. Sie sagten damals: „So lange wir eine Armee haben und so lange Soldaten dieser Armee in unserem Namen in lebensgefährliche Einsätze geschickt werden, so lange haben diese Soldaten ein Recht auf unser aller Mitgefühl, unser aller Solidarität und darauf, dass sie sich für die Erfüllung ihrer Pflichten nicht rechtfertigen oder gar schämen müssen. Denn sie sind unsere Soldaten, ob wir eine Armee wollen oder nicht. So wie auch Abgeordnete, die wir nicht gewählt haben, dennoch unsere Abgeordneten sind."

Dem habe ich eigentlich nichts hinzuzufügen, außer dieser Aussage: Sie können stolz auf Ihren Mut sein, diesen gefährlichen Einsatz in Afghanistan auf sich zu nehmen. Dafür, dass Sie als prominenter Reservist nicht nur einen Besuch am Hindukusch abstatten, sondern dass Sie sich im wahrsten Sinne des Wortes in die Reihe der ganz normalen Soldaten eingliedern und für mehr als drei Monate Ihren Mann stehen wollen danke ich Ihnen.

Das Präsidium des Verbandes steht zu Ihnen und Ihren Kameraden. Wir haben diesem Brief ein Paket mit kleinen Präsenten beigefügt, die Sie bitte unter die Kameraden bringen, wenn Sie das Bedürfnis haben, dem einen oder anderen Kameraden zusprechen zu müssen. Kleine Geschenke erhalten bekanntlich die Freundschaft.

In diesem Sinne alles Gute für Sie und Ihre Kameradinnen und Kameraden. Bleiben Sie gesund und kommen Sie unversehrt an Leib und Seele heim.

Mit ganz großem Respekt vor Ihrer schauspielerischen Leistung und Ihrem zu Ihrem gelebten Engagement für die Soldaten und unsere Reserve

Herzlich Ihr Roderich Kiesewetter

Briefwechsel zwischen GREGOR WEBER und RODERICH KIESEWETTER

Herrn
Feldwebel Gregor Weber
Stab PRT KDZ – PAO
Feldpost
64298 Darmstadt

22. April 2013

Ihr Einsatz in Afghanistan

Sehr geehrter, lieber Herr Weber,

sehr gut erinnere ich mich noch an Ihre mitreißende Ansprache anlässlich unserer PTBS-Benefizveranstaltung in Berlin im April 2011. Sie sagten damals: „So lange wir eine Armee haben und so lange Soldaten dieser Armee in unserem Namen in lebensgefährliche Einsätze geschickt werden, so lange haben diese Soldaten ein Recht auf unser aller Mitgefühl, unser aller Solidarität und darauf, dass sie sich für die Erfüllung ihrer Pflichten nicht rechtfertigen oder gar schämen müssen. Denn sie sind unsere Soldaten, ob wir eine Armee wollen oder nicht. So wie auch Abgeordnete, die wir nicht gewählt haben, dennoch unsere Abgeordneten sind."
Dem habe ich eigentlich nichts hinzuzufügen, außer dieser Aussage: Sie können stolz auf Ihren Mut sein, diesen gefährlichen Einsatz in Afghanistan auf sich zu nehmen. Dafür, dass Sie als prominenter Reservist nicht nur einen Besuch am Hindukusch abstatten, sondern dass Sie sich im wahrsten Sinne des Wortes in die Reihe der ganz normalen Soldaten eingliedern und für mehr als drei Monate Ihren Mann stehen wollen danke ich Ihnen.
Das Präsidium des Verbandes steht zu Ihnen und Ihren Kameraden. Wir haben diesem Brief ein Paket mit kleinen Präsenten beigefügt, die Sie bitte unter die Kameraden bringen, wenn Sie das Bedürfnis haben, dem einen oder anderen Kameraden zusprechen zu müssen. Kleine Geschenke erhalten bekanntlich die Freundschaft.
In diesem Sinne alles Gute für Sie und Ihre Kameradinnen und Kameraden. Bleiben Sie gesund und kommen Sie unversehrt an Leib und Seele heim.
Mit ganz großem Respekt vor Ihren schauspielerischen Leistungen und Ihrem zu Herzen gehenden Engagement für die Soldaten und unsere Reserve

herzlich Ihr Roderich Kiesewetter

Gregor Weber, Feldwebel

Derzeit:
Stab PRT KDZ
Über Feldpost
64298 Darmstadt

Herrn Roderich Kiesewetter MdB
Reservistenverband – Präsident
Zeppelinstraße 7A
53177 Bonn

Kunduz, 28. Apr. 2013

Sehr geehrter Herr Kiesewetter,

haben Sie vielen herzlichen Dank für Ihre so freundlichen Worte und das große Paket. Zwar bin ich erst knapp vier Wochen hier, aber ich habe schon festgestellt, dass tatsächlich genau die kleinen Geschenke und Gesten vielleicht keine Freundschaften erhalten, aber zumindest sehr viel mehr Bedeutung haben als im Alltag daheim. Einen Kameraden konnte ich gestern schon sehr mit einem Thermosbecher erfreuen – seiner war gerade kaputt gegangen...
Ich bin sicher, auch die anderen Geschenke werden nach und nach ihren Zweck erfüllen und Freude bereiten.

Was Sie über Stolz und Mut sagten, lieber Herr Kiesewetter, hat mich fraglos berührt, aber ich bin mit diesem Mut letztlich nur einer unter mehreren Hunderttausend. Vielen Dank dennoch dafür, ich weiß es sehr zu schätzen und nehme das Kompliment für und mit allen Kameraden gerne an.

Derzeit ist die Situation hier in Kunduz ruhig, aber nicht stabil, so die Bewertung in den Lagen und Befehlsausgaben. Wir sind alle dankbar, dass für niemanden, der draußen arbeitet, akute Gefahr besteht und es nahezu Routine ist, dass nach Beendigung der Aufträge stets alle gesund und munter wieder in das Feldlager zurückkehren.
Hoffen wir, dass es so bleibt.

Einstweilen herzliche und kameradschaftliche Grüße aus Kunduz,

Ihr Gregor Weber

Briefwechsel zwischen GREGOR WEBER und RODERICH KIESEWETTER

Herrn Roderich Kiesewetter MdB
Reservistenverband – Präsident
Zeppelinstraße 7 A
53177 Bonn

Kunduz, 28. Apr. 2013

Sehr geehrter Herr Kiesewetter,

haben Sie vielen herzlichen Dank für Ihre so freundlichen Worte und das große Paket. Zwar bin ich erst knapp vier Wochen hier, aber ich habe schon festgestellt, dass tatsächlich genau die kleinen Geschenke und Gesten vielleicht keine Freundschaften erhalten, aber zumindest sehr viel mehr Bedeutung haben als im Alltag daheim. Einen Kameraden konnte ich gestern schon sehr mit einem Thermosbecher erfreuen – seiner war gerade kaputt gegangen ...
Ich bin sicher, auch die anderen Geschenke werden nach und nach ihren Zweck erfüllen und Freude bereiten.
Was Sie über Stolz und Mut sagten, lieber Herr Kiesewetter, hat mich fraglos berührt, aber ich bin mit diesem Mut letztlich nur einer unter mehreren Hunderttausend. Vielen Dank dennoch dafür, ich weiß es sehr zu schätzen und nehme das Kompliment für und mit allen Kameraden gerne an.
Derzeit ist die Situation hier in Kunduz ruhig, aber nicht stabil, so die Bewertung in den Lagen und Befehlsausgaben. Wir sind alle dankbar, dass für niemanden, der draußen arbeitet, akute Gefahr besteht und es nahezu Routine ist, dass nach Beendigung der Aufträge stets alle gesund und munter wieder in das Feldlager zurückkehren.
Hoffen wir, dass es so bleibt.
Einstweilen herzliche und kameradschaftliche Grüße aus Kunduz,

Ihr Gregor Weber

Einen „Tatort“-Kommissar spielen: Für deutsche Fernsehschauspieler ist das der Ritterschlag. Wer in der Traditionskrimireihe zum Ermittlerteam gehört, hat es karrieretechnisch geschafft – könnte man meinen. Der sonntägliche „Tatort“, das Aushängeschild der ARD, gehört längst zum Kulturgut, und über die Qualität der Länderkrimis diskutieren Woche für Woche Feuilleton und Stammtisch gleichermaßen.

Wo Erfolg ist, lässt der Erfolgsdruck nicht lange auf sich warten. Und gerade weil der „Tatort“ für die beteiligten Sender ein Prestigeprojekt ist, wird zu jeder Zeit auf die Quoten geschielt – auf die eigenen ebenso wie auf die der anderen Sendeanstalten. Und gerade weil der Job des „Tatort“-Ermittlers das Sahnehäubchen einer Schauspielkarriere ist, kann sich kein Kommissar, keine Kommissarin sicher sein, wie lange er oder sie die begehrte Rolle behalten wird. Es gibt die unterschiedlichsten Gründe dafür, die „Tatort“-Hauptrollen immer wieder neu zu besetzen: Ein Länder-„Tatort“ bleibt wiederholt unter den Quotenerwartungen. Ein neuer Drehbuchautor mit ganz anderen Ideen kommt an Bord und die „alten“ Gesichter passen plötzlich nicht mehr ins Konzept. Eine Geschichte scheint schlicht auserzählt. Ein Schauspieler steigt aus persönlichen Gründen aus. Oder es entstehen über die Zeit Konflikte zwischen Regie, Produktion und Schauspielern, die sich nicht mehr beheben lassen. Aus welchem Grund auch immer: Ein Wechsel der Ermittler gehört zum „Tatort“ wie der Sendeplatz am Sonntag.

Doch wenn der Einstieg als „Tatort“-Kommissar der Ritterschlag der Branche ist – was ist dann der Ausstieg? Eine persönliche Niederlage? Der Karriereknick? Der Fall ins Leere? Kann alles sein, muss aber nicht sein. Bei Gregor Weber, der ab 2001 im saarländischen Team ermittelte, war der „Tatort“-Ausstieg der Beginn eines neuen, radikal anderen Lebens. Als die Verträge des Ermittlerduos Gregor Weber und Maximilian Brückner 2011 ausliefen, wurden sie vom Saarländischen Rundfunk wider Erwarten nicht verlängert; der „Tatort“ aus

GREGOR WEBER wurde am 28. August 1968 in Saarbrücken geboren. Nach dem Abitur studierte er zunächst Jura und Germanistik an der Universität des Saarlandes, wechselte dann aber an die Schauspielschule in Frankfurt am Main. Einem größeren Publikum wurde er als Darsteller des Stefan Becker in der populären TV-Serie „Familie Heinz Becker“ von 1992 bis 1998 bekannt. Darüber hinaus war er in etlichen anderen Serien zu sehen, darunter in „Küstenwache“ und „Spuk aus der Gruft“. 2001 übernahm Gregor Weber die Rolle des „Tatort“-Ermittlers Stefan Deininger, den er bis zur Kündigung durch den Saarländischen Rundfunk 2011 verkörperte.

Parallel zu seiner Schauspielkarriere schloss Weber 2006 eine Ausbildung zum Koch ab, die er in einem Berliner Sternerestaurant durchlaufen hatte. Über seine Ausbildungserfahrungen schrieb er ein Buch, das 2009 unter dem Titel „Kochen ist Krieg! Am Herd mit deutschen Profiköchen“ erschien. 2011 veröffentlichte Weber seinen ersten Roman, „Feindberührung“, 2013 folgte ein zweiter Krimi unter dem Titel „Keine Vergebung“. Gregor Weber lebt mit seiner Frau, einer Dramaturgin, und den beiden gemeinsamen Kindern in einem Dorf in Bayern.

Saarbrücken bekam ein neues Team. Der heute 45-jährige Weber nennt Auseinandersetzungen zwischen Schauspielern und Produktionsleitung als eine Ursache für das Aus. Diese Auseinandersetzungen entwickelten sich während der Dreharbeiten zu einem „Tatort“, der sich mit Afghanistan-Veteranen beschäftigte und an dem Weber das unrealistische Bild der Bundeswehr störte. Es ist interessant, dass Gregor Weber sich mit dem Produktionsteam just über dieses Thema zerstritt: Nach seiner „Tatort“-Karriere ging er 2013 selbst nach Afghanistan – nicht auf eine medial inszenierte Stippvisite, sondern in den Einsatz als Bundeswehrsoldat.

Wer hierin eine trotzige Reaktion auf die Kündigung vermutet, liegt völlig daneben. Nicht nur, weil ein Afghanistan-Einsatz eine Entscheidung ist, die niemand aus einer Laune heraus trifft. Zu schwerwiegend ist der biografische Einschnitt, zu belastend die Abwesenheit für die Familie zu Hause, zu gefährlich die Lage vor Ort, als dass ein Mann wie Weber sich leichtfertig dazu entschlossen hätte. Hinzu kommt, dass Gregor Weber schon

Briefwechsel zwischen GREGOR WEBER und RODERICH KIESEWETTER

zuvor viele Jahre Reservist war. Er wusste, worauf er sich einließ, als er sich für den Einsatz meldete. Das kam nicht von ungefähr: Weber war sich der Schnelllebigkeit und Unsicherheit des Schauspielerberufs immer bewusst. Deshalb war es ihm wichtig, sich weitere Standbeine aufzubauen. Eines davon war eine Ausbildung zum Koch, die er begleitend zur Schauspielerei absolvierte und 2006 abschloss. Ein anderes war das Schreiben von Büchern. Neben einem Sachbuch über seine Erfahrungen in der Gastronomie hat Gregor Weber zwei Kriminalromane veröffentlicht. Der erste, „Feindberührung", setzt sich mit dem Schicksal eines Afghanistan-Veteranen auseinander. Bei den langwierigen Recherchen für das Buch stellte Weber fest, dass er noch mehr über Leben und Arbeiten in der Bundeswehr erfahren wollte. Der ehemalige Wehrdienstleistende wurde Reservist und beteiligte sich noch während seiner Zeit als Schauspieler regelmäßig an Wehrübungen. Ab 2009 arbeitete er im Koblenzer Pressezentrum des Heeres mit. Dass Weber nach dem „Tatort"-Ausstieg den Beruf wechselte und zur Bundeswehr ging, war also weder Zufall noch eine Verzweiflungstat.

Der Unterschied zwischen der Arbeit als Reservist und einem Auslandseinsatz in einem Konfliktgebiet ist riesig. Als Gregor Weber die Chance bekam, als Pressefeldwebel nach Afghanistan zu gehen, um dort Journalisten zu betreuen, war dies also ein noch bedeutsamerer Schritt als der in die Reservistentätigkeit. Webers Frau und die beiden Kinder, mit denen er im ländlichen Bayern lebt, waren zunächst nicht allzu begeistert von der Vorstellung, dass er einige Monate im immer noch gefährlichen Afghanistan arbeiten würde. In langen Gesprächen diskutierte die Familie Gründe, Ängste und Sorgen. Als Weber im April 2013 nach Afghanistan aufbrach, konnte er sich schließlich sicher sein, dass seine Familie hinter ihm stand.

Natürlich hat ein bekannter deutscher Schauspieler, der nach Afghanistan geht, einen gewissen Exotenstatus. Als die Nachricht von seinem geplanten Einsatz öffentlich wurde, zeigten die Medien großes Interesse für

RODERICH KIESEWETTER, Oberst a. D. und Mitglied des Deutschen Bundestages, kam am 11. September 1963 im baden-württembergischen Pfullendorf auf die Welt. 1982 trat er nach dem Abitur als Berufsoffiziersanwärter in die Bundeswehr ein. Ab 1983 studierte Kiesewetter Wirtschaftswissenschaften in München und Austin, Texas, und schloss das Studium 1986 als Diplom-Kaufmann ab. Anschließend arbeitete er an verschiedenen Stellen im Dienst der Bundeswehr; ab 1995 absolvierte er an der Führungsakademie der Bundeswehr in Hamburg eine Generalstabsausbildung. Nach zwei Jahren im Verteidigungsministerium war Kiesewetter unter anderem bei der NATO beschäftigt und nahm an Auslandseinsätzen teil. Im Jahr 2009 wurde er als Direktkandidat der CDU für den Wahlkreis Aalen-Heidenheim in den Deutschen Bundestag gewählt. Bei der Bundestagswahl 2013 gelang ihm der erneute Einzug ins Parlament. Seit 2011 ist er Präsident des Verbandes der Reservisten der Deutschen Bundeswehr e. V. Roderich Kiesewetter ist verheiratet und hat zwei Kinder.

den Ex-Schauspieler. Er musste schon vor dem Einsatz Pressearbeit leisten, allerdings eine ganz andere als die, zu der er sich bei der Bundeswehr verpflichtet hatte. Boulevard und Qualitätsmedien gleichermaßen baten ihn zum Interview, und immer schwang leichtes Unverständnis mit: Warum einer wie er das mache? Auf diese Frage gab und gibt Gregor Weber gerne eine nüchterne Antwort: Er habe sich schließlich beruflich neu orientieren müssen und eben einen Beruf gewählt, den er könne. Pathos, das ist klar, liegt ihm ganz und gar nicht. Auch in seinem Dankesbrief an den Präsidenten des Reservistenverbandes, Roderich Kiesewetter, gibt er sich bescheiden – er sei ja „nur einer unter mehreren Hunderttausend". Aber der Job des Soldaten im Einsatz war für Weber immer mehr als nur Broterwerb. Er war neugierig auf die Erfahrung und wollte etwas Sinnvolles tun. Etwas, das ihn persönlich weiterbrachte, mit dem er aber auch einen Dienst für die Gesellschaft leisten konnte. Der Kontrast zur glitzernden, oft oberflächlichen Welt des Fernsehens scheint hier riesig.

Neben den sensationsgierigen Medien gab es aber noch andere, für die Webers Einsatz gewöhnungsbedürftig war: die Kameraden in Kunduz. Es muss merkwürdig gewesen sein, plötzlich einen Feldwebel im Trupp zu haben, den man aus dem Fernsehen kennt. Man kann sich gut vorstellen, dass der eine oder andere Vorbehalte hatte. Ein Promi in Afghanistan? Als einer von uns? Noch dazu ein Schauspieler – hält der das Lagerleben überhaupt aus? Bekommt der nicht sowieso eine Sonderbehandlung? Und kann er, wenn es hart auf hart kommt, mit einer echten Waffe umgehen? Gregor Weber konnte, schließlich war er kein Bundeswehrneuling. Als er in Afghanistan ankam, war er längst nicht mehr Weber, der Schauspieler, für den die Pistole nur Requisite ist. Er war Weber, der Soldat. Das musste und konnte er seinen Kameraden beweisen. Die erste Phase des kritischen Beobachtens war entsprechend schnell vorbei – innerhalb kürzester Zeit wurde der Fernsehkommissar zum Kameraden wie jeder andere. Und wie jeder andere war er mit den typischen Kriegserfahrungen – Entbehrungen, Gefahr und Tod – konfrontiert. Als der erste deutsche Soldat während seiner Einsatzzeit fiel, meldete Weber sich zur Ehrenwache. Als „Tatort"-Kommissar hatte er es nur mit gespielten Leichen zu tun gehabt, aber für einen Soldaten wird der Tod zum ständigen Begleiter.

Bis Juli 2013 war Gregor Weber in Afghanistan, betreute Journalisten, begleitete Trupps auf Einsätzen und schrieb Pressetexte. Im Sommer kehrte er zu seiner Familie nach Bayern zurück. Wie für viele Soldaten stellte sich auch für ihn die Frage: Was kommt danach? Gregor Weber hat dafür Sorge getragen, dass er viele Optionen hat. Er möchte weiter Bücher schreiben, als Nächstes einen dritten Kriminalroman. Auch einen weiteren Bundeswehreinsatz schließt er nicht aus. Nur eines kann er sich momentan nicht vorstellen: noch einmal hauptberuflich Schauspieler zu sein. Vielleicht erscheint die Welt der Fernsehunterhaltung nach den Erfahrungen in Afghanistan einfach zu trivial.

Deutscher

BundeswehrVerband

DER BUNDESVORSITZENDE

Meine Kameradinnen und Kameraden,

6.300 von Ihnen befinden sich gerade im Einsatz. 300.000 waren schon in einem Einsatzkontingent. 102 sind nicht mehr unter uns. Unzählige wurden an Leib und Seele verwundet. Jede Frau und jeder Mann im Einsatz erbringt große Opfer durch die Gefährdung, die dienstliche Belastung und durch die Trennung von Familie und Freunden. Der Deutsche BundeswehrVerband ist in Gedanken ganz besonders bei den Verletzten und bei den Hinterbliebenen der Gefallenen.

Die deutsche Gesellschaft dankt es Ihnen nicht immer. Der Deutsche Bundestag beschließt die bewaffneten Einsätze der Bundeswehr. Das Parlament entsendet Sie also im Namen des Deutschen Volkes. Und doch ist die Akzeptanz der Einsätze auf der Straße gering. In einer jüngeren Umfrage haben zum Beispiel nur 38 Prozent der Deutschen die ISAF-Mission in Afghanistan befürwortet.

Diese Erfahrung nehme ich auch mit, wenn ich mit Ihnen in den Einsatzkontingenten spreche. Kaum kehren Sie aus dem Einsatz zurück und wollen Gefahren und Mühen hinter sich lassen, müssen Sie sich im Freundeskreis oder am Stammtisch rechtfertigen. Dabei ist das nun wirklich nicht Ihre Aufgabe. Der britische Premierminister David Cameron hat seinem Generalstab einmal gesagt: „You do the fighting and I'll do the talking." Damit wollte er kritische Äußerungen seiner Militärchefs bremsen.

Unseren Politikerinnen und Politikern sollten wir das immer wieder deutlich sagen, nur eben anders herum: „Ihr müsst das Reden übernehmen, wir kämpfen schon." Die Aufgabe der politischen Führung ist das Reden, also das Erklären und Überzeugen zu jeder einzelnen Mission. Wenn sie dies noch mehr als in der Vergangenheit tut, dann übernehmen Sie das Kämpfen nicht gerne, aber mit einer Sorge weniger. Denn kämpfen müssen Sie immer häufiger. Der Einsatz 1992 in Kambodscha war zum Beispiel noch rein humanitärer Natur zum Betrieb eines Feldlazaretts. Aber auch dort hatten wir den ersten Gefallenen zu beklagen. Eine verirrte Kugel traf einen Kameraden tödlich. 1999 schickte eine Bundesregierung zum ersten Mal seit dem Zweiten Weltkrieg deutsche Soldaten in einen Krieg: Tornados bei der NATO-Mission Allied Force über dem Kosovo. Und in Afghanistan kamen Kameraden des Kommandos Spezialkräfte

10437 Berlin · Schönhauser Allee 59
Telefon (030) 80 47 03-13 · Telefax (030) 80 47 03-19 · E-Mail: ulrich.kirsch@dbwv.de

Wir sind für unsere Mitglieder da!

Ihr

Ulrich Kirsch

Ulrich Kirsch im September 2013

ULRICH KIRSCH an die Soldaten der Bundeswehr

Meine Kameradinnen und Kameraden,

6.300 von Ihnen befinden sich gerade im Einsatz. 300.000 waren schon in einem Einsatzkontingent. 102 sind nicht mehr unter uns, Unzählige wurden an Leib und Seele verwundet. Jede Frau und jeder Mann im Einsatz erbringt große Opfer durch die Gefährdung, die dienstliche Belastung und durch die Trennung von Familie und Freunden. Der Deutsche BundeswehrVerband ist in Gedanken ganz besonders bei den Verletzten und bei den Hinterbliebenen der Gefallenen.
Die deutsche Gesellschaft dankt es Ihnen nicht immer. Der Deutsche Bundestag beschließt die bewaffneten Einsätze der Bundeswehr. Das Parlament entsendet Sie also im Namen des Deutschen Volkes. Und doch ist die Akzeptanz der Einsätze auf der Straße gering. In einer jüngeren Umfrage haben zum Beispiel nur 38 Prozent der Deutschen die ISAF-Mission in Afghanistan befürwortet.
Diese Erfahrung nehme ich auch mit, wenn ich mit Ihnen in den Einsatzkontingenten spreche. Kaum kehren Sie aus dem Einsatz zurück und wollen Gefahren und Mühen hinter sich lassen, müssen Sie sich im Freundeskreis oder am Stammtisch rechtfertigen. Dabei ist das nun wirklich nicht Ihre Aufgabe. Der britische Premierminister David Cameron hat seinem Generalstab einmal gesagt: „You do the fighting and I'll do the talking." Damit wollte er kritische Äußerungen seiner Militärchefs bremsen.
Unseren Politikerinnen und Politikern sollten wir das immer wieder deutlich sagen, nur eben anders herum: „Ihr müsst das Reden übernehmen, wir kämpfen schon." Die Aufgabe der politischen Führung ist das Reden, also das Erklären und Überzeugen zu jeder einzelnen Mission. Wenn sie dies noch mehr als in der Vergangenheit tut, dann übernehmen Sie das Kämpfen nicht gerne, aber mit einer Sorge weniger. Denn kämpfen müssen Sie immer häufiger. Der Einsatz 1992 in Kambodscha war zum Beispiel noch rein humanitärer Natur zum Betrieb eines Feldlazaretts. Aber auch dort hatten wir den ersten Gefallenen zu beklagen. Eine verirrte Kugel traf einen Kameraden tödlich. 1999 schickte eine Bundesregierung zum ersten Mal seit dem Zweiten Weltkrieg deutsche Soldaten in einen Krieg: Tornados bei der NATO-Mission Allied Force über dem Kosovo. Und in Afghanistan kamen Kameraden des Kommandos Spezialkräfte als erste Bodentruppen zum Kampf-Einsatz. Aber es dauerte bis ins Jahr 2009, bis die

Bundesregierung anerkannte, was Sie schon lange wussten: Dass im Norden Afghanistans ein Krieg herrscht, nämlich ein Bürgerkrieg. Oder in der Sprache der Völkerrechtler: ein „nichtinternationaler bewaffneter Konflikt". Diese Feststellung musste erst der Generalbundesanwalt beim Bundesgerichtshof treffen. Hier hätten wir uns früheres und mutigeres „I'll do the talking" gewünscht von unseren Politikern.
Sind Sie mit all dem klargekommen, müssen Sie die nächste Herausforderung meistern: den nächsten Einsatz im gleichen Einsatzgebiet. Dabei hat sich oft nichts geändert an der Situation vor Ort. 17 Jahre hat es allein gedauert, bis die Bundeswehr aus Bosnien-Herzegowina abziehen konnte. 17 Jahre – das reicht auch für den SaZ 12 oder 15, sechs oder sieben Mal während seiner gesamten Dienstzeit dort im Einsatz gewesen zu sein. Viele von Ihnen haben keinen Sinn darin gesehen, weil sich vermeintlich nichts verbesserte.
Oder es kommt das nächste Einsatzgebiet. ISAF wird Ende nächsten Jahres voraussichtlich beendet sein. Erst dann können wir wirklich beurteilen, ob diese Mission ein Erfolg oder ein Misserfolg ist. Denn erst dann wird sich zeigen, ob die Afghanische Polizei und Armee die Aufständischen selbständig bekämpfen können und ob die eher zivile Nachfolgemission „Resolute Support" ausreicht. Aber schon seit April dieses Jahres sind bis zu 330 von Ihnen in Mali, um dort gegen die Nordafrika-Variante von Al Qaida beizustehen. Ein Ende dieses Einsatzes ist wiederum nicht in Sicht. Und wenn doch, kommt die nächste Mission und danach wieder die nächste ...
Trotzdem erfüllen Sie Ihren Auftrag gewissenhaft und ohne Zaudern. Gefallene, Verwundete, monatelange Trennung von Familie und Freunden und Zweifel an der Sinnhaftigkeit des Einsatzes haben Sie nicht davon abgebracht. Wenn Sie jung sind, haben Sie sich trotz des Wissens darum für diese Aufgabe verpflichtet.
Ich danke Ihnen im Namen der knapp 200.000 Mitglieder des Deutschen BundeswehrVerbandes dafür. Unsere besten Wünsche begleiten Sie und Ihre Familien. Das Wichtigste dabei ist: Kommen Sie bitte immer gesund wieder zurück!

Ulrich Kirsch im September 2013

ULRICH KIRSCH an die Soldaten der Bundeswehr

Soldat sein, das ist kein Beruf wie jeder andere. Aber ein Beruf ist es. Soldaten haben Vorgesetzte, sie haben Arbeits- oder Einsatzzeiten, sie erhalten für ihre Tätigkeit einen Lohn und haben Anspruch auf Pensionsleistungen. Doch ihre Rechte unterscheiden sich von denen anderer Arbeitnehmer: Wie sonst nur Beamte unterliegen sie der Treuepflicht und dürfen nicht für ihre Interessen streiken. Trotzdem haben Soldaten natürlich Interessen, die es zu vertreten gilt – und deutsche Soldaten haben im Gegensatz zu Kameraden in vielen anderen Ländern das Koalitionsrecht, das heißt, sie dürfen sich wie alle Arbeitnehmer gewerkschaftlich organisieren. Was für Beamte der Beamtenbund, die Gewerkschaft Erziehung und Wissenschaft oder der Philologenverband ist, leistet für Soldaten der Deutsche BundeswehrVerband (DBwV). Um eine Gewerkschaft im klassischen Sinn handelt es sich zwar nicht – der DBwV kann keine Streiks organisieren –, doch er verleiht den Stimmen der deutschen Soldaten Gehör und wird als deren Spitzenorganisation zurate gezogen, wenn es um die Interessen der Bundeswehrangehörigen geht.

Rund 200 000 Mitglieder zählt der Verband, darunter aktive und ehemalige Soldaten, Reservisten, Hinterbliebene, zivile Angehörige der Bundeswehr und Förderer. Für seine Mitglieder ist der Verband meist dann am wichtigsten, wenn es um die handfesten, die materiellen Aspekte des Soldatenberufs geht: um das Dienstrecht, um Besoldung, Sozialleistungen und Altersvorsorge. Seit seiner Gründung im Jahr 1956 hat der DBwV immer wieder dazu beigetragen, die Situation von Bundeswehrangehörigen zu verbessern.

Doch der materielle Aspekt ist nur ein Bestandteil der Arbeit des DBwV. Nicht nur mit Anliegen wie einer zufriedenstellenden Versorgung verletzter und psychisch traumatisierter Soldaten und einer angemessenen Entlohnung ist der DBwV auch die Lobby, also die politische Stimme, der Bundeswehrangehörigen. Und als solche hat sich der Verband durch seine Mandatsträger immer wieder in aktuelle Debatten eingemischt oder sie initiiert. Dafür zieht der Verband als Vertretungsorgan seiner Mitglieder wenn nötig sogar bis vor den Europäischen Gerichtshof: So geht zum Beispiel die Tatsache, dass Frauen seit 2001 in der Bundeswehr gleichberechtigt mit Männern ihren Dienst verrichten können, auch auf das Engagement des DBwV zurück. Der Verband hatte eine junge Frau, die als Anlagenelektronikerin in der Instandsetzungstruppe arbeiten wollte, bei der Klage auf Einstellung unterstützt. Zuvor konnten Frauen bei der Bundeswehr nur im Sanitäts- oder Militärmusikdienst tätig sein.

Der DBwV ist aber immer auch dadurch aufgefallen, dass seine Vorsitzenden im Namen der Mitglieder Stellung zu politischen Entscheidungen und militärischen Einsätzen bezogen haben – oft mit sehr klaren Worten. Worte, wie sie der aktuelle Vorsitzende Oberst Ulrich Kirsch in seinem Brief äußert, auch wenn sein Schreiben an die Soldaten und nicht an die politischen Würdenträger gerichtet ist. Als Mann klarer Worte wurde Kirsch einer breiten Öffentlichkeit bekannt, als er 2008 bei seiner Wahl zum DBwV-Vorsitzenden die Politik aufforderte, den Einsatz in Afghanistan nicht weiter schönzufärben und ihn das zu nennen, was er war – einen Kampfeinsatz. Die Situation vor Ort, vor allem im Gebiet um Kunduz, so Kirsch damals, sei längst als „nichtinternationaler bewaffneter Konflikt" einzuschätzen. Der völkerrechtliche Terminus meint letztlich nichts anderes als Krieg. Doch der damals amtierende Verteidigungsminister Franz Josef Jung wollte davon nichts hören. Erst sein Nachfolger Karl-Theodor zu Guttenberg wagte es schließlich, von „kriegsähnlichen Zuständen" zu sprechen. Zwar hatte zu diesem Zeitpunkt auch der letzte Zeitungsleser mit einem Funken gesundem Menschenverstand erkannt, was in Afghanistan vor sich ging. Aber so deutlich hatte das zuvor kein Politiker zugegeben. Dass endlich das Schweigen über die tatsächliche Situation und die Bedrohung vor Ort gebrochen wurde, war auch das Verdienst des DBwV, der unablässig gefordert hatte, ehrlich mit dem Konflikt umzugehen.

Nicht nur die Terminologie, auch den Afghanistan-Einsatz selbst kritisierte Kirsch massiv: Deutschland habe sich zu sehr auf den militärischen Aspekt konzentriert, ohne den zivilen Aufbau am Hindukusch mit dem gleichen Engagement zu betreiben. Es hätte ein umfassenderes Mandat gebraucht, um die militärische Strategie an den entscheidenden Stellen mit zivilen Maßnahmen zu unterfüttern. So seien weder das Bundesministerium für wirtschaftliche Zusammenarbeit und Entwicklung noch das Innenministerium in die Verantwortung genommen worden, und die Forderung nach dem Einsatz zusätzlicher Polizeikräfte habe Deutschland abgelehnt. Als „lead nation" in Afghanistan habe Deutschland, so das bittere Fazit von Kirsch, „nichts zusammengebracht".

Auch mit solchen Einschätzungen und Beiträgen zur Debatte vertritt der Verbandsvorsitzende die Interessen seiner Soldatinnen und Soldaten – selbst wenn die Auswirkungen weniger konkret und kurzfristig spürbar sind, als wenn er Zulagen oder Sonderzahlungen aushandelt. Ulrich Kirsch und der DBwV müssen der Tatsache Rechnung tragen, dass sich die Rolle der Bundeswehr über die letzten Jahre stark verändert hat. Als er seinen Brief an die Soldaten schrieb, befanden sich gerade 6300 von ihnen im Auslandseinsatz. Mehr als 300 000 hatten mindestens einen solchen Einsatz bereits hinter sich. Nach der Gründung der Bundeswehr hatte es solche Einsätze jahrzehntelang nicht gegeben, die Arbeit der Soldaten und ihr persönliches Risiko waren mit der heutigen Situation nicht vergleichbar. Über 100 deutsche Soldaten sind inzwischen in Auslandseinsätzen gefallen, Abertausende sind mit physischen und psychischen Verletzungen zurückgekehrt, und deutsche Truppen werden weltweit an immer neuen Konfliktherden eingesetzt. Wenn ein Einsatz beendet ist, beginnt woanders schon ein neuer. Und egal wie sinnvoll oder sinnlos der einzelne Soldat diesen Einsatz finden mag – die Entscheidung wird anderswo gefällt.

Auch deshalb dankt Ulrich Kirsch den Soldaten in seinem Brief. Denn nicht selten müssen sie sich nach ihrer Rückkehr für Einsätze rechtfertigen, die sie selbst nicht beschlossen haben und an deren Sinn sie möglicherweise zweifeln. Gerade weil von Bundeswehrsoldaten in einem Einsatz erwartet wird, die Sinnfrage hintanzustellen, ist ihr Dienst heute noch viel weniger ein Beruf wie jeder andere. Umso wichtiger ist es, dass es für die Mitglieder der Bundeswehr und ihre Angehörigen eine starke Lobby gibt, die nicht nur ihre materiellen Interessen vertritt, sondern auch in politischen Auseinandersetzungen Klartext redet.

ULRICH KIRSCH wurde am 4. September 1951 in Merzhausen, Kreis Ziegenhain, in Hessen geboren. Nach dem Schulabschluss ging er zur Bundeswehr. In Roth bei Nürnberg absolvierte er ab 1971 eine Grundausbildung als Fernmelder. Ab 1973 wurde er als Fahnenjunker in Lechfeld bei Augsburg eingesetzt. Schnell zeichnete sich eine militärische Karriere ab: Im Jahr 1975 absolvierte Kirsch den Offizierslehrgang in Neubiberg bei München und kehrte anschließend nach Lechfeld zurück, wo er zunächst Zugführer in der Unteroffizierlehr- und Sicherungsstaffel, später ABC- und Selbstschutzoffizier im Stab der Fliegerhorstgruppe war. 1984 wurde Kirsch Kompaniechef der ABC-Abwehrkompanie 4 in Sonthofen. Zwei Jahre später wechselte er als Adjutant des Amtschefs ins Heeresamt in Köln. 1987 kehrte Kirsch nach Sonthofen zurück und arbeitete dort zunächst als Hörsaalleiter der Chefs-/Bataillonskommandeurlehrgänge der ABC-Abwehrtruppe an der ABC- und Selbstschutzschule (ABC/SeS).

1991 wechselte Kirsch an die Offizierschule des Heeres in München und wurde dort Inspektionschef und Taktiklehrer. Drei Jahre später übernahm er als Bataillonskommandeur das ABC-Abwehrbataillon 705 in Bad Düben bei Leipzig. Dann führte sein Weg erneut zurück nach Sonthofen und an die ABC/SeS, wo er ab 1997 als Leiter des Schulstabs und Kasernenkommandant arbeitete. 2002 wurde Ulrich Kirsch Referent für ABC-Abwehr/Selbstschutz und Brandschutz im Führungsstab der Streitkräfte des Bonner Verteidigungsministeriums, bevor er 2005 als Lehrgruppenkommandeur zum letzten Mal nach Sonthofen zurückkehrte.

Ulrich Kirsch übernahm am 29. November 2005 die Funktion des zweiten stellvertretenden Bundesvorsitzenden des Deutschen BundeswehrVerbands (DBwV) und zog dafür nach Berlin. Zu Kirschs Schwerpunktthemen gehörten die Rüstungspolitik und die Auslandseinsätze der Bundeswehr. Nach dem Rücktritt des bisherigen Vorsitzenden Bernhard Gertz wurde Kirsch am 2. Dezember 2008 einstimmig zu dessen Nachfolger gewählt. In seiner Amtszeit machte er sich unter anderem durch kritische Worte zum Umgang mit dem deutschen Afghanistan-Einsatz weit über die Bundeswehr hinaus einen Namen. 2009 wurde Ulrich Kirsch für weitere vier Jahre im Amt bestätigt.

Deutscher
BundeswehrVerband
Ulrich Kirsch
Bundesvorsitzender

Deutsche Stabs- und Ordonnanzoffiziere schreiben und lesen Feldpost in der Stellung, Ostern 1915

Postskriptum: Bitte schreibe bald wieder!

Wieder ist Sonntag und eine lange Woche, die ausgefüllt war mit Warten und Bangen liegt hinter uns", schreibt Margarete Ketterer am 7. Februar 1943 an ihr „liebes gutes Bubele", ihren Ehemann Helmuth. Feldpostbriefe sind Überlebenszeichen, auf die man in der Heimat mit Bangen wartet. „Ein Brief von Dir", so Margarete weiter, „das war schon wieder ein glücklicher Augenblick und ich mußte ihn gleich auf der Post lesen". Im Kessel von Stalingrad sind für Helmuth die Briefe seiner Frau Margarete „ein Geschenk des Himmels". Heimatbriefe sind für die Soldaten an der Front Überlebenshilfe und Kampfunterstützung.

Von Heinrich von Stephan, dem großen Postreformer des 19. Jahrhunderts und Begründer des modernen Feldpostwesens, ist die Einschätzung bekannt, dass die Hauptbedürfnisse des Soldaten im Krieg Pulver, Brot und Briefe seien. Von Stephan, der für die vorbildliche Organisation der deutschen Feldpost im Deutsch-Französischen Krieg 1870/71 in der Öffentlichkeit viel Lob erfahren hatte, erinnerte 1874 in seinem Vortrag „Weltpost und Luftschifffahrt" an die Freudenrufe der deutschen Bataillone beim Anrücken der Feldpostwagen. Die Freude über Briefe und Pakete aus der Heimat in den Gesichtern der Soldatinnen und Soldaten der Bundeswehr im Auslandseinsatz ist auch heute enorme Motivation für die Feldpostmitarbeiter der Deutschen Post AG.

Die Institution Feldpost ist eine notwendige Brücke zum Austausch von Mitteilungen und Waren zwischen Front und Heimat. Angesichts vielfältiger Kriegseinwirkungen, umfangreicher Postmengen und großer Entfernungen zwischen den Korrespondenzpartnern ist es eine gewaltige logistische Herausforderung, Feldpost zeitnah und zuverlässig zuzustellen. Im Krieg von 1870/71 kamen 88 Feldpostanstalten und 960 Beamte zum Einsatz, die rund 100 Millionen Briefe und Karten transportierten. Im Ersten Weltkrieg stellten bereits 740 Feldpostanstalten und 8000 Beamte die deutsche Feldpostversorgung sicher. Das Feldpostaufkommen vervielfachte sich auf 29 Milliarden Einheiten. Im Zweiten Weltkrieg gab es 12 000 Feldpostbeamte und 400 Feldpostämter, die um die 40 Milliarden Feldpostsendungen zu bewältigen hatten. Niemals zuvor und niemals danach haben Deutsche in vergleichbarer Zeit mehr Briefe geschrieben als im Zweiten Weltkrieg. Heute stellen knapp 500 Feldpostsoldaten den Brief- und Paketverkehr der Bundeswehr zwischen Front und Heimat sicher. Allerdings ist der Brief nunmehr neben Telefon und E-Mail eine zusätzliche Form der Kommunikation, wogegen Feldpost in den Kriegen des 19. und 20. Jahrhunderts das wichtigste Kommunikationsmittel zwischen Front und Heimat war.

Feldpost ist ein starkes Bindeglied sowohl zwischen den Soldaten und ihren Familien, Freunden und Bekannten als auch innerhalb der Gesellschaft daheim. Sie dient der Bestätigung der sozialen Beziehungen. Feldpostbriefe sind, und hier zitiere ich den Medienwissenschaftler Clemens Schwender, „fixierte Alltags-Kommunikation". Die Korrespondenz beschreibt die unterschiedlichen Welten der Heimat und der Front. In den Briefen werden vergangene und zukünftige Gemeinsamkeiten behandelt. Die Soldaten schreiben über ihre Hoffnungen und Erwartungen, über ihre Sicht auf den Krieg und den Gegner.

Diesem intensiven Kommunikationsbedürfnis stehen die Beschränkungen der zugelassenen Mitteilungen gegenüber. Zu nennen sind die Regeln der militärischen Geheimhaltung. Vor allem im Zweiten Weltkrieg schrieb der Soldat mit dem Wissen um die Feldpostzensur und hatte bei Verstößen gegen die Vorgaben harte Strafen zu erwarten. Während der NS-Zeit definierte das Regime die Feldpost als Waffe. Im Sinne der NS-Ideologie sollten aufmunternde Briefe verfasst werden. Grundsätzlich beeinflussen außerdem die allgemeine Fähigkeit, sich schriftlich auszudrücken, die unterschiedlichen Erwartungshaltungen an die Beziehung der Briefpartner und ihr öffentliches Auftreten.

In vielen Feldpostbriefen lässt sich eine Diskrepanz zwischen real Erlebtem und der schriftlichen Fixierung der Kriegserlebnisse feststellen. „Ich habe schon viele Bilder gemacht", teilt Werner Grabolle am 1. Juli 2004 seiner Ehefrau Ingeborg aus Afghanistan mit, „um das zu zeigen was man nicht beschreiben und sich nicht vorstellen kann." In früheren Kriegen, so die Sprachwissenschaftlerin Isa Schikorsky, wandten die soldatischen Briefschreiber diesbezüglich diverse Strategien an. Neben der Flucht in die Alltäglichkeit von Unterbringung, Verpflegung, Wetter und Unterhaltung finden wir in der Mehrheit der Briefe Kriegsbeschreibungen, die den Tod, das Leid, die Angst und die Gefahr sowie Verbrechen verschweigen oder verharmlosen, aber auch poetisieren, in Phrasen fassen oder zur Imagepflege nutzen.

Die Sammlung und Auswertung von aktueller Feldpost steht erst am Anfang. Die Feldpostbriefe der Bundeswehr, geschrieben vom Bürger in Uniform im demokratisch legitimierten Auslands- bzw. Kriegseinsatz, unterliegen keiner Zensur und sollen auch keine Waffe sein. Sie sind ein zu schützendes Gut der Individualkommunikation.

Feldpostbriefe sind nicht nur historische Quellen für ein breites Spektrum wissenschaftlicher Fragestellungen, sondern, wie es der Feldpostforscher Ortwin Buchbender ausgedrückt hat, vor allem menschliche Dokumente. Ich schließe mit der Bitte, Kriegsbriefe als wichtige Quellen und Erinnerungsstücke zu bewahren. Wenn Sie Feldpost besitzen, übernimmt die Museumsstiftung diese gern zur wissenschaftlichen Dokumentation.

Dr. Veit Didczuneit
Abteilungsleiter Sammlungen im Museum für Kommunikation Berlin

Wehrmachtssoldaten beim Schreiben von Feldpostbriefen, um 1942

QUELLENNACHWEISE

S. 7	© Andreas Kühlken
S. 9	© Philipp von Hessen
S. 12	© bpk
S. 15	© bpk
S. 16	© bpk/Kunstbibliothek, SMB
S. 18	© bpk
S. 19	© bpk
S. 20	© Autographen-Sammlung, Kleist, aus der ehem. Preußischen Staatsbibliothek zu Berlin, gegenwärtig in der Jagiellonen Bibliothek Krakau
S. 23	© bpk
S. 28	© Museumsstiftung Post und Telekommunikation, 3.2012.2251
S. 31, 34	© bpk/Kunstbibliothek, SMB/Knud Petersen
S. 36	© Museumsstiftung Post und Telekommunikation, 3.2013.2712.0
S. 39	© bpk/Museum Europäischer Kulturen, SMB/ Ute Franz
S. 40	© picture alliance/akg
S. 42	© Deutsches Museum
S. 45	© bpk
S. 46	© Deutsches Museum
S. 48	© bpk/R. Neuhauss
S. 50, 54	© Památník národního písemnictví (Literaturarchiv, Museum der Tschechischen Literatur)
S. 53	Christian Schad, „Bildnis Egon Erwin Kisch" © bpk/Hamburger Kunsthalle/Elke Walford; © VG Bild-Kunst, Bonn 2013
S. 57	© dpa
S. 58, 61, 64	© Forschungsinstitut Brenner-Archiv, Universität Innsbruck, Nachlass L. v. Ficker, 41-099-046 (Brief), 41-099-063 (Foto Trakl), 41-096-018 (Foto v. Ficker)
S. 66	© Museumsstiftung Post und Telekommunikation, 3.2011.2334
S. 69	© bpk
S. 70	© dpa
S. 72	© Museumsstiftung Post und Telekommunikation, 3.2012.1801
S. 75	© dpa; picture alliance/akg
S. 76	© bpk
S. 78, 85	© Stiftung Historische Museen Hamburg – Altonaer Museum/Foto: Elke Schneider; © VG Bild-Kunst, Bonn 2013
S. 81	© bpk/Hugo Erfurth
S. 82	© bpk/Nationalgalerie, SMB/Jörg P. Anders; © VG Bild-Kunst, Bonn 2013
S. 86	© Museumsstiftung Post und Telekommunikation, 3.2012.2855
S. 87	© Privatbesitz
S. 88	© Privatbesitz
S. 90, 93, 97	© Annette Schücking-Homeyer
S. 100, 104, 107, 111	© Museumsstiftung Post und Telekommunikation, 3.2009.1999
S. 108	© picture alliance/akg
S. 112, 115	© Museumsstiftung Post und Telekommunikation, 3.2002.0830
S. 114	© picture alliance/AP Images
S. 117	© picture alliance/Keystone
S. 118, 121, 122, 124	© Ortwin Hahne

S. 125	© dpa
S. 126, 129, 130	© Beate Buchner
S. 132, 135, 136	© Gunter Völker
S. 138, 141, 144	© Privatbesitz
S. 146	© Joachim Schwarz
S. 150/151	© dpa – Report
S. 152	© Privatbesitz
S. 154, 157	© Wolfgang Wilhelm
S. 158	© Horst Schuh
S. 160, 163, 164	© Werner Grabolle
S. 166	© picture alliance/Lehtikuva/Hehkuva
S. 168	© Museumsstiftung Post und Telekommunikation, 3.2013.2714.0
S. 171	© Christian Szafran
S. 174, 177, 179	© Chaouki Aakil
S. 178	© picture alliance/AP Images
S. 180	© Roderich Kiesewetter/Verband der Reservisten der Deutschen Bundeswehr e.V.
S. 182	© Gregor Weber
S. 185	© Bundeswehr/Bienert
S. 186	© Roderich Kiesewetter/Verband der Reservisten der Deutschen Bundeswehr e.V.
S. 188	© Ulrich Kirsch
S. 193	© Deutscher BundeswehrVerband
S. 194, 197	© Museumsstiftung Post und Telekommunikation

bpk = Bildarchiv Preussischer Kulturbesitz

Cover

Bilder:
Schücking: © Annette Schücking-Homeyer
Wallenstein: © bpk
Grabolle: © Werner Grabolle
Weber: © Bundeswehr/Bienert
Hahne: © Ortwin Hahne
Kind: © Museumsstiftung Post und Telekommunikation, 3.2002.0830
Kirsch: © Deutscher BundeswehrVerband
Schützengraben Erster Weltkrieg: © dpa
Lilienthal: © bpk
Kisch: © bpk/Hamburger Kunsthalle/Elke Walford
Trakl: © Forschungsinstitut Brenner-Archiv, Universität Innsbruck
Buchner: © Beate Buchner
Dix: © bpk
Aakil: © Chaouki Aakil

Briefe:
Wallenstein: © bpk
Kirsch: © Ulrich Kirsch
Panzer: © Museumsstiftung Post und Telekommunikation, 3.2012.2855
Lauth: © Museumsstiftung Post und Telekommunikation, 3.2012.1801
Aakil: © Chaouki Aakil
Buchner: © Beate Buchner

Karasek (Klappe): © Philipp von Hessen

Wir haben uns bemüht, bei der Einholung der Abdruckrechte sorgfältig zu arbeiten. Sollte dennoch jemand seine Rechte verletzt sehen, so wende er sich bitte an den Verlag.

Idee und Konzeption: Dr. Martin Dopychai, Gerd Kühlhorn
Texte: Hans Pöllmann, Sonja Wild
Layout: Jan Haux

Projektleitung: Verena von Holtum
Redaktion: Verena von Holtum, Pit Pauen
Freie Mitarbeit: Philipp Mißfelder
Lektorat: Claudia Jürgens, Mareike Ahlborn
Korrektorat: Inga Wortmann, Pit Pauen
Herstellung: Alwine Krebber
Litho: Medien Team-Vreden

Herausgegeben von der teNeues Publishing Group

teNeues Verlag GmbH + Co. KG
Am Selder 37, 47906 Kempen, Deutschland
Tel.: 0049-2152-916-0
Fax: 0049-2152-916-111
E-Mail: books@teneues.de

Presseabteilung: Andrea Rehn
Tel.: 0049-2152-916-202
E-Mail: arehn@teneues.de

teNeues Digital Media GmbH
Kohlfurter Straße 41–43, 10999 Berlin, Deutschland
Tel.: 0049-30-7007765-0

teNeues Publishing Company
7 West 18th Street, New York, NY 10011, USA
Tel.: 001-212-627-9090
Fax: 001-212-627-9511

teNeues Publishing UK Ltd.
12 Ferndene Road, London SE24 0AQ, UK
Tel.: 0044-20-3542-8997

teNeues France S.A.R.L.
39, rue des Billets, 18250 Henrichemont, France
Tel.: 0033-2-4826-9348
Fax: 0033-1-7072-3482

www.teneues.com

ISBN 978-3-8327-9733-1
Printed in Italy

Bibliografische Information der Deutschen Nationalbibliothek
Die Deutsche Nationalbibliothek verzeichnet diese Publikation in der Deutschen Nationalbibliografie; detaillierte bibliografische Daten sind im Internet über http://dnb.d-nb.de abrufbar.

teNeues Publishing Group
Kempen
Berlin
Cologne
Düsseldorf
Hamburg
London
Munich
New York
Paris

teNeues

MIX
Aus verantwortungsvollen Quellen
From responsible sources
FSC® C013814